LA CHARTE

DES

PROPRIÉTAIRES ET DES LOCATAIRES

DE MAISONS,

NOUVEAU CODE

Dans lequel sont exposés méthodiquement leurs obligations et leurs droits respectifs, d'après le texte des Lois, la jurisprudence des Cours et Tribunaux, l'opinion des Auteurs, et les Usages locaux ;

AVEC

des Modèles de tous les Actes sous seing privé relatifs aux locations de maisons.

PAR E. AGNEL,

AVOCAT À LA COUR ROYALE DE PARIS.

———

Seconde édition.

PARIS.

MANSUT FILS, LIBRAIRE-ÉDITEUR,

PLACE SAINT-ANDRÉ-DES-ARTS, 30.

1842

EXTRAITS

DE LA GAZETTE DES TRIBUNAUX ET DU DROIT.

———

« Nous venons de parcourir un volume qui se distingue par un ordre parfait dans la distribution des matières, une grande clarté dans le style, un excellent esprit d'analyse, et une connaissance complète du sujet : c'est *la Charte des propriétaires et des locataires*, par M. Agnel, avocat.

« De nombreux manuels ont été publiés sur cette matière ; mais ces ouvrages, dépourvus de méthode, n'offrent souvent au lecteur que le texte, ou tout au plus l'analyse des lois sur le louage de maisons ; la jurisprudence y est à peine mentionnée. M. Agnel a entrepris de combler cette lacune. Il nous paraît avoir bien rempli la tâche qu'il s'était imposée. Voulant être utile, il a compris qu'on ne lui demandait pas seulement son avis sur tel ou tel sujet, mais aussi les décisions des tribunaux.

« *La Charte des propriétaires et des locataires* eût été incomplète si l'auteur n'y eût joint des modèles de tous les actes sous seing privé relatifs aux locations de maisons. Cet appendice termine heureusement ce traité, dont tout le monde reconnaîtra comme nous les avantages. »

(*Gazette des tribunaux*, 5 décembre 1839.)

« Il faut en droit, comme en bien d'autres matières, des livres populaires. Cette vérité est particulièrement évidente en ce qui concerne les dispositions des lois et des règlements relatifs à la location des maisons. Il y a au palais une chambre dont l'occupation presque exclusive est de juger les différends des propriétaires avec leurs locataires... Il faut applaudir à ceux dont les efforts tendent à rendre moins souvent nécessaire l'intervention de la justice, en éclairant les citoyens sur les droits et les obligations auxquels donnent naissance les contrats les plus simples et les plus habituels.

« Tel est le but que s'est proposé M. Agnel. Son livre contient tout ce qu'il importe au plus grand nombre de savoir relativement au louage de maisons. Le Code y est analysé avec une clarté parfaite ; la jurisprudence, reproduite consciencieusement, vient ensuite compléter le texte de la loi et en faciliter l'intelligence. Mais les termes techniques ont été soigneusement évités. Il n'est pas possible de parler plus simplement des choses que la forme du langage judiciaire rend souvent, seule, obscures pour les gens du monde. Les usages auxquels le législateur se réfère devaient avoir une large place dans une publication de cette nature ; ils l'ont obtenue : pas un règlement de police n'est omis. Enfin des modèles de baux, d'états de lieux, etc. etc., rendent facile pour tous la rédaction d'un grand nombre d'actes qui, formulés sans guides par des hommes inexpérimentés, donnent fréquemment lieu à des différends qu'il était facile d'éviter.

« Au reste, les gens de loi eux-mêmes trouveront là des détails qu'il est important de savoir, qui manquent dans les ouvrages théoriques. Mais pour les propriétaires et les locataires, l'ouvrage de M. Agnel est une charte dont les vérités peuvent être acceptées par eux comme articles de foi, et qui, faciles à connaître, renferment néanmoins l'alpha et l'oméga de la science pratique en matière de location. »

(Le Droit, 23 mai 1839.)

LA CHARTE

DES

PROPRIÉTAIRES ET DES LOCATAIRES

DE MAISONS.

C.

Paris. — Imprimerie de RIGNOUX, rue des Francs-Bourgeois-S.-Michel, 8.

LA CHARTE

DES

PROPRIÉTAIRES ET DES LOCATAIRES

DE MAISONS,

NOUVEAU CODE

Dans lequel sont exposés méthodiquement leurs obligations et leurs droits respectifs, d'après le texte des Lois, la jurisprudence des Cours et Tribunaux, l'opinion des Auteurs, et les Usages locaux ;

AVEC

des Modèles de tous les Actes sous seing privé relatifs aux locations de maisons.

PAR E. AGNEL,

AVOCAT A LA COUR ROYALE DE PARIS.

Seconde édition.

PARIS.

MANSUT FILS, LIBRAIRE-ÉDITEUR,

PLACE SAINT-ANDRÉ-DES-ARTS, 30.

1842

A M. DESMORTIERS,

Procureur du Roi près le Tribunal de la Seine,
Membre de la Chambre des députés,
Officier de la Légion d'honneur.

Hommage de profonde reconnaissance,
de haute estime et de vive affection.

ÉMILE AGNEL.

PRÉFACE.

La plupart des contestations qui s'élèvent chaque jour en matière de location de maisons prennent leur source dans le peu de connaissance que les propriétaires et les locataires ont de leurs obligations et de leurs droits respectifs.

Persuadé de cette vérité, guidé par le désir d'être utile au plus grand nombre, j'ai cru, sans trop présumer de mes forces, et uniquement dans l'intérêt de mes concitoyens, pouvoir leur présenter un livre qui, en les éclairant sur leurs droits, lèverait leurs doutes, et leur faciliterait les moyens de prévenir les difficultés ou de les terminer à l'amiable.

J'ai divisé cet ouvrage en seize titres qui se suivent dans un ordre méthodique et naturel. Dans la distribution des matières qui composent chaque titre, je me suis appliqué à distinguer le principe et ses conséquences. Partant de ce point de vue, j'ai d'abord posé le principe puisé dans le texte de la loi même, puis j'en ai déduit les conséquences dans une série de solutions extraites, soit de la jurisprudence, soit des auteurs les plus recommandables (1).

Intimement convaincu qu'il est utile, je dis plus, nécessaire, de ramener continuel-

---

(1) Voici la liste des principaux auteurs cités dans le cours de cet ouvrage :

Domat, *Lois civiles ;* Bourgeon, *Droit commun de la France ;* Pothier, *Traité du contrat de louage ;* Denisart, *Collection de jurisprudence, Actes de notoriété du Châtelet de Paris ;* Dégodets et Goupy, *Lois des bâtiments ;* Ferrières, *Dictionnaire de droit;* Lepage, *Lois des bâtiments ;* Pigeau, *Procédure civile ;* Merlin, *Répertoire de jurisprudence* aux mots BAIL et HYPOTHÈQUE ; M. Rolland de Villargues, *Répertoire du notariat,* aux mots BAIL et CONGÉ ; Delvincourt, *Cours de droit français;* M. Troplong, *Du louage, des priviléges et hypothèques ;* Toullier, *Droit civil français,* et M. Duvergier, son continuateur, t. XVIII et XIX; M. Duranton, *Cours de droit français,* t. XVII; M. Dalloz, *Jurisprudence générale ;* enfin MM. Sirey et Devilleneuve, *Recueil général des lois et arrêts.*

On pourrait peut-être considérer comme inutiles les citations de noms d'auteurs que j'ai placées à la suite d'un grand nombre d'articles, mais j'ai cru devoir les laisser subsister, afin d'inspirer au lecteur plus de confiance en mes assertions.

lement le lecteur vers le texte de la loi, je
me suis efforcé de lui en faire comprendre
et apprécier chaque phrase, chaque terme.

Lorsque la loi renvoie à l'usage des lieux,
ce n'est qu'après avoir fait de scrupuleuses
et consciencieuses recherches dans les monuments de jurisprudence anciens ou nouveaux, et recueilli le témoignage oral de
magistrats et de praticiens éclairés, que j'ai
tracé les règles à suivre dans ces circonstances.

Me plaçant, pour ainsi dire, comme un
arbitre entre le propriétaire et le locataire,
j'ai toujours cherché, soit par des avis utiles, soit par des opinions conciliatrices, à
réaliser cette règle d'éternelle justice, que,
*dans une lutte d'intérêts, il faut accorder à
l'un tout ce qui lui est dû, sans qu'il en coûte
à l'autre rien au delà de ce qu'il doit.*

La simplicité du style de cet ouvrage, le
soin que j'ai pris pour éviter l'emploi des
termes techniques, le peu de prétention de
mes raisonnements, prouvent suffisamment
mon désir d'être compris par ceux qui sont

étrangers au langage du palais et à l'étude des lois.

Il leur suffira donc de parcourir ce volume pour être bien fixés sur leurs droits et sur leurs obligations, pour distinguer une prétention juste et légitime d'avec celle qui ne serait dictée que par l'esprit de chicane ou par la mauvaise foi.

Tel est l'ouvrage que j'offre au public : puisse-t-il servir à diminuer le nombre de ces petits procès entre propriétaires et locataires, qui occupent chaque jour l'audience de nos tribunaux !

LA CHARTE

DES

PROPRIÉTAIRES ET DES LOCATAIRES

DE MAISONS.

TITRE PRÉLIMINAIRE.

Du contrat de louage et de ses diverses espèces.

1. Le Code civil (art. 1708) distingue deux sortes de louages : celui des choses, et celui d'ouvrage.

Le louage des choses est un contrat par lequel l'une des parties s'oblige à faire jouir l'autre d'une chose pendant un certain temps, et moyennant un certain prix que celle-ci s'oblige de lui payer.

Le louage d'ouvrage est un contrat par lequel l'une des parties s'engage à faire quelque chose pour l'autre, moyennant un prix convenu entre elles.

2. Ces deux genres de louage se subdivisent en plusieurs espèces particulières :

On appelle *bail à loyer* le louage des maisons et celui des meubles ;

Bail à ferme, celui des héritages ruraux ;

Loyer, le louage du travail et des services ;

Bail à cheptel, celui des animaux, dont le profit se partage entre le propriétaire et celui à qui il les confie :

Les *devis, marché ou prix fait,* pour l'entreprise d'un ouvrage, moyennant un prix déterminé, sont aussi un louage, lorsque la matière est fournie par celui pour qui l'ouvrage se fait. (Code civil, art. 1711.)

Nous ne traiterons point ici de ces différentes modifications du louage, nous nous proposons seulement de développer dans les titres suivants les règles qui s'appliquent aux baux des maisons et à ceux des logements ou appartements meublés.

TITRE PREMIER.

Du bail ou de la location en général.

3. Nous avons vu ci-dessus qu'on appelle *bail à loyer* le louage des maisons et des meubles ; *Bail à ferme* celui des biens ruraux.

Le bail à loyer a des règles qui lui sont

communes avec le bail à ferme, et d'autres qui lui sont particulières.

4. On range dans la classe des baux à loyer ceux des chantiers (1), des moulins à eau et à vent, des usines en général et ceux des terrains qui ne sont point destinés à être cultivés et que l'on consacre à la tenue des foires, à la célébration des fêtes et réjouissances publiques. Il suit de là que tous ces baux sont soumis aux règles relatives aux baux à loyer.

5. Lorsque le bail comprend des bâtiments destinés à l'habitation et des biens ruraux, l'objet principal de la location sert à déterminer si l'on doit appliquer au contrat les règles particulières aux baux à loyer, ou les règles particulières aux baux à ferme.

Si donc il s'agit d'un bail d'une maison à laquelle se trouve attenant un jardin, un parc ou une petite portion de terre, on décidera que c'est un bail à loyer, et on suivra conséquemment les principes relatifs à ce contrat.

---

(1) La Cour royale de Paris a cependant jugé qu'un terrain, loué pour en faire un chantier, pouvait être assimilé à un bien rural. Mais cette décision n'est point juridique ; MM. Troplong (*du Louage*, n°s 514 et 632) et Dalloz (*Recueil périodique*, tome 25, 2ᵉ partie, pag. 220) la critiquent avec raison. Ce dernier auteur fait remarquer qu'on ne peut considérer comme propriété rurale qu'un terrain destiné à la culture ou au pâturage, ou à d'autres usages ruraux. En effet, un chantier n'a rien de commun avec l'agriculture.

De même, si le bail est d'une usine à laquelle sont annexées comme accessoires quelques pièces de terre, il faudra appliquer les règles particulières aux baux à loyer. Réciproquement, si la maison ou l'usine étaient accessoirement comprises dans le bail d'un grand domaine rural, ce serait aux règles des baux à ferme que l'on devrait se conformer. (Cour de Bruxelles, arrêt du 29 novembre 1809, Sirey 10, 2, 97 ; MM. Troplong, *du Louage*, n° 527 ; Duvergier, continuation de Toullier, tom. 19, n° 4.)

6. L'usage pour lequel la chose est louée doit être un usage qui ne soit ni prohibé par les lois, ni contraire aux bonnes mœurs ou à l'ordre public.

Ainsi, par exemple, on ne peut louer une maison pour en faire un repaire de voleurs. Outre qu'un contrat de cette nature serait nul, le propriétaire pourrait être poursuivi et puni comme complice des délits ou des crimes de ses locataires. (Voyez art. 61 du Code pénal.)

Le propriétaire qui, sans en avoir reçu l'autorisation, louerait sa maison à une association de plus de vingt personnes dont le but déclaré serait de se réunir tous les jours ou à certains jours marqués, pour s'occuper d'objets religieux, littéraires, politiques ou autres, s'exposerait à se voir appliquer l'article 294 du Code pénal, ainsi conçu :

« Tout individu qui, sans la permission de

l'autorité municipale, aura accordé ou consenti l'usage de sa maison ou de son appartement en tout ou en partie pour la réunion des membres d'une association même autorisée, ou pour l'exercice d'un culte, sera puni d'une amende de 16 à 200 francs. »

7. Dans le contrat de bail à loyer, l'une des parties s'oblige à faire jouir l'autre d'une chose pendant un certain temps et moyennant un certain prix que celle-ci s'oblige de lui payer.

Celui qui promet la jouissance de la chose louée s'appelle en langage de droit *bailleur* ou *locateur;* celui qui reçoit et qui paie cette jouissance s'appelle *conducteur* ou *preneur* (1).

CHAPITRE Ier.

Des personnes qui peuvent louer.

8. Le contrat de bail résulte du consentement des parties sur la chose louée et sur le prix de la location de cette chose; mais pour que ce consentement puisse être va-

---

(1) Quoique nous évitions avec soin l'emploi des termes techniques, nous nous servirons cependant le plus fréquemment des expressions *bailleur* et *preneur,* par ce motif que la première s'applique à la fois au propriétaire, au principal locataire, ou à toute autre personne qui donne à loyer, et que la seconde désigne en même temps le locataire ou le sous-locataire, en un mot, toute personne qui prend à loyer.

lable, il est nécessaire qu'il émane de personnes capables de contracter.

Sont capables de contracter et de passer bail toutes personnes *majeures*, exception faite des interdits et des femmes mariées sous le régime de la communauté. (Code civil, art. 1123 et 1124.)

Le mineur émancipé peut passer des baux dont la durée n'excède pas neuf ans. (Code civil, art. 481.)

9. La femme mariée peut, sans l'autorisation de son mari, passer des baux pour une période de neuf ans et au-dessous, lorsqu'elle se trouve dans l'une des circonstances suivantes :

1° Quand elle est séparée de biens par contrat de mariage (Code civil, art. 1536);

2° Quand elle est mariée sous le régime dotal, et qu'elle a des biens *paraphernaux*, c'est-à-dire des biens qui n'ont pas été constitués en dot (Code civil, art. 1574 et 1576):

3° Quand elle est séparée judiciairement de corps et de biens, ou de biens seulement. (Code civil, art. 1449.)

10. Le mari de la femme mariée sous le régime de la communauté a le droit de passer les baux des biens de sa femme pour une période de temps qui n'excède pas neuf ans (Code civil, art. 1429); et lorsqu'il s'agit de baux de maisons, si le mari les a passés ou renouvelés plus de deux ans avant leur expiration, ils sont réputés sans effet, à moins que leur exécution n'ait commencé avant la

dissolution du mariage (1). (Code civil, art. 1430.)

Le tuteur d'un mineur ou d'un interdit peut également donner à bail les biens de ces derniers pour un temps qui n'excède pas neuf ans; et ce que nous venons de dire au sujet des baux passés et renouvelés par le mari, plus de deux ans avant leur expiration, leur est applicable. (Code civil, art. 509 et 1718.)

De même les syndics d'une faillite, autorisés par le juge (Code de commerce, art. 443), les envoyés en possession provisoire des biens d'un absent (Code civil, art. 125), l'usufruitier (Code civil, art. 595), l'héritier bénéficiaire (Code civil, art. 803), le curateur à une succession vacante (Code civil, art. 813), le tuteur du condamné à la peine des travaux forcés à temps ou à la réclusion (Code pénal, art. 29), les envoyés en possession provisoire des biens du contumax (Code d'instruction criminelle, art. 471), pourront passer des baux de la même durée.

11. Il est, comme on le voit, de la plus grande importance pour les propriétaires et les locataires de s'informer, avant de régler

––––––––––

(1) Le bail des biens d'une femme, consenti par son mari depuis la demande en séparation de biens, est essentiellement nul (Argument des art. 1445 et 1446 du Code civil, 872 et 873 du Code de procédure civile). Ainsi jugé par le tribunal de la Seine. (*Le Droit*, journal des tribunaux, du 12 mars 1836.)

les couventions relatives aux locations, si les personnes avec lesquelles ils se proposent de traiter sont, ou non, capables de donner ou de prendre à loyer. On comprend tous les inconvénients qui pourraient résulter de l'incapacité des contractants en pareilles circonstances. Par exemple, si on passait bail avec une femme non autorisée par son mari, ce dernier pourrait demander la nullité du bail. (Code civil, art. 225 et 1125.)

CHAPITRE II.

Des choses qui peuvent être louées.

12. On peut louer toutes sortes de biens, *meubles* ou *immeubles* (Code civil, art. 1713).

13. A moins de conventions contraires, le propriétaire qui a loué un fonds est censé avoir loué en même temps tous les *immeubles par destination*, qui en dépendent ou qui sont nécessaires à son exploitation (1).

On regarde aussi comme immeubles par destination les planches, claires-voies, bar-

---

(1) Sont immeubles par destination relativement aux biens tant de ville que de campagne :

1º Les objets que le propriétaire du fonds y a placés pour le service et l'exploitation de ce fonds, tels que pressoirs, chaudières, alambics, cuves et tonnes, les ustensiles nécessaires à l'exploitation des forges, papeteries et autres usines ;

2º Tous les effets mobiliers que le propriétaire a attachés au fonds à perpétuelle demeure. (C. c., art. 524.) —Sont réputés

res de fer, cadenas, et autres ferrements servant à la fermeture des lieux loués ; les corps de pompes, les auges de pierre destinés à recevoir l'eau, les chaînes et couvercles des puits, les auges et râteliers d'écurie, les échelles pour monter aux greniers, les treillages servant à former dans les jardins des espaliers ou des berceaux.

14. Il est toujours fort important d'indiquer dans les baux les objets mobiliers par *leur nature* et réputés immeubles *par destination,* que l'on entend comprendre dans la location. C'est le moyen de prévenir les contestations qui pourraient s'élever entre le propriétaire et le locataire, soit pendant la durée du bail si le propriétaire prétendait enlever quelques effets mobiliers, soit à la sortie du locataire, pour déterminer les objets qu'il peut emporter et ceux qu'il doit laisser. Nous citerons l'exemple d'un locataire qui, faute d'avoir fait un bail assez clair et un état de lieux suffisamment détaillé, fut obligé de laisser dans la maison qu'il quittait,

---

tels les objets scellés en plâtre, ou à chaux, ou à ciment, ou ceux qui ne peuvent être détachés sans être fracturés ou détériorés, ou sans briser et détériorer la partie du fonds à laquelle ils sont attachés, tels principalement que les glaces, tableaux et autres ornements, lorsque le parquet sur lequel ils sont attachés fait corps avec la boiserie ; les statues, quand elles sont placées dans une niche préparée exprès pour les recevoir ; encore qu'elles puissent être enlevées sans fracture ou dégradation. (C. c., art. 525.)

un *calorifère* d'une valeur de 1500 francs, qu'il avait fait établir à ses frais pendant la durée de son bail, et qui chauffait le rez-de-chaussée et le premier étage de la maison.

TITRE II.

De la forme, de la preuve et de la durée du bail.

15. Le bail n'est assujetti à aucune forme. Il est parfait par le seul consentement des parties sur la chose et sur le prix, quelle que soit d'ailleurs la manière dont ce consentement aura été manifesté (1). Il résulte de là que l'on peut louer ou verbalement ou par écrit (Code civil, art. 1714). Quoique l'écriture ne soit pas nécessaire pour la validité du contrat, elle aura cependant pour effet de faire arriver plus sûrement à la preuve de l'existence du bail, et son efficacité se

----

(1) Il n'existe qu'une seule exception à cette règle : elle concerne les lieux qui sont destinés au dépôt ou au débit des boissons et liquides sur lesquels la régie des contributions indirectes a des droits à réclamer. En effet, l'article 25 du décret du 5 mai 1806 impose aux propriétaires l'obligation de ne laisser entrer chez eux aucune boisson appartenant aux détaillants, sans avoir fait préalablement un bail authentique (c'est-à-dire par-devant notaire) des lieux servant de dépôt à ces boissons

fera d'autant plus sentir, que la preuve testimoniale n'est admise en matière de bail
que dans des limites fort étroites. (*Voyez*
page 14.)

16. La durée du bail n'est pas limitée
par la loi. Elle dépend donc de la volonté
des parties. Ainsi, elles peuvent convenir
que la durée du bail se prolongera, par
exemple, jusqu'à la mort du preneur,
ou bien qu'elle sera de quatre-vingt-dix-
neuf ans. Au premier cas, ce sera un bail à
vie; au second cas, un bail emphytéotique.
(*Voyez* titre III.)

Quoique la durée du bail dépende de la
convention des parties, et qu'elles puissent
l'étendre ou la restreindre à leur gré, il est
certain cependant qu'un droit perpétuel de
jouissance serait incompatible avec l'idée
d'un simple bail à loyer.

Lorsque les parties n'ont pas déterminé la
durée du bail, elles peuvent mettre un terme
à leur engagement en se donnant congé dans
les délais fixés par l'usage des lieux. (Code
civil, art. 1736.)

17. Il importe de faire observer ici que
les époques fixées, d'après l'usage de Paris,
pour l'entrée et la sortie des lieux loués,
ne sauraient être considérées comme des
limites indiquées à la durée des baux. Ce ne
sont, selon nous, que des termes assignés
pour le paiement des loyers, et le point de
départ des délais qui doivent s'écouler entre
le congé et la sortie des lieux. En effet, on

ne pourrait raisonnablement admettre qu'un propriétaire et un locataire, lorsqu'ils louent sans fixer la durée de la location, seront présumés avoir entendu louer pour un terme, par exemple, de trois mois, de manière qu'on dût voir s'opérer un nouveau bail à chaque nouveau terme. Il ne serait pas plus exact de prétendre qu'une maison ou un appartement loués à tant par an sont loués pour une année (1). Ainsi, le bail verbal n'a pas de durée déterminée : les parties peuvent le faire cesser en se donnant congé dans les délais d'usage.

18. De ce que le bail n'est soumis à aucune forme, il suit qu'il peut exister des promesses de bail aussi valables que le bail même, lorsqu'elles sont d'ailleurs revêtues de tous les accessoires qui font la force de celui-ci, c'est-à-dire lorsque la désignation

---

(1) Les erreurs que nous signalons se trouvent reproduites dans tous les petits ouvrages écrits sur cette matière. Dans les uns, on lit que la durée du bail verbal est généralement à Paris de trois mois ; dans d'autres, on enseigne qu'elle est de six mois. Enfin, M. Dufour de Saint-Pathus (*Guide des locataires et des propriétaires*, 4ᵉ édition, page 43) dit que « la location verbale est censée faite pour une année, le prix se stipulant toujours pour une année. » Le prix de location verbale ne se stipule pas *pour une année*, mais à *tant par année*, ce qui est bien différent ; car, comme nous l'avons démontré, la fixation du prix à tant par année ne sert pas à déterminer la durée du bail, mais seulement la somme que le locataire sera tenu de payer, à raison du temps de sa jouissance.

de la chose louée, le prix de la location, l'acceptation et le consentement des parties se trouvent exprimés dans la promesse de bail. (Arrêt de la Cour de Paris, 7 nivôse an X; Dalloz, *Jurisprudence générale,* au mot LOUAGE, p. 912.) La promesse de bail peut être aussi ou verbale ou écrite; mais les inconvénients qui peuvent résulter de la promesse verbale de bail nous autorisent à engager les parties à la rédiger par écrit. (*Voy.* modèle n° 1, pag. 300.)

On a vu ci-dessus que le bail était ou verbal ou écrit. Nous allons indiquer dans les deux chapitres suivants les caractères distinctifs de ces deux espèces de baux.

CHAPITRE I.

Du bail verbal ou location simple.

19. On appelle location verbale celle qui est faite sans détermination de temps (1), et qui prend fin par un congé donné dans les délais fixés par l'usage des lieux.

---

(1) Il y a cependant certaines localités dans lesquelles le bail verbal est censé fait pour un espace de temps déterminé : ainsi, à Orléans, à Rennes, à Marseille, à Toulouse, à Blois, à Moulins, à Reims, à Montargis, à Lille, à Caen, dans le Béarn, en Auvergne, la durée du bail verbal est d'un an ; dans la Touraine, elle est d'un an pour une maison entière, une auberge, et une boutique, et de six mois pour un appartement.

La location verbale se manifeste par l'occupation des lieux de la part du locataire, et par la remise des clefs qui lui a été faite par le propriétaire.

20. Si le bail sans écrit n'a encore reçu aucune exécution, et que l'une des parties le nie, la preuve ne peut être reçue par témoins, quelque modique qu'en soit le prix, et quoiqu'on allègue qu'il y a eu des arrhes données. Le serment peut seulement être déféré à celui qui nie le bail. (Art. 1715 du Code civil.)

Ces dispositions de la loi établissent une exception à la règle que l'on peut faire par témoins la preuve des obligations dont l'objet n'excède pas 150 francs.

21. On ne peut admettre la preuve testimoniale d'un bail verbal non exécuté dont le prix excède ou n'excède pas 150 francs, lors même qu'il y a commencement de preuve par écrit. (M. Troplong, *du Louage,* n° 112.)

On ne peut prouver par témoins le commencement d'exécution d'un bail. (Arrêt de la Cour de cassation, 14 janvier 1841.)

22. Le bail verbal exécuté peut être prouvé par témoins, lorsque le prix est inférieur à 150 francs; mais si le loyer annuel est inférieur à 150 francs, et que tous les loyers réunis s'élèvent au-dessus de cette somme, la preuve ne sera pas admissible. (M. Troplong, n°s 110, 116 ; arrêts des cours de Bordeaux, 20 novembre 1810, et de Paris, 26 avril 1825.)

Le bail verbal consenti par un mandataire général n'est pas suffisamment constaté, au profit du preneur et contre le mandant, par la déclaration du mandataire, lorsque cette déclaration n'est faite par le mandataire que depuis sa révocation. (Cour royale d'Angers, 11 avril 1823, Sirey, t. XXIII, 2e partie, p. 225.)

Le propriétaire peut être autorisé à prouver par témoins que son locataire a sous-loué à une fille publique. (Arrêt de la Cour de cassation, *le Droit,* 5 janvier 1839.)

23. A Paris, la plupart des appartements, grands ou petits, se louent verbalement; il arrive le plus souvent que les conventions relatives à la location se règlent même sans l'intervention du propriétaire, et que l'on conclut directement avec le portier, à qui l'on donne une pièce de monnaie, dite *denier à Dieu,* qui devient désormais le signe de l'engagement. L'usage autorise les parties à se dédire dans les vingt-quatre heures, en reprenant ou renvoyant le *denier à Dieu.* Mais après les vingt-quatre heures ni l'une ni l'autre des parties ne peuvent se dédire.

Voilà l'usage. Mais il importe d'examiner quelle est la valeur légale de l'engagement qui résulte du *denier à Dieu.*

Si l'on suppose que les contractants sont de bonne foi, il ne saurait exister de difficultés; les conventions de la location seront fidèlement exécutées. Si, au contraire, il y a mauvaise foi de la part de l'une des parties, et dénégation du bail verbal, l'allégation faite par l'autre relativement à la remise du *denier à Dieu* sera sans effet; car le *denier à Dieu* ne forme qu'un lien moral, et jamais une obligation en vertu de laquelle on puisse poursuivre ou être poursuivi en justice. Si donc, nonobstant le *denier à Dieu*, le propriétaire ou le locataire refuse d'exécuter la convention, le premier, en ne voulant pas délivrer les lieux loués, ou le second, en se refusant à y entrer, le demandeur n'aura pour unique ressource que le serment contre celui qui nie.

24. Lorsqu'il y a contestation sur le prix du bail verbal dont l'exécution a commencé, et qu'il n'existe point de quittance, le propriétaire est cru sur son serment, si mieux n'aime le locataire demander l'estimation par experts : auquel cas, les frais de l'expertise restent à sa charge si l'estimation excède le prix qu'il a déclaré. (Code civil, art. 1716.)

25. Il résulte de tout ce qui précède qu'en général, dans les locations verbales, la preuve de l'existence du bail et des diverses conventions qui y sont relatives est abandonnée à la bonne foi des contractants. Il est donc utile, dans l'intérêt des parties elles-mêmes, lorsque la location est assez importante, de régler par écrit leur engagement; car, en supposant mêmes qu'elles soient de bonne foi, des circonstances imprévues peuvent faire naître de nombreuses difficultés. Par exemple, le locataire préten-

dra que telle pièce fait partie de sa location ;
sa réclamation peut être juste, mais qui le
prouve ? De son côté, le propriétaire peut
aussi avoir des prétentions à élever. Et c'est
ainsi que la bonne harmonie qui doit naturellement exister entre le propriétaire et les
locataires se trouve souvent troublée, faute
d'avoir, par de sages précautions, déterminé
les limites du droit de chacun.

Mais qu'en sera-t-il, si l'une des parties
est de mauvaise foi ? Les inconvénients de la
location verbale se feront encore plus vive-
ment sentir. Le propriétaire pourra se trouver, au jour du terme, sans locataire, et ce
dernier sans appartement. Ainsi, nous ne
saurions trop recommander aux propriétaires et aux locataires de faire, sinon un
bail en forme, au moins un engagement ré-
ciproque qui constate les conventions de la
location.

Cet engagement devra être fait sur papier
timbré, afin d'éviter l'amende s'il était nécessaire de le produire en justice. Il contien-
dra la désignation sommaire des lieux loués,
le prix de la location, l'époque de l'entrée
en jouissance, enfin les conventions particulières des parties. Il doit aussi être fait double. (*Voyez* modèle n° 1, p. 300.)

L'engagement écrit dont nous parlons ne
change pas le caractère de la location, qui,
aux yeux de la loi, sera toujours un bail
verbal, puisque, comme nous le verrons
bientôt, elle ne considère comme bail écrit

que celui dont la durée a été fixée par les parties. Mais cet engagement sert à déterminer d'une manière certaine les obligations et les droits respectifs des parties, et leur offre l'avantage de pouvoir rompre le bail à leur volonté, en observant toutefois les délais d'usage pour les congés.

CHAPITRE II.

Du bail écrit.

26. Le bail écrit se fait, ou par-devant notaire, ou par acte sous seing privé; dans le premier cas, il prend la dénomination de bail authentique.

SECTION PREMIÈRE. — *Du bail authentique.*

27. Le bail authentique a pour effet de faire foi par lui-même jusqu'à l'inscription de faux (Code civil, art. 1319), sans aucune vérification préalable; c'est-à-dire qu'on doit y ajouter pleine confiance, parce qu'il émane d'un officier public dont la loi consacre le témoignage.

28. Le bail authentique offre aussi cet avantage, que le notaire en conserve la minute, et que les parties peuvent, lorsqu'elles le réclament, s'en faire délivrer une expédition.

En outre, lorsque l'une des parties ou toutes deux ne peuvent ou ne savent écrire

ou signer, le bail ne peut être fait que par-
devant notaire.

29. Comme la rédaction du bail authentique est confiée au notaire, nous nous abs-
tiendrons de parler de sa forme ; nous ajou-
terons seulement qu'il doit être enregistré
dans les dix jours de sa date, et qu'en cas
de retard, les droits et l'amende sont à la
charge du notaire.

SECTION II. — *Du bail sous seing privé et de
son enregistrement.*

30. Le bail sous seing privé est celui qui
est passé sans l'intervention d'un officier public. Il détermine les conventions des parties et la durée de la location.

31. La principale différence qui existe
entre le bail sous seing privé et le bail authentique, c'est que ce dernier tirant toute
sa force du caractère de l'officier public qui
l'a reçu, fait pleine foi par lui-même, jusqu'à l'inscription de faux, et que les tribunaux doivent en ordonner l'exécution provisoire sans caution (Code de procédure
civile, art. 135); tandis que le bail sous seing
privé ne fait foi qu'après qu'il a été reconnu
par celui auquel on l'oppose, ou légalement
tenu pour reconnu. Mais après la reconnaissance expresse ou tacite, volontaire ou forcée,
la bail sous seing privé fait, entre les signa-
taires ou leurs représentants, la même foi
que le bail authentique même (Code civil,

art. 1322), et l'exécution provisoire doit en être ordonnée sans caution.

Ainsi les parties peuvent, pour s'épargner les frais d'un bail authentique, rédiger, sans inconvénients, leurs conventions elles-mêmes. Car, dans le cas où l'une d'elles viendrait à méconnaître l'existence de l'engagement écrit, il serait facile, au moyen de la vérification d'écritures, de la convaincre de mensonge ; et le sous seing privé une fois reconnu ou tenu pour tel, produirait, comme nous venons de le faire observer, le même résultat qu'un bail authentique.

32. Le bail sous seing privé doit être fait double, triple, et, suivant qu'il y a deux, trois ou un plus grand nombre de parties qui ont un intérêt distinct, chaque original doit contenir la mention du nombre d'originaux qui ont été faits. Il suffit d'un seul original pour toutes les parties qui ont le même intérêt. Néanmoins, le défaut de mention que les originaux ont été faits doubles, triples, etc., ne peut être opposée par celui qui a exécuté de sa part la convention portée dans l'acte (Code civil, art. 1325). Il y a exécution de la part d'une partie, non-seulement lorsqu'elle a rempli les obligations qui la concernent, mais encore lorsqu'elle a concouru à l'exécution que l'autre partie a donnée à l'acte. Il est évident que chacun des originaux doit être signé par toutes les parties intéressées au bail.

33. Le bail sous seing privé doit être fait

sur papier timbré. L'empreinte du timbre ne peut être couverte d'écriture, sous peine d'une amende de 15 francs. (Loi du 13 brumaire an VII, titre 4, art. 21 et 26.)

34. Le bail sous seing privé doit contenir les noms, prénoms, qualités ou professions du bailleur et du preneur, la désignation exacte des lieux, l'époque de l'entrée en jouissance, celle où elle finira, le prix de la location, les termes de paiement, les conventions particulières des parties.

35. Il est aussi certaines précautions qu'on fera toujours bien d'observer, quoique leur omission n'entraîne pas la nullité du bail. Ainsi, il est utile d'écrire le bail en un seul et même contexte, lisiblement, sans abréviations, blanc, lacune, intervalle, de compter les mots rayés nuls, d'approuver les ratures, de dater le bail, de mettre la date et les sommes en toutes lettres, de parapher les renvois placés en marge. Si un renvoi est trop long pour être écrit en marge, il peut être transporté à la fin ; mais, dans ce cas, il est nécessaire non-seulement de le signer et parapher comme les renvois, mais de le faire approuver par les parties. C'est le moyen d'éviter les falsifications et les surcharges. D'ailleurs, des accidents peuvent faire disparaître un chiffre, le rendre illisible, etc.

36. Quoique la loi n'exige pas que les parties fassent précéder leur signature de ces mots : *approuvé l'écriture ci-dessus,* il est toujours prudent de faire placer cette men-

tion au bas du bail et avant les signatures : elle servira à détruire les allégations de surprise de la part de celle des parties qui n'a pas écrit le bail.

37. Le bail doit être enregistré dans les trois mois de sa date, sous peine d'une amende qui consiste dans la perception d'un double droit du droit ordinaire (loi du 22 frimaire an VII, art. 22 et 38). L'enregistrement a pour effet de lui donner date certaine ; car, aux termes de l'article 1328 du Code civil, les actes sous seing privé n'ont de date certaine contre les tiers que du jour de la mort de celui ou de l'un de ceux qui les ont souscrits, ou du jour où leur substance est constatée dans des actes dressés par des officiers publics, tels que des procès-verbaux de scellé ou d'inventaire. Mais, dans les deux dernières circonstances prévues par cet article, le bail devrait être enregistré ; car l'article en question ne dispose que relativement à la date certaine, et n'affranchit pas de la formalité de l'enregistrement.

38. Les baux à loyer de biens meubles ou d'immeubles, *lorsque la durée est limitée,* sont sujets aux droits d'enregistrement de 20 centimes par 100 francs, *sur le prix cumulé de toutes les années.* (Loi du 16 juin 1824.)

Un bail de trois, six ou neuf années est considéré, pour la liquidation et le paiement des droits, comme bail de neuf ans. (Loi du 22 frimaire an VII, art. 69, § 3, n° 2.)

L'obligation de payer six mois d'avance

à l'époque de l'entrée en jouissance, ou la quittance qui est donnée à ce sujet dans le bail, ne sont point passibles d'un droit particulier. (Décision du ministre des finances, des 10 août 1815, et 6 décembre 1826.)

39. Le droit d'enregistrement du *cautionnement* des baux à loyer est de moitié de celui fixé pour les baux. (Lois des 27 ventôse an IX, et 16 juin 1824, art. 1er.)

Si les cautionnements étaient passés postérieurement aux baux, le droit ne serait liquidé qu'en raison des années qui resteraient à courir.

On doit, pour la perception du droit de cautionnement, comme pour celle du droit de bail, cumuler le prix de toutes les années. (Loi du 16 juin 1824, art. 1er.)

40. La réduction du prix d'un bail consenti ultérieurement entre le bailleur et le preneur est une remise de dette qui donne lieu au droit de 50 centimes par 100 francs, *quoiqu'il soit exprimé que la réduction a eu pour cause une erreur qui s'était glissée dans le prix du bail.* (Délibération de la régie, 3 juin 1828.) On voit que la fiscalité ne perd jamais ses droits!!!

TITRE III.

Des baux à longues années, à vie et emphytéotiques.

41. On appelle *baux à longues années*, tous ceux dont la durée excède un espace de neuf ans.

On a indiqué (page 5) les personnes auxquelles la loi interdit les baux à longues années.

42. Le bail à vie est celui dont la durée est déterminée par la vie, soit du bailleur, soit du preneur, soit d'un tiers.

43. Quant aux obligations respectives des parties, elles sont les mêmes dans le bail à vie que dans le bail ordinaire.

44. Le bail emphytéotique est celui par lequel un propriétaire cède, pour un certain laps de temps et moyennant une redevance annuelle, la jouissance d'un immeuble, à la charge d'y faire des constructions, augmentations ou améliorations quelconques, dont la propriété lui est acquise à l'expiration de l'emphytéose.

45. La durée des baux emphytéotiques varie communément depuis vingt jusqu'à quatre vingt-dix-neuf ans; elle ne peut excéder ce laps de temps.

46. L'emphytéose est un contrat qu'on ne doit confondre ni avec le contrat de louage, ni avec le contrat de vente ; il a sa nature, et produit des effets qui lui sont propres. (Arrêt de la Cour de cassation, 26 juin 1822.)

47. L'emphythéote, c'est-à-dire le preneur à bail emphytéotique, peut hypothéquer, aliéner, vendre l'héritage emphytéotique, sauf les droits du bailleur, à l'expiration du temps fixé par le bail, ou au moment de la résolution du contrat ; il peut, s'il était troublé dans sa jouissance, intenter contre les tiers, et même contre le propriétaire, une action possessoire pour y être maintenu.

48. L'emphytéote est tenu de payer le prix du bail, que l'on nomme *redevance, canon emphytéotique* ou *pension*. Il est aussi tenu du paiement des contributions, même de la contribution foncière, et de toutes les réparations, tant grosses que locatives, pendant la durée du bail, et de toutes les améliorations auxquelles il s'est obligé par son bail.

49. Lorsque le bail porte la clause expresse qu'à défaut de paiement pendant trois ans le bailleur rentrera dans son bien de plein droit et sans forme de procès, l'intervention de la justice est néanmoins nécessaire ; car les juges, malgré cette clause, pourraient accorder un délai au preneur. (Arrêt de la Cour de cassation, 14 juin 1814.)

50. L'emphytéote ne peut, pour se décharger du paiement de la redevance, délaisser

l'héritage emphytéotique. (*Nouveau Deni-sart*, au mot EMPHYTÉOTE.)

51. Lorsque c'est une maison qui a été donnée en emphytéose, si elle vient à être détruite par cas fortuit ou force majeure, les droits de l'emphytéote ne sont pas éteints ; il les conserve sur le sol, mais il n'est point obligé de rebâtir.

52. A la fin du bail emphytéotique, le preneur ou ses représentants sont tenus de rendre en bon état, non-seulement les lieux qui leur ont été donnés, mais aussi les bâtiments et autres améliorations qu'ils étaient obligés de faire par le contrat, parce que c'est en vue de ces améliorations que le fonds leur a été donné à une redevance modique. (Louet, E, 11.)

53. La perte totale de la chose, lorsqu'elle n'est pas arrivée par la faute du preneur, le décharge du paiement de la redevance ; mais lorsque la perte n'est que partielle, il est tenu du paiement total de la redevance.

54. Le bail emphytéotique finit :

1° Par l'expiration du temps pour lequel il a été consenti ;

2° Par la perte totale de la chose qui fait l'objet du contrat ;

3° Par la résiliation du contrat prononcée en justice pour cause d'inexécution des clauses portées au contrat, soit de la part du bailleur en ne livrant pas la chose telle qu'il l'avait promise, soit de la part du preneur, en ne payant pas la redevance, ou en n'élevant pas les constructions qu'il était convenu de faire;

4° Enfin, par le consentement mutuel des parties.

55. La résiliation du bail emphytéotique entraîne celle des sous-baux que l'emphytéote avait consentis aux sous-preneurs.

Comme les baux à vie et les baux emphytéotiques doivent être passés devant notaire, nous n'avons point à nous occuper de leur forme.

TITRE IV.

Du cautionnement du bail.

56. Il arrive souvent que, quand la solvabilité des preneurs n'est pas suffisamment prouvée, le bailleur exige du preneur des garanties nécessaires pour assurer l'exécution du bail, en d'autres termes, une *caution,* c'est-à-dire une personne qui se soumet envers le bailleur aux obligations qui résultent du bail, dans le cas où le preneur ne satisfait pas lui-même à ces obligations.

57. Le cautionnement ne se présume pas, il doit être exprès, et on ne peut pas l'étendre au delà des limites dans lesquelles il a été contracté (Code civil, art. 2015). Ainsi lorsqu'une personne a cautionné un loca-

taire pour le paiement de son loyer, sa garantie ne s'étend pas jusqu'aux dégradations
qu'il peut avoir commises dans les lieux
loués.

Ce même principe a fait admettre que le
cautionnement donné pour l'exécution du
bail ne s'étend pas aux obligations résultant de la tacite reconduction.

58. Lorsque la caution qui s'est obligée au
paiement des loyers du locataire, dans le
cas où ce dernier ne satisferait point à cette
obligation, se trouve poursuivie pour ce fait,
elle est tenue de payer, non-seulement les
loyers, mais encore les frais.

59. Ces frais sont ceux de la première
demande formée contre le locataire, ceux
de dénonciation de cette demande à la caution, ceux enfin qui ont été faits postérieurement à cette dénonciation. (Code civil,
art. 2016.)

60. Les engagements des cautions passent
à leurs héritiers, à l'exception de la contrainte par corps, si l'engagement était tel
que la caution y fût obligée. (Code civil,
art. 2017.)

61. L'article 2021 du Code civil porte :
« La caution n'est obligée envers le créancier à le payer qu'à défaut du débiteur,
qui doit *être préalablement discuté dans ses
biens* (1), à moins que la caution n'ait re-

____

(1) C'est-à-dire après avoir fait vendre les biens et s'être
payé sur le prix.

noncé au bénéfice de discussion, ou à moins qu'elle ne soit obligée *solidairement avec le débiteur ;* auquel cas l'objet de son engagement se règle par les principes qui ont été établis pour les dettes solidaires. »

62. Le texte de cet article démontre combien il est important pour le propriétaire qui exige une caution de son locataire, de faire renoncer cette caution au bénéfice de discussion, et de la faire obliger en même temps à payer elle-même, au cas où le locataire ne paierait pas, ou bien encore, de la faire obliger solidairement au paiement des loyers. Dans ce dernier cas, le propriétaire peut s'adresser directement à la caution, aussi bien qu'au locataire ; car, aux yeux de la loi, la caution solidaire est considérée comme un véritable débiteur solidaire.

63. La caution qui a payé, a son recours contre le débiteur principal pour le paiement, tant du capital que des intérêts et des frais ; elle est subrogée à tous les droits qu'avait le créancier contre le débiteur. (Code civil, art. 2028 et 2029.)

64. Lorsque plusieurs personnes se sont rendues cautions du même débiteur, pour la même dette, elles sont obligées chacune à toute la dette ; et celle qui a acquitté la dette a son recours contre les autres cautions, chacune pour sa part et portion. (Code civil, art. 2025 et 2033.)

65. Le cautionnement se fait de deux ma-

nières : soit par l'intervention de la caution
au bail, soit par acte séparé.

66. Lorsque le cautionnement a lieu par
l'intervention de la caution au bail, il est
nécessaire que les originaux du bail soient
triples, puisqu'alors il y a trois parties
dans l'acte : le bailleur, le preneur et la caution.

67. Lorsque le cautionnement se fait par
acte séparé, c'est-à-dire sans l'intervention
de la caution comme partie au bail, et
qu'il est sous seing privé, il suffit d'un seul
original; car le cautionnement n'est qu'un
contrat *unilatéral*, c'est-à-dire qui n'oblige
que la caution envers le propriétaire, sans
que celui-ci soit obligé envers elle. Il arrive souvent, dans ce cas, que l'acte de
cautionnement se met à la suite du bail et
sur l'original qui appartient au bailleur.
(*Voyez* modèles nos 4 et 5, pages 305 et 306.)

TITRE V.

De l'entrée en jouissance.

CHAPITRE PREMIER.

Des époques ordinaires de l'emménagement.

68. Les époques des emménagements, ou, ce qui est de même, les époques auxquelles commencent les termes, varient à l'infini, et suivant les usages particuliers de chaque localité.

69. À Paris, les emménagements ont lieu aux mois de janvier, avril, juillet et octobre.

Dans les petites locations, c'est-à-dire dans les logements dont le prix annuel est de 400 francs et au-dessous, les emménagements se font le 8 des mois sus-indiqués, à midi.

Dans les appartements, ou autres lieux, dont le loyer annuel s'élève au-dessus de 400 francs et dans les boutiques, on emménage le 15 des mêmes mois, à midi. Bien que le locataire ne fasse son emménagement que le 8 ou le 15, la location court cependant à partir du 1er jour du mois, qui est l'époque des commencements des termes. Cette circonstance ne fait éprouver au locataire aucun préjudice, car s'il perd huit ou quinze jours lors de son entrée en jouissance, il les retrouve à la fin de sa location, puisqu'il n'est obligé de quitter les lieux loués qu'aux mêmes époques. (*Voy.* pag. 211.) (1)

70. Il est inutile de dire que si les parties avaient fixé, pour l'entrée en jouissance, une autre époque que celle déterminée par l'usage, elles seraient tenues de se conformer à la convention.

CHAPITRE II.

Des contestations relatives à l'entrée en jouissance.

71. Les contestations qui peuvent s'élever entre le bailleur et le preneur, relativement à l'entrée en jouissance, sont celles-ci :

1° Lorsque le bailleur ne délivre pas les lieux loués à l'époque convenue par le bail, ou, à défaut de convention, au terme déterminé par l'usage ;

---

(1) A Orléans il n'y a qu'un terme d'où les baux des maisons commencent et auquel ils finissent, savoir : celui de Saint-Jean-Baptiste ; à Rennes, ils commencent et finissent aussi à la même époque ; à Blois, les locations vont de Noël à Noël, ou de Saint-Jean à Saint-Jean ; à Marseille, les baux commencent au jour de Saint-Michel (29 septembre) pour finir à la même époque ; à Bordeaux il n'y a pas de temps fixé pour l'entrée et la sortie des lieux loués.

2° Lorsque le locataire refuse d'entrer dans les lieux loués, ou ne les garnit pas de meubles suffisants pour répondre du prix de la location, ou bien encore, lorsqu'il a été convenu dans le bail qu'il paierait un ou deux termes d'avance, et qu'il se refuse à les payer.

72. Si c'est le bailleur qui refuse de livrer les lieux loués, le preneur a le choix, ou de faire sommer le bailleur de les délivrer, ou de demander la résiliation du bail avec dommages et intérêts. Quant à la quotité des dommages et intérêts, voyez pages 42 et suiv.

73. Si c'est le locataire qui refuse d'entrer dans les lieux loués, ou qui ne les garnit pas, ou qui ne paie pas les termes convenus d'avance, le propriétaire a aussi le choix, ou de le forcer à remplir ses obligations, ou de demander la résiliation du bail avec dommages et intérêts.

74. Mais, pour que le bailleur et le preneur puissent, dans les cas dont nous parlons, exercer l'un contre l'autre des poursuites qui ne soient pas infructueuses, il faut supposer qu'il existe un bail écrit, ou, du moins, un engagement écrit qui en tienne lieu. Car, suivant l'article 1715 du Code civil, lorsque le bail fait sans écrit n'a reçu aucune exécution, et que l'une des parties le nie, la preuve ne peut être reçue par témoins, quelque modique qu'en soit le prix, et quoiqu'on allègue qu'il y ait eu des arrhes

données. Le serment peut seulement être déféré à celui qui nie le bail.

CHAPITRE III.

De l'état des lieux, de son utilité et de sa forme.

75. On appelle état des lieux un acte qui est ordinairement fait sous seing privé entre le propriétaire et le locataire, lorsqu'ils savent signer, car dans le cas contraire, il doit être fait par-devant notaire. On pourrait aussi faire donner une procuration devant notaire par la partie qui ne sait pas signer, et l'état des lieux se ferait sous signatures privées avec le mandataire. Cet état contient la description de toutes les parties quelconques grandes ou petites, de l'objet loué ou affermé; il énonce la matière, la quotité, la forme et la situation de ces mêmes parties; ce qu'elles peuvent avoir de particulier en excellence ou en défectuosité; l'état où elles se trouvent par rapport au service; par exemple, si elles sont neuves ou vieilles, bonnes ou mauvaises, usées ou cassées.

76. S'il a été fait un état des lieux entre le bailleur et le preneur, celui-ci doit rendre la chose telle qu'il l'a reçue, suivant cet état, excepté ce qui a péri ou a été dégradé par vétusté ou force majeure (Code civil, art. 1730); mais, s'il n'a pas été fait d'état

des lieux, le preneur est présumé les avoir reçus en bon état de réparations locatives, et doit les rendre tels, sauf la preuve contraire. (Code civil, art. 1731.)

77. Il résulte de ce dernier article, qu'il est de l'intérêt du locataire de faire, avant son entrée en jouissance, un état des lieux; car s'il n'y en a pas, *il est présumé les avoir reçus en bon état,* et il aura alors à s'imputer la faute d'être entré dans des lieux dans lesquels il se trouvait des dégradations plus ou moins grandes. Mais il est des circonstances où le locataire peut sentir encore davantage la nécessité d'un état des lieux, c'est lorsqu'il a l'intention de faire dans l'intérieur des lieux loués quelques changements, soit en embellissement, soit en augmentation; car, dans ce cas, on pourra facilement, au moyen de l'état, distinguer ce qui appartient au locataire, comme l'ayant fait à ses frais, d'avec les objets qui appartiennent au propriétaire; et si, au contraire, il n'y a pas d'état, tous les objets scellés en plâtre, et qui ne pourraient être détachés sans être fracturés et détériorés, sont présumés être incorporés à l'immeuble, et appartenir au propriétaire. Ce dernier a donc le droit de réclamer ces objets, à moins que le locataire ne prouve qu'ils lui appartiennent. (C. c., art. 553.) Mais cette preuve n'est pas toujours facile à fournir; c'est alors que le locataire doit se reprocher de ne pas avoir dressé un état des lieux.

78. Quant au propriétaire, l'état des lieux peut seul protéger ses droits contre la mauvaise foi du locataire; par exemple, dans le cas où ce dernier substituerait des objets de valeur, tels que des chambranles de marbre, des serrures de sûreté, à des chambranles de pierre ou à des serrures en mauvais état.

79. Lors même que le locataire est de bonne foi, le propriétaire est encore intéressé à faire un état des lieux. Par exemple, en cas d'incendie occasionné par la faute et la négligence du locataire, ou de son sous-locataire ou de leurs gens, comment, sans un état des lieux, pourrait-on rétablir ce qui est détruit et consumé, et apprécier les objets pour la perte desquels le locataire doit indemniser le propriétaire?

80. Il est prudent de dresser l'état des lieux sur papier timbré, parce que, s'il fallait ensuite le produire en justice, les parties seraient passibles d'une amende de 33 francs, dont l'avance doit être faite par celui qui fait timbrer, sauf son recours contre l'autre partie, qui doit lui payer la moitié de ladite amende.

81. Pour procéder méthodiquement, et pour ne rien omettre dans la description des lieux, il est bon de commencer par les caves; on passe ensuite au rez-de-chaussée; on y comprend les cours, les remises, les écuries, les hangars et les jardins; de là on monte au premier étage, puis au second, et ainsi de suite, de manière que l'on termine par les greniers.

A chaque étage, on commence à décrire le palier de l'escalier, puis successivement toutes les pièces, en conservant le plus d'ordre, et donnant les indications les plus positives, afin d'éviter la confusion, et de pouvoir reconnaître les changements opérés pendant la durée du bail. On trouvera, à la fin de ce volume, sous le n° 6, un modèle d'état des lieux.

82. Lorsque les parties ne dressent pas elles-mêmes l'état des lieux, elles le font faire par un architecte ou autres gens de l'art; elles en supportent les frais par moitié, s'il n'y a convention contraire.

83. Lorsque l'une des parties se refuse à dresser ou faire dresser un état des lieux, l'autre peut l'y contraindre en justice.

TITRE VI.

Des obligations et des droits respectifs du propriétaire ou bailleur, et du locataire ou preneur.

84. Nous avons vu plus haut que le bail est un contrat qui se forme par le seul consentement des parties sur la chose et sur le prix. Il résulte de là que les contractants peuvent modifier le bail par toutes les conventions particulières qu'ils jugent à propos d'y introduire.

Le bail, ainsi modifié, devient pour les parties une loi commune à laquelle elles sont obligées de se soumettre. Mais, en l'absence de conventions particulières, les parties demeurent sous l'empire du droit commun, et la loi civile détermine leurs obligations et leurs droits respectifs. Ce qui constitue un droit en faveur de l'une d'elles devient pour l'autre une obligation, et c'est de la combinaison de ces droits et de ces obligations que sont nés les principes que nous allons faire connaître dans les deux chapitres suivants.

CHAPITRE PREMIER.

Des obligations du propriétaire ou bailleur.

85. Les obligations du bailleur sont:

1° De délivrer au locataire la chose louée;

2° D'entretenir cette chose en état de servir à l'usage pour lequel elle a été louée;

3° D'en faire jouir paisiblement le locataire pendant la durée du bail (art. 1719 du Code civil);

4° De garantir le locataire des vices de la chose louée qui en empêche l'usage (art. 1721 du Code civil);

5° D'acquitter les contributions foncières. Nous allons successivement développer chacune de ces obligations dans les cinq sections suivantes:

SECTION PREMIÈRE. — *De l'obligation de délivrer au preneur la chose louée.*

86. Cette obligation est de l'essence même du contrat. Il serait impossible, en effet, de concevoir le louage d'une chose, si elle n'était pas livrée au locataire pour qu'il en jouisse. La délivrance de la chose doit être faite à l'époque déterminée par le bail; si le bail est verbal, on suit l'usage des lieux.

87. L'obligation de délivrer la chose louée s'éten dà tous ses accessoires; sans quoi la

délivrance ne serait pas complète (Pothier, *Du contrat de louage*, n° 54 ; exposé des motifs). Si le propriétaire refusait de délivrer la chose louée, le locataire aura le choix, ou de forcer le propriétaire à opérer cette délivrance lorsqu'elle est possible, ou de demander la résiliation du bail avec dommages et intérêts.(Argument tiré de l'art.1184 du Code civil.)

88. Si donc le locataire demande la délivrance de la chose louée, *et qu'il soit au pouvoir du propriétaire de l'opérer*, celui-ci ne pourra se refuser à la livrer, lors même qu'il offrirait des dommages-intérêts. Les tribunaux mêmes ne pourraient ordonner que l'obligation du propriétaire se résoudra en dommages et intérêts ; ils devront nécessairement le condamner à livrer la chose louée (1). Et, dans l'hypothèse dont nous

______

(1) C'est ce qu'un arrêt récent de la Cour de cassation (du 3 avril 1838) vient de décider dans l'espèce suivante :

Au mois d'avril 1834, M. Weynen, propriétaire d'une maison, sise rue de la Grande-Friperie, consent, au profit d'une dame Bicquelin, une promesse de bail d'une boutique dépendante de cette maison. En conséquence de cette promesse, M. Weynen se flattait d'obtenir la résiliation du bail courant, consenti au profit d'un sieur Cassard, qui occupait les lieux, bail qui avait encore plusieurs années à courir. N'ayant pu obtenir la résiliation, il se vit dans l'impossibilité d'exécuter son engagement envers la dame Bicquelin; et celle-ci intenta alors contre lui une action tendante à sa mise en possession.

Le 22 mars 1835, jugement du tribunal de la Seine, qui condamne M. Weynen à livrer les lieux, et faute par lui de

parlons, le locataire pourra demander, outre la délivrance de la chose louée, des dommages et intérêts pour le tort que peut lui avoir occasionné le retard apporté par le bailleur dans cette délivrance. (M. Dalloz,

---

ce faire dans un délai fixé, autorise la dame Bicquelin à en prendre possession.

Le 31 août 1835, appel de M. Weynen devant la Cour royale de Paris, qui rend un arrêt ainsi conçu :

« La Cour ordonne que le jugement dont est appel sortira effet ; et, considérant que l'obligation imposée à M. Weynen de remettre l'intimée (la défenderesse à l'appel) en possession des lieux, constitue *une obligation de faire* qui doit, en cas d'inexécution, se résoudre en dommages et intérêts, condamne Weynen, dans le cas où il n'exécuterait pas dans la huitaine de la signification, à payer à la dame Bicquelin la somme de 750 francs, à titre de dommages et intérêts. »

Pourvoi en cassation ; arrêt dont voici le texte :

« Vu les articles 1134, 1184, 1719 et 1741 du Code civil ;

« Attendu que, ni en première instance, ni en appel, les Weynen n'ont excipé de l'impossibilité de délivrer la maison indiquée dans la promesse de bail promis à la dame Bicquelin, et a autorisé cette dernière à se mettre en possession des biens ; que la Cour royale, adoptant les motifs des premiers juges, et ordonnant que le jugement serait exécuté, a considéré, en point de droit, sans déclarer qu'il n'était pas possible à Weynen d'exécuter sa promesse, que cette promesse consistait dans une obligation de faire qui doit, en cas d'inexécution, se résoudre en dommages-intérêts, et a, par ce motif, condamné Weynen, dans le cas où il manquerait d'exécuter ledit jugement, à payer à la dame Bicquelin une somme de 750 francs à titre de dommages et intérêts ; — qu'en ce faisant, la Cour royale a violé les textes de loi précités ; — par ces motifs, la Cour casse et annule, etc. » (*Gazette des Tribunaux* du 19 avril 1838.)

4.

Jurisprudence générale, au mot LOUAGE, page 915.)

89. Mais lorsque le propriétaire se trouve dans l'impossibilité de délivrer la chose louée, le locataire ne peut pas en exiger la délivrance; il a seulement le droit de demander la résolution du bail avec dommages et intérêts.

90. Dans tous les cas, les dommages et intérêts consistent dans la perte que l'inexécution du bail occasionne au locataire, et dans le gain ou profit dont il a été privé (argument tiré de l'article 1149 du Code civil). Par exemple, s'il s'agissait d'une boutique ou d'un établissement industriel, on devra comprendre dans les dommages et intérêts le profit que le locataire aurait pu vraisemblablement faire dans cette boutique au delà du prix du loyer qu'il s'était obligé de payer. C'est l'avis de Pothier (n° 68, *Traité du louage*).

91. Remarquez que quand ce n'est pas par mauvaise foi que le bailleur manque à son obligation, il ne doit être tenu des dommages et intérêts du locataire, qui ont pu être prévus lors du contrat, n'étant sensé s'être soumis qu'à ceux-là ; il n'est tenu des pertes que l'on ne pourrait prévoir, encore moins des gains dont l'inexécution du contrat a privé le preneur, si ces gains étaient inespérés lors du contrat (argument de l'art. 1150; Pothier, n° 69). Par exemple, dans les dommages et intérêts dus pour l'inexécution

du bail d'une boutique, on comprendra le profit qu'on pouvait, au temps du bail, espérer du commerce fait dans cette boutique; mais si, depuis le bail, on suppose qu'une grande rue ait été percée dans l'endroit où cette boutique se trouve située, ou même que la boutique dont il s'agit soit placée au coin de la grande rue en question, on conçoit que l'augmentation de profit dans l'exploitation du fonds de commerce ne doit pas être comprise dans les dommages et intérêts, parce que c'est un gain inespéré qui n'a pu être prévu lors du contrat. C'est ce qu'enseigne, au reste, Pothier, à peu près dans les mêmes termes.

92. Mais si c'est par dol ou mauvaise foi que le propriétaire a manqué à son obligation, il est alors tenu indistinctement de tous les dommages et intérêts, soit qu'ils aient été prévus, soit qu'ils n'aient pu l'être. (Argument de l'art. 1151 du Code civil, Pothier, n. 70.)

93. Lorsque le bailleur n'a pas manqué, mais a apporté seulement du retard à l'exécution de l'obligation qu'il a contractée envers le locataire de lui délivrer la chose qu'il lui a louée, il est pareillement tenu des dommages et intérêts que ce retard a causés au locataire depuis qu'il l'a mis en demeure d'y satisfaire (argument tiré de l'art. 1147 du Code civil; Pothier, n° 71), et, dans ce cas, le locataire peut non-seulement demander les dommages et intérêts qu'il souffre de ce re-

tard, mais il peut, en outre, demander quelquefois la résolution du marché, et qu'il lui soit permis de se pourvoir ailleurs. (Pothier, n. 72.)

94. Lorsque la chose louée que le bailleur offre de délivrer au locataire ne se trouve pas entière, le bailleur en ayant perdu une partie depuis le contrat, ou lorsqu'elle ne se trouve pas au même état qu'elle était lors du contrat, si ce qui manque de la chose, ou si le changement qui est arrivé dans cette chose est tel que le locataire n'eût pas voulu la prendre à loyer, si elle se fût trouvée telle qu'elle est devenue depuis, en ce cas le locataire est bien fondé à refuser de recevoir la chose et de demander la résolution du contrat. Ceci a lieu quand même ce serait arrivé par une force majeure survenue depuis le contrat, que la chose ne se trouverait plus entière, ou se trouverait détruite; comme, par exemple, si, depuis le contrat, le feu du ciel a brûlé une partie considérable de la maison que vous m'avez louée, et que ce qui en reste ne suffirait pas pour m'y loger avec ma famille; mais, dans ce cas, je n'aurais le droit de demander que la résolution, sans pouvoir prétendre aucuns dommages et intérêts pour son inexécution.

95. Mais si c'est par son fait que le bailleur ne peut plus livrer la chose entière, comme s'il a aliéné la partie qui manque, ou qu'il en ait été évincé parce qu'il n'en

était pas propriétaire, dans ce cas, le locataire peut demander, outre la résolution du bail, les dommages et intérêts qu'il souffre de son inexécution. (Pothier, nº 74.)

96. L'article 1720 porte que « Le bailleur est tenu de délivrer la chose en bon état de réparations de toute espèce. » En effet, la délivrance de la chose louée ne serait qu'illusoire, si le locataire ne pouvait en tirer le service sur lequel il a droit d'espérer. Mais les contractants peuvent, par une convention insérée au bail, modifier cette obligation, et dire, par exemple, que le propriétaire ne sera tenu de délivrer la chose louée que dans l'état où elle se trouvait lors de la location ; il arrive d'ailleurs tous les jours que le locataire se charge lui-même de faire dans la maison ou l'appartement loué les réparations qui y sont nécessaires. Tout dépend ici des conventions des parties. « Mais si ces conventions n'existent pas, dit M. Duranton (tome XVII, n. 61), le bailleur, quoique le preneur ait vu les lieux, est obligé, par la nature même du contrat, à lui délivrer la chose en bon état de réparations de toute espèce, ce qui comprend les réparations même simplement locatives. Il ne serait pas écouté à dire qu'il a donné à loyer la chose dans l'état où elle se trouvait lors de la convention ; que par cela même que le preneur l'a vue avant de conclure le louage, et n'a fait aucune réserve au sujet des réparations qu'il pouvait y

avoir à faire, il a entendu ne la livrer qu'en cet état : car on lui répondrait que la loi suppose bien que le preneur a vu la chose, puisqu'il n'est pas naturel que l'on prenne à loyer une chose sans l'avoir vue ; et néanmoins elle décide que le bailleur doit la délivrer en bon état de réparations de toute espèce. »

97. L'obligation de délivrer la chose louée fait naître au profit du preneur le droit de poursuivre le bailleur pour qu'il ait à opérer cette délivrance ; et il importe de ne pas oublier ici que le preneur a droit, non-seulement à la jouissance de la chose louée, mais encore à celle des accessoires de cette chose. C'est en ce sens que la Cour royale de Paris a jugé, par arrêt du 4 mars 1828, rapporté au Recueil de Sirey, t. XXVIII page 203, que le passage sous la porte cochère d'une maison et l'usage de la cour pour les voitures sont communs aux locataires, à moins de stipulations contraires ; qu'en conséquence, le propriétaire d'une maison ne peut s'opposer à ce que les voitures des personnes qui viennent visiter ses locataires entrent sous la porte cochère ou dans la cour de la maison, encore que l'entrée de l'appartement du locataire soit sous le passage de la porte cochère.

98. Le tribunal de la Seine (3e chambre) a décidé, par jugement du 10 juin 1836, qu'en l'absence de conventions contraires, le locataire d'une boutique a le droit de

placer des tableaux ou cadres indiquant sa profession, sur les pilastres de sa boutique. (*Le Droit*, journal des tribunaux, du 16 juin 1836.)

99. La 3e chambre de la Cour royale de Paris a jugé, par arrêt du 20 février 1838, que le commerçant qui a loué, pour exercer son industrie, un magasin situé dans le fond d'une cour, n'a pas le droit, sans y être autorisé par le propriétaire, de mettre une enseigne indiquant sa profession sur la porte *extérieure* de la maison donnant sur la rue (1).

Mais un propriétaire ne peut, après trois ans de tolérance, demander la suppression des tableaux, inscription et boîte indicatifs de la profession de son locataire, sur le motif que cette autorisation n'a pas été donnée au locataire par le bail. (Arrêt de la Cour royale de Paris, *Gazette des Tribunaux* du 9 septembre 1836.)

100. Le locataire d'un hôtel garni, qui, du consentement du propriétaire, ajoute une enseigne à celle qui existait déjà, a le

---

(1) L'arrêt de la cour est conçu en ces termes :

« Considérant qu'il est constant, en fait, que la profession de marchand de vin exercée par Gouget était connue du propriétaire, d'où il résulte que le bail lui donnait droit d'annoncer cette profession sur la façade de la portion *intérieure* du bâtiment à lui louée ;

« Considérant qu'aucune convention n'ayant été arrêtée lors du bail pour *étendre ce droit* à aucune partie de la façade *extérieure* de la maison, la prétention n'est pas fondée. »

droit, à la fin du bail, d'enlever son enseigne et de la placer ailleurs.

Le propriétaire ne peut conserver sur la façade de l'hôtel garni l'enseigne apposée par le locataire, s'il n'a pas imposé à ce dernier la condition de la laisser en quittant les lieux. (Arrêt de la Cour royale d'Orléans, du 18 août 1836. *Journal du Palais*, tome II, année 1837, page 406.)

101. La 5ᵉ chambre du tribunal de la Seine a jugé que l'usage, pour les maîtres de pension, d'annoncer leur profession à la face extérieure de leur institution, est tellement général, qu'alors même que cela n'a point été stipulé dans le bail, le propriétaire est censé avoir compris qu'on ne louait qu'à cette condition (1). (*Gazette des Tribunaux*, du 19 avril 1835.)

SECTION II. — *De l'obligation d'entretenir la chose en état de servir à l'usage pour lequel elle a été louée.*

102. De cette obligation naît celle, pour le bailleur, de faire, pendant la durée du bail, toutes les réparations qui peuvent de-

---

(1) Le tribunal a considéré que le propriétaire, en louant à un maître de pension, avait dû s'attendre à cette conséquence de sa location; que, d'ailleurs, ce n'était pas l'annonce d'un établissement de ce genre, mais bien son existence, qui pouvait être de nature, dans certains cas, à nuire au reste de sa location.

venir nécessaires, autres que les réparations locatives (art. 1720 du Code civil) ; c'est-à-dire, celles que la loi ou l'usage des lieux mettent à la charge du locataire (1).

103. Il suit de là, que toutes les réparations qui ne sont point comprises dans cette énumération sont à la charge du propriétaire. Ce sont, au reste, ces réparations que l'on désigne sous la dénomination de grosses réparations ; par exemple, celles des murs, des couvertures de maisons, des planchers, des manteaux de cheminées, etc.

104. Le bailleur doit surtout tenir le locataire clos et couvert, et, par conséquent, faire aux couvertures les réparations nécessaires pour empêcher qu'il ne pleuve dans les bâtiments ; celles nécessaires aux portes et fenêtres, afin que le locataire et ses effets, le fermier, ses bestiaux, ses grains et ses fourrages, y puissent être en sûreté, et se trouvent à l'abri de l'intempérie des saisons. (Pothier, *Du louage*, n° 106, et Bourjon, *Droit commun de la France*, titre IV, chapitre IV, section III, § 9.)

105. Il résulte de l'obligation d'entretenir la chose louée en état de service, que si le bailleur assigné pour faire les réparations ne convient pas qu'il en ait à faire, le juge ordonne la visite pour les constater ;

----

(1) *Voyez* titre VI, chapitre II, *Des réparations locatives.*

puis, lorsqu'elles sont constantes, il condamne le bailleur à faire les réparations dans tel délai; faute de quoi, le locataire est autorisé à les faire faire lui-même et à en retenir le montant sur les loyers par lui dus, ou, s'il n'en doit pas, à s'en faire rembourser par le bailleur (Pothier, n° 106). Si le retard apporté par le bailleur à faire les réparations depuis qu'il a été mis en demeure a causé au preneur quelque dommage, le preneur peut aussi obtenir contre le bailleur la condamnation à des dommages et intérêts. (Pothier, *ibid.*)

106. Le locataire peut aussi demander par cette action la résiliation du contrat, ce qui doit lui être accordé suivant les circonstances ; comme lorsque ces réparations sont très-considérables, et empêchent l'exploitation ; que le bailleur ne se prépare pas à les faire, et que le locataire n'est pas en état de les avancer. (Pothier, *ibid.*)

107. Remarquez que le locataire doit aussi, suivant la circonstance, pouvoir obtenir des dommages et intérêts, tout en demandant la résolution du contrat; car ces dommages et intérêts serviront à réparer le préjudice que le locataire a souffert.

108. Au reste, le locataire peut refuser de prendre la chose louée, si elle n'est pas en bon état de réparations locatives. (Art. 1731 du Code civil.)

109. Mais les parties peuvent stipuler que les réparations à faire présentement, ou dans

l'avenir, seront à la charge du locataire.

110. Dans les cinq numéros ci-dessus, on a prévu le cas où le bailleur se refusait de faire les réparations nécessaires aux lieux loués, autres toutefois que les réparations locatives ; mais il importe de déterminer les règles à suivre dans le cas contraire, c'est-à-dire, lorsque le preneur ou locataire lui-même se refuse de laisser faire ces réparations.

111. L'article 1724 du Code civil porte : «Si la chose louée a besoin, durant le bail, de réparations urgentes, et qui ne puissent être différées jusqu'à la fin du bail, le preneur doit les souffrir, quelque incommodité qu'elles lui causent, et quoiqu'il soit privé pendant qu'elles se font d'une partie de la chose louée. Mais si ces réparations durent plus de quarante jours, le prix du bail est diminué en proportion du temps et de la partie de la chose louée dont il est privé. Toutefois, si ces réparations sont de telle nature qu'elles rendent inhabitable ce qui est nécessaire au logement du preneur et de sa famille, celui-ci peut faire résilier le bail.»

Ainsi, pour que le bailleur puisse obliger le preneur de souffrir les réparations, il faut que *ces réparations soient urgentes et qu'elles ne puissent être différées jusqu'à la fin du bail.*

C'est ce qu'enseigne Pothier, en ces termes : «Quoique les réparations, dit-il, que

le bailleur veut faire à sa maison soient nécessaires, si elles ne sont pas urgentes, et
qu'il paraisse que le propriétaire ne se
presse de les faire à la fin du bail que pour
éviter l'incommodité qu'elles lui causeraient
si elles se faisaient, lorsqu'après l'expiration du bail il sera rentré dans sa maison,
et pour faire tomber sur le locataire cette
incommodité, le locataire peut encore, en
ce cas, être reçu à empêcher le propriétaire
de faire les réparations.»

Le passage que nous venons de citer détermine parfaitement bien les caractères de
l'urgence. Quand ils existent, le preneur
doit souffrir les réparations, quelqu'incommodité qu'elles lui causent, et quoiqu'il soit
privé, pendant qu'elles se font, d'une partie
de la chose louée. En effet, le preneur, en
acceptant le bail, a dû prévoir qu'il pourrait
survenir des dégradations à la chose louée,
qu'elles pourraient lui occasionner de l'embarras; que cependant il serait nécessaire
d'y pourvoir; qu'il serait même intéressant
pour lui qu'on ne les négligeât pas, parce
qu'il a dû déterminer, d'après ces circonstances, le prix qu'il lui conviendrait de
donner. (Rapport de M. Mouricault au tribunat.)

112. On peut considérer les réparations
urgentes et nécessaires comme un événement de force majeure dont le bailleur ne
peut être responsable ; cependant, si c'était
le défaut d'entretien de la part du bailleur

qui eût rendu nécessaires les réparations, il pourrait être condamné à des dommages et intérêts, car alors il y aurait faute de sa part. (Delvincourt, t. III, notes, p. 189.)

113. Remarquez que quand les réparations ont duré moins de quarante jours, il n'est dû aucune indemnité ou diminution de prix au preneur, encore que celui-ci ait été privé, pendant qu'elles se faisaient, d'une partie des lieux loués. Ce n'est que quand elles ont duré plus de quarante jours qu'il a droit à une indemnité de prix, laquelle est fixée en proportion du temps et de la partie dont il est privé; c'est alors que la privation de jouissance est de quelqu'importance, et qu'on a voulu d'ailleurs obliger par là le bailleur à faire les réparations avec le plus de diligence possible.

114. Mais si le preneur se trouve privé de ce qui est nécessaire à son logement et à celui de sa famille, il peut demander la résiliation du bail.

115. Ceci s'applique au cas où les réparations ne dureraient pas plus de quarante jours, comme au cas contraire. Au reste, ce serait aux tribunaux à juger si les réparations doivent rendre inhabitable ce qui est nécessaire au logement du preneur et de sa famille.

Si les réparations devaient être faites dans un bref délai, si le bailleur donnait au preneur les moyens de suppléer au logement dont il serait privé, si, en un mot, les cir-

●●nstances atténuaient les conséquences du fait, les juges pourraient ne pas prononcer la résiliation du bail, et accorder seulement une diminution sur le prix, ou même décider qu'il n'est dû aucune indemnité. (MM. Duranton, tome XVII, n. 67; et Duvergier, *Continuation* de Toullier, tome XVIII, n° 300).

SECTION III. — *De l'obligation de faire jouir paisiblement le locataire pendant la durée du bail.*

116. Il résulte de cette obligation que le bailleur doit garantie de tout trouble provenant de son fait personnel: ainsi le preneur peut exiger du bailleur la cessation du trouble dont celui-ci est l'auteur; et lorsque cela n'est pas possible, le preneur a droit à une indemnité pour le préjudice qu'il a souffert.

117. Il y a trouble de la part du bailleur et garantie contre lui, lorsque, pendant la durée du bail, il change la forme de la chose louée. En effet, l'article 1723 du Code civil porte que « le bailleur ne peut, pendant la durée du bail, changer la forme de la chose louée. » Ainsi le bailleur ne peut, sans le consentement du preneur, faire aucuns changements à la chose louée, lors même qu'il alléguerait que ces changements seront avantageux au preneur, et qu'il prétendrait qu'ils ne causeront à ce dernier aucun préjudice.

Car le preneur a loué la chose *dans l'état où elle se trouvait lors du contrat*, et s'il se refuse à ce qu'on en change la forme, c'est qu'il est intéressé à ce que ces changements n'aient pas lieu.

118. Il suit ainsi de la règle posée par l'article 1723 du Code civil, que le bailleur ne peut faire à la chose louée des changements qui en diminuent le prix ou l'agrément, ni nuire, par des constructions nouvelles au jour et à la vue sur lesquels le preneur a dû compter (1), ni pratiquer dans les

---

(1) C'est ce que le tribunal de la Seine (1re chambre) a décidé par jugement du 9 décembre 1836, rapporté par Dalloz, t. xxxvii, 1re partie, pag. 65. Ce jugement est ainsi conçu :

« Le tribunal, attendu qu'aux termes de l'article 1719 du Code civil, le bailleur doit, par la nature même du contrat de louage, et sans aucune stipulation spéciale, faire jouir paisiblement le preneur de la chose louée, ce qui constitue l'obligation de le maintenir, autant qu'il est possible, dans la jouissance de cette chose telle qu'elle était au moment de la location ; que, dès lors, la prohibition imposée au bailleur par l'article 1723 du même Code, de changer la forme de la chose louée, doit comprendre celle de ne faire aucun changement qui diminue le prix ou l'agrément de cette chose ; que la vue et le jour dont jouit un appartement ne contribuent pas moins à lui donner de la valeur que les ornements qui l'embellissent ; qu'ainsi le bailleur ne peut à son gré en priver le locataire, attendu qu'il n'y a aucune analogie à établir entre le bailleur et un propriétaire voisin ; que ce dernier ne contracte aucune obligation ; que, dès lors, le locataire n'a aucun droit à prétendre contre lui, et n'a pas dû compter sur les avantages que lui offraient la vue et le jour qu'il avait sur sa propriété, tandis que le bailleur s'étant obligé à faire jouir le preneur, celui-ci a droit d'exiger

lieux loués des ouvertures de portes ou de fenêtres, ou les boucher, ni construire ou abattre des cloisons, des cheminées, etc.

119. Remarquez que quand le proprié-

---

qu'il s'abstienne de tout ce qui peut gêner et diminuer sa jouissance; attendu que, par le bail, la dame Delalande n'avait fait de réserves au profit de son acquéreur, dans le cas de vente par elle de tout ou partie de sa propriété; que, relativement à des constructions pouvant gêner ou changer le passage par la maison n° 1, sur le faubourg Poissonnière; que, dès lors, le droit de bâtir ne s'appliquait qu'aux dépendances de ladite maison n° 1; que la réserve faite par la dame Delalande pour elle-même ou pour les cessionnaires de ses droits avait le même objet, et se référait à celles faites par son acquéreur; que la faculté de bâtir au préjudice d'une location antérieure, étant une dérogation au droit commun, il fallait déterminer expressément l'étendue de cette faculté, et exprimer qu'elle s'appliquait aussi aux dépendances de la maison n° 6, sur le boulevard Poissonnière; que, faute de stipulation formelle à cet égard, la réserve devait se restreindre aux dépendances de la maison n° 1, attendu que, si les constructions commencées par Javal et compagnie, locataires de la dame Lalande, dans la cour n° 6, étaient élevées au-dessus du niveau du boulevard, elles priveraient d'une grande partie de son jour et de sa vue l'appartement loué à Gagon et Barbedienne; que, dès lors, ces derniers ont droit de s'opposer à ce qu'elles soient élevées au-dessus de leur hauteur actuelle comme pouvant nuire à l'exercice de leur commerce, et comme devant leur ôter une partie de l'agrément et de l'utilité que présentaient les lieux à eux loués; attendu que si ces mêmes constructions, telles qu'elles sont aujourd'hui, diminuent la cour, elles lui laissent assez d'étendue pour le passage et le déchargement des voitures; qu'ainsi elles ne nuisent pas à l'usage pour lequel cette cour était louée aux termes du bail; que si elles ôtent un peu de jour à la pièce d'en bas, désignée dans le bail comme *cuisine*, cette pièce en a encore suffisamment pour l'usage auquel elle était destinée; que, dès lors, il n'y a pas lieu d'ordon-

taire d'une maison composée de plusieurs
appartements loue un de ces appartements
pour l'exercice d'une profession bruyante,
dangereuse ou incommode, les locataires
qui habitaient précédemment la maison, et

---

ner la démolition des constructions existantes, mais seulement d'empêcher leur exhaussement; attendu que l'usage de la terrasse pour la promenade faisait partie de la location consentie à Gagon et Barbedienne, ceux-ci doivent être maintenus dans l'usage de cette terrasse; que Javal et compagnie n'auraient droit d'opposer la force majeure que dans le cas où, même en payant une redevance, la terrasse ne pourrait être rétablie; que les termes du bail, à l'égard de la terrasse dont il s'agit, prouvent que la dame Delalande, bien loin d'avoir alors l'intention d'élever des bâtiments qui masquassent la vue, ne voulait pas même qu'elle pût être gênée par aucun obstacle; par ces motifs, fait défense à la dame Delalande ou à Javal et compagnie, ses locataires, d'élever la construction commencée dans la cour n° 6, sur le boulevard Poissonnière, au-dessus de leur hauteur actuelle; ordonne que dans le cas où, soit ladite dame Lalande, soit Javal et compagnie, voudraient conserver et couvrir lesdites constructions, ils seront tenus de faire ladite couverture en plate-forme, de manière à ne pas dépasser ladite hauteur actuelle; ordonne qu'ils seront tenus de faire auprès de l'autorité compétente toutes les démarches et tous les frais nécessaires pour le rétablissement de la terrasse longeant le boulevard; sinon, et faute de ce faire dans le délai d'un mois, à compter de ce jour et icelui passé, autorise Gagon et Barbedienne à faire toutes les démarches et frais nécessaires pour obtenir le rétablissement de ladite terrasse, comme aussi à retenir sur le montant de leurs loyers les frais dont ils auront fait l'avance à cet effet, et à se mettre en possession de ladite terrasse; condamne Javal et compagnie aux dépens envers toutes les parties. »

Un arrêt de la Cour royale de Paris du 15 décembre 1825 rapporté au *Journal des audiences* de cette Cour, tom. I, pag. 723, a aussi jugé dans le même sens.

qui sont troublés dans la jouissance paisible sur laquelle ils avaient compté, peuvent demander, selon les circontances, la résiliation du bail, ou des dommages et intérêts. (M. Duvergier, Continuation de Toullier, tome XVIII, n° 310, et arrêt de la Cour royale de Paris du 11 mars 1826 ; Sirey, tome XXVI, deuxième partie, page 286.)

120. La deuxième chambre du tribunal de la Seine a aussi décidé que le fait par lequel plusieurs appartements sont loués en garni dans une maison bourgeoise donne lieu à une demande en résiliation de bail de la part des locataires antérieurs à une pareille innovation. (*Gazette des tribunaux*, du 18 avril 1828.)

121. L'introduction de filles publiques dans la maison louée serait également une cause de résiliation. (*Gazette des tribunaux*, des 10 mai et 28 juin 1836.)

122. D'après l'article 1724 du Code civil, les réparations que le bailleur a le droit de faire dans les lieux loués ne sont pas considérées comme un trouble apporté à la jouissance du locataire, lorsque l'urgence de ces réparations est reconnue. Dans ce cas, le preneur est obligé de les souffrir ; il peut seulement, si elles durent plus de quarante jours, réclamer des dommages et intérêts contre le bailleur.

Il a été jugé, en conséquence de ces principes, que le propriétaire d'une maison ne peut, sans le consentement par écrit du locataire, exhausser d'un étage la maison louée. Le locataire, dans le cas où le propriétaire exhausse sa maison, a droit à des dommages et intérêts contre ce dernier. La preuve par témoins n'est pas admissible à l'effet d'établir qu'un locataire a consenti à ne pas réclamer des dommages et intérêts pour préjudice éprouvé par suite de la reconstruction de la maison qu'il occupe ; ces dommages et intérêts, comme objet indéterminé, ne sont pas susceptibles de la preuve par témoins, admise lorsque la somme est au-dessous de 150 francs. (Arrêt de la Cour royale de Bordeaux du 26 juillet 1831, Dalloz, *Recueil périodique*, tome XXXI, deuxième partie, page 255.)

123. Ce n'est point un trouble que le bailleur apporte à la jouissance du locataire, lorsqu'il entre dans les lieux ou qu'il y envoie d'autres personnes pour vérifier l'état dans lequel ils se trouvent, pour y faire faire les réparations nécessaires, ou pour les louer avant l'expiration du bail courant. (Pothier, *Du louage*, n. 75, et M. Merlin, *Répertoire de jurisprudence*, au mot BAIL, § 6, n° 15.)

124. Le tribunal de la Seine a jugé que dans le cas où les scellés ont été apposés par un commissaire de police sur les lieux loués, cette circonstance ne peut être considérée comme un trouble apporté à la jouissance du locataire, et l'autoriser à refuser le payement de son loyer, quand il a connu

l'existence des scellés au moment de la location, et loué à ses risques et périls (1).

125. Nous avons dit ci-dessus (n° 116) que le bailleur doit garantie au preneur de ses faits personnels ; mais il n'est pas tenu, dans

---

(1) La *Gazette des Tribunaux* du 21 octobre 1833 rapporte de la manière suivante les faits qui ont donné lieu à ce jugement :

M. Perrin est un artiste dramatique qui donne des leçons de son art, et forme des sujets pour la carrière du théâtre. Il a loué à M. Aubin une salle destinée aux exercices de ses élèves ; mais cette salle avait déjà servi à des représentations non autorisées ; les scellés du commissaire de police y étaient apposés au moment de la location de M. Perrin. C'était là un trouble apporté à la jouissance. Aussi, lorsque plus tard celui-ci a été poursuivi en payement du loyer, il a opposé ce défaut de jouissance. M⁰ Decaigny, avocat du propriétaire, a dit que M. Perrin avait connu l'existence des scellés, et qu'il avait loué à ses -risques et périls. M⁰ Legat a soutenu que le propriétaire s'était engagé à faire lever les scellés avant l'époque fixée pour la mise en possession : il a ajouté que, quoique son client ne fît que donner des leçons, l'autorité avait considéré les exercices auxquels se livraient ses élèves comme des représentations illégales, sous prétexte que des spectateurs venaient y assister ; mais il a été prouvé que ces spectateurs n'étaient que des amis reçus *gratis* dans la salle, et la police correctionnelle a renvoyé M. Perrin des poursuites exercées contre lui. L'avocat a attribué ces poursuites à l'habitude dans laquelle a toujours été M. Aubin de louer sa salle pour des représentations non autorisées. L'autorité soutenait que l'industrie de M. Perrin n'était faite que pour une spéculation semblable. M⁰ Legat a conclu à des dommages et intérêts contre le propriétaire : mais le tribunal, attendu que M. Perrin avait loué à ses risques et périls, l'a condamné à payer le montant des loyers, a validé la saisie-gagerie des coulisses et des décors, et ordonné l'expulsion des lieux.

tous les cas , à la garantie du trouble apporté
par les tiers.

En effet, la loi distingue entre le trouble
apporté par voies de fait et celui qui résulte
d'un acte judiciaire.

126. Il y a trouble par voies de fait lorsque les tiers qui l'occasionnent ne prétendent aucun droit sur la chose louée (1). C'est
ce que décide l'article 1725 du Code civil :
«Le bailleur, dit-il, n'est pas tenu de garantir
le preneur du trouble que des tiers appor-
tent par voies de fait à sa jouissance , sans
prétendre d'ailleurs aucun droit sur la propriété de la chose louée , sauf au preneur
à les poursuivre en son nom personnel (2). »

127. Les articles 1726 et 1727 du Code civil décident quand il y a trouble par acte judiciaire.

L'article 1726 est ainsi conçu : « Si, au
contraire, le locataire ou le fermier ont été
troublés dans leur jouissance , par suite
d'une action concernant la propriété du
fonds, ils ont droit à une indemnité propor-
tionnée sur le prix du bail à loyer ou à
ferme, pourvu que le trouble et l'empê-

---

(1) Par exemple, lorsque des voleurs s'introduisent dans
une maison , percent des murs, brisent des portes, etc.,
le bailleur n'est pas garant de ce trouble; c'est au preneur à poursuivre en son nom personnel les auteurs du
fait.

(2) Mais si le trouble remonte à une époque antérieure
au bail, c'est au bailleur, et non au preneur, de le faire
cesser. (Arrêt de la Cour de cassation du 7 juin 1837;
Dalloz, tom. XXXVII, 1re partie, p. 439.)

6

chement aient été dénoncés au propriétaire. »

L'article 1727 ajoute : « Si ceux qui ont commis les voies de fait prétendent avoir quelque droit sur la chose louée, ou si le preneur est lui-même cité en justice pour se voir condamner au délaissement de la totalité ou de partie de cette chose, ou à souffrir l'exercice de quelque servitude, il doit appeler le bailleur en garantie, et doit être mis hors d'instance, s'il l'exige en nommant-le bailleur pour lequel il possède. »

128. Quoique l'article 1726 ne parle que de la diminution du loyer, il est cependant indubitable que le preneur pourrait obtenir de plus amples dommages et intérêts (arg. tiré des art. 1147 et 1148, et 1630 du Code civil); mais étant averti comme détenteur de la chose, il doit dénoncer au bailleur le trouble qu'il éprouve. Cette dénonciation doit être faite dans la huitaine (art. 1768 du Code civil, combiné avec l'art. 175 du Code de procédure civile); toutefois, le défaut de dénonciation ne ferait perdre au preneur son droit à la garantie qu'autant que le bailleur prouverait qu'il existait des moyens suffisants pour faire cesser le trouble incontinent (argument de l'art. 1640 du Code civil); si le bailleur obtient une indemnité pour trouble, nous croyons juste et équitable que le preneur y participe, autrement le bailleur ne s'enrichirait-il pas aux dépens du preneur?

129. Le preneur aurait également droit à une décharge ou à une diminution proportionnelle du prix, dans le cas où l'empêchement procéderait d'un droit d'usufruit, d'usage ou d'habitation, exercé par un tiers. L'exercice même d'une simple servitude par un voisin pourrait aussi donner au preneur droit à une indemnité, si cette servitude n'était point apparente et ne lui avait pas été déclarée lors du bail, comme serait un droit de passage dans la cour d'une maison.

Et si, au contraire, le preneur était privé de l'exercice de quelque servitude qu'il a dû croire exister au profit de la chose louée, et dont le bailleur a ensuite été évincé, il y aurait également lieu à une indemnité, si le bailleur n'avait pas fait de réserve à ce sujet. (Duranton, tome XVII, n. 70.)

130. Lorsque, par cas fortuit ou force majeure, le preneur est évincé de la totalité ou de partie des lieux loués, il peut demander, suivant les circonstances, la résiliation du bail ou une diminution du prix, mais l'action en garantie ne lui est pas accordée. (Argument tiré de l'article 1722 du Code civil.)

131. L'expropriation pour cause d'utilité publique est au nombre des événements de force majeure, et conséquemment l'éviction, qui en est la suite, ne donne pas ouverture à l'action en garantie contre le bailleur; une indemnité est seulement due par l'État au locataire (1). (Loi du 7 juillet 1833, art. 21 et suivants, et 39.)

---

(1) On nomme expropriation pour cause d'utilité publique, l'acte par lequel l'État s'empare d'une propriété particulière, pour l'affecter à un usage public, moyennant une indemnité préalable. Une loi, celle du 7 juillet 1833, a réglé les effets et les conditions de l'expropriation. Nous allons faire connaître les principales dispositions de cette loi.

Une loi ou une ordonnance, précédée d'une enquête administrative, doit autoriser l'exécution des travaux pour lesquels l'expropriation est requise (articles 2 et 3). Les ingénieurs, ou autres gens de l'art chargés de l'exécution des travaux, lèvent pour la partie qui s'étend sur chaque commune, le plan parcellaire des terrains ou des édifices dont la cession leur paraît nécessaire. Le plan desdites propriétés particulières, indicatif des noms de chaque propriétaire, tels qu'ils sont inscrits sur la matrice de rôles, reste déposé, pendant huit jours au moins, à la mairie de la commune où les propriétés sont situées, afin que chacun puisse en prendre connaissance. Le délai de huit jours ne court qu'à dater de l'avertissement, qui est donné collectivement aux parties intéressées, de prendre communication du plan déposé à la mairie. Cet avertissement est publié et affiché. Les déclarations et réclamations verbales ou écrites doivent être adressées au maire de la commune où sont situées les propriétés dont l'expropriation est requise. A l'expiration du délai de huitaine dont on a parlé ci-dessus, une commission se réunit au chef-lieu de l'arrondissement, sous la présidence du sous-préfet. La commission reçoit les observations des propriétaires; elle les appelle toutes les fois quelle le juge convenable, et donne son avis. Les opérations doivent être terminées dans le délai d'un mois; après quoi le procès-verbal est adressé immédiatement par le sous-préfet au préfet. Le procès-verbal et les pièces transmises par le sous-préfet restent déposés au secrétariat général de la préfecture pendant huitaine, à dater du jour du dépôt. Les parties intéressées peuvent en prendre connaissance sans dépla-

Section IV. — *De l'obligation de garantir le locataire des vices de la chose louée, qui en empêchent l'usage.*

132. L'article 1721 du Code civil porte : « Il est dû garantie au preneur pour tous les

---

cement, et sans frais. Sur le vu du procès-verbal et des documents y annexés, le préfet détermine, par arrêté motivé, les propriétés qui doivent être cédées, et indique l'époque à laquelle il sera nécessaire d'en prendre possession. Toutefois, dans le cas où il résulterait de l'avis de la commission qu'il y aurait lieu de modifier le tracé des travaux ordonnés, le préfet surseoira jusqu'à ce qu'il ait été prononcé par l'administration supérieure. La décision de l'administration supérieure est définitive et sans recours au conseil d'État (art 4, 5, 6, 7, 8, 9, 10 et 11). A défaut de conventions amiables avec les propriétaires des terrains ou bâtiments dont la cession amiable est reconnue nécessaire, le préfet transmet au procureur du roi dans le ressort duquel les biens sont situés la loi ou l'ordonnance qui autorise l'exécution des travaux, et l'arrêté du préfet. Dans les trois jours, sur la production des pièces, le procureur du roi requiert, et le tribunal prononce l'expropriation pour cause d'utilité publique des terrains ou bâtiments indiqués dans l'arrêté du préfet; le même jugement commet un des membres du tribunal pour remplir les fonctions de magistrat directeur du jury. Le jugement est publié et affiché par extrait dans la commune de la situation des biens. Cet extrait est notifié aux propriétaires, au domicile par eux élu dans l'arrondissement de la situation des biens, par une déclaration faite à la mairie de la commune où les biens sont situés (art. 13, 14 et 15). Dans la huitaine qui suit la notification du jugement le propriétaire est tenu d'appeler et de faire connaître au magistrat directeur du jury les fermiers, locataires, ceux qui ont des droits d'usufruit, d'habitation, d'usage, et ceux qui peuvent réclamer des servitudes résultant des titres mêmes de propriété ou d'autres actes dans lesquels

6.

vices ou défauts de la chose louée qui en empêchent l'usage, quand même le bailleur ne les aurait pas connus lors du bail. S'il résulte de ces vices ou défauts quelque perte pour le preneur, le bailleur est tenu de l'indemniser. »

133. Ainsi, on peut considérer comme des vices qui empêchent l'usage de la chose louée, par exemple, lorsque dans une maison il se trouve une écurie infectée de la morve, ou bien une cave qui est submergée dans les grosses eaux, ou dans les temps de pluie, ou bien un puits qui manque d'eau

---

il serait intervenu ; sinon le propriétaire reste seul chargé envers eux des indemnités que ces derniers pourraient réclamer (art. 21). L'administration notifie aux propriétaires, aux créanciers, et à tous autres intéressés (tels, par exemple, que les locataires) désignés par le propriétaire, ou qui se sont fait connaître au magistrat directeur du jury, les sommes qu'elle offre pour indemnité (art. 23). Dans la quinzaine suivante les propriétaires, locataires et autres intéressés sont tenus de déclarer leur acceptation, ou, s'ils n'acceptent pas les offres qui leur sont faites, d'indiquer le montant de leurs prétentions (art. 24). Si les offres de l'administration ne sont pas acceptées, ou si, nonobstant l'acceptation du propriétaire, les créanciers inscrits et autres intéressés (par exemple, les locataires) déclarent, dans la quinzaine de la notification qui leur en est faite, qu'ils ne veulent pas se contenter de la somme convenue entre l'administration et le propriétaire, il est procédé au règlement des indemnités devant un jury spécial (art 28) composé de douze jurés pris tant sur la liste des électeurs que sur la seconde partie de la liste du jury. Le jury spécial prononce des indemnités distinctes en faveur des parties qui les réclament à des titres différents, comme propriétaires, fermiers, locataires. Si l'indans certains temps de l'année, ou dont l'eau est corrompue, etc.

134. Remarquez qu'il est dû garantie au preneur pour tous les vices ou défauts de la chose louée, non-seulement lorsque ces vices en empêchent entièrement l'usage, mais lorsqu'ils diminuent d'une manière grave, ou lorsqu'ils n'affectent qu'une portion de la chose louée, et n'empêchent l'usage que de cette portion. En effet, l'article 1721, dont nous venons de transcrire le texte, dispose d'une manière générale qu'*il est dû garantie au preneur pour tous les vices ou défauts de la chose louée, qui en empê-chent l'usage;* et il ajoute que, s'il résulte de ces vices et défauts quelque perte pour

demnité réglée par le jury est inférieure ou égale à l'offre faite par l'administration, les parties qui l'ont refusée sont condamnées aux dépens. Si l'indemnité est égale ou supérieure à la demande des parties, l'administration est condamnée aux dépens. Si l'indemnité est à la fois supérieure à l'offre de l'administration et inférieure à la demande des parties, les dépens sont compensés de manière à être supportés par les parties et l'administration, dans les proportions de leur offre ou de leur demande avec la décision du jury (art. 40). Les indemnités réglées par le jury seront, préalablement à la prise de possession, acquittées entre les mains des ayant droit. S'ils se refusent à les recevoir, la prise de possession aura lieu après offres réelles et consignation (art. 53). Si dans les six mois du jugement d'expropriation, l'administration ne poursuit pas la fixation de l'indemnité, les parties pourront exiger qu'il soit procédé à ladite fixation quand l'indemnité aura été réglée, si elle n'est ni acquittée, ni consignée dans les six mois; les intérêts courront de plein droit à l'expiration de ce délai à titre de dédommagement (art. 55).

le preneur, le bailleur est tenu de l'indemniser. M. Duvergier (Continuation de Toullier, tome III, n° 339) adopte cette opinion. Sans doute, dit-il, les effets de l'action en garantie seront plus ou moins étendus, selon que les vices auront été un obstacle plus ou moins grand à l'usage de la chose louée, ou qu'ils auront causé une perte plus ou moins considérable; selon les circonstances, le preneur n'aura droit qu'à une diminution de prix, ou il fera prononcer la résiliation du bail avec ou sans dommages et intérêts. Mais ce serait une erreur de n'accorder l'action en garantie pour vices de la chose louée que lorsque ces vices en rendent l'usage entièrement impossible.»

135. Le bailleur est tenu de garantir les vices qui empêchent l'usage de la chose louée, non-seulement lorsqu'ils existaient dès le temps du contrat, mais même lorsqu'ils ne sont survenus que depuis. (Pothier, *Traité du louage*, n° 112.)

136. A l'égard des vices qui existaient dès le temps du bail, il y a certaines distinctions à faire :

Lorsque le bailleur avait la connaissance du vice, c'est mauvaise foi de sa part de l'avoir dissimulé au preneur, et ce dol l'oblige aux dommages et intérêts du preneur (1).

---

(1) C'est en se fondant sur ce motif que la Cour royale de Paris a prononcé la résiliation du bail, et condamné le

Il faudrait décider de même si le bailleur,
sans avoir une connaissance positive du

---

propriétaire à des dommages et intérêts envers le locataire, dans l'espèce suivante, rapportée dans la *Gazette
des Tribunaux* du 24 mars 1831 :

« Une remise dépendait d'une maison, faubourg Saint-
Honoré, dont la demoiselle Hobbs était principale locataire : elle s'imagina de transformer cette remise en une
boutique dont elle pensait, avec raison, tirer un loyer
plus avantageux. Une difficulté aurait dû arrêter la demoiselle Hobbs, c'était l'existence, dans cette remise, de
l'ouverture de la fosse d'aisance ; mais tout le monde n'a
pas le nez fin, beaucoup ont la vue courte, et puis, d'ailleurs, se dit-elle, j'exigerai un bon bail, et nous verrons
après.

« La boutique est mise à louer. Pierrot, honnête cordon-
nier, se présente, voit les lieux, fait un bail, et s'installe.
Quelle est donc, dit-il en entrant, au portier, cette grande
pierre qui tient presque toute l'étendue de ma boutique ?
— Oh rien, presque rien.— Mais encore ? —C'est la pierre
qui ferme l'ouverture de la fosse d'aisance. Il est vrai qu'il
faut la vider tous les trois ou quatre mois, mais ce n'est
l'affaire que d'une nuit ; vous en serez quitte pour monter
vos meubles et vos marchandises dans votre entre-sol ; vous
les descendrez le lendemain, et il n'y paraîtra plus.

« Aussitôt fait que dit : les vidangeurs d'arriver, Pierrot
de se retirer à l'entre-sol. Mais le lendemain, lorsqu'il des-
cendit dans sa boutique, il se trouva plongé dans une at-
mosphère de miasmes méphitiques qui affecta aussitôt son
nez, sa poitrine et ses bottes ; et, depuis, l'humidité fut
telle, que la tenture du papier jaune de rigueur tombait
par morceaux.

« Pierrot, menacé d'une autre visite de vidangeurs, s'a-
dresse à la justice, qui prononce la résiliation du bail ;
mais la demoiselle Hobbs s'était pourvue devant la Cour.
La Cour (2e chambre) a entendu les plaintes du pauvre
Pierrot : elle l'a retiré des latrines, et a condamné la demoiselle Hobbs à 50 francs de dommages et intérêts, et à
tous les dépens. Avis aux propriétaires trop avides. »

vice, avait un juste sujet de le soupçonner, ou si, par sa profession, il devait en être informé. Hors ces cas, le bailleur, qui n'a pas connu, ni dû connaître le vice de la chose louée, n'est pas tenu de dédommager le preneur de la perte qu'il a soufferte de ce vice, et il n'est tenu que de reprendre la chose qu'il lui a louée et de le décharger du loyer. (Pothier, n°s 118, 119 et 120.)

137. Aucune garantie n'est due pour les vices apparents au moment du contrat, que le preneur a connus ou qu'il a dû apercevoir par l'inspection qu'il a faite de la chose louée. Il est présumé avoir voulu la prendre avec le vice dont elle était atteinte, et avoir calculé le prix du bail sur l'utilité qu'elle lui offrait (Pothier, n° 113). Ceci n'est point en contradiction avec ce qu'on a dit précédemment, que le bailleur est obligé de délivrer la chose louée en bon état de réparations de toute espèce, quoique le preneur ait consenti à louer, après avoir vu qu'elle était dégradée. Le besoin de réparations n'est point un vice de la chose louée. (M. Duvergier, tome xviii, n° 342.)

138. Au reste, ou peut stipuler dans le bail que le bailleur ne sera point garant des vices de la chose louée en général, ou de tel vice en particulier. Une pareille convention n'a rien que de fort licite; cependant, si elle a été faite par le bailleur, qui connaissait l'existence des vices, ou qui savait que la chose avait une tendance à les

contracter, tandis que le locataire l'ignorait, la clause sera réputée non avenue, à cause du dol du bailleur. (Pothier, n° 114.)

139. Nous avons dit, n° 134, qu'il est dû garantie au preneur pour tous les vices ou défauts de la chose louée, non-seulement lorsque ces vices en empêchent entièrement l'usage, mais lorsqu'ils diminuent d'une manière grave, ou lorsqu'ils n'affectent qu'une portion de la chose louée, et n'empêchent l'usage que de cette portion. Il suit de là que le locataire peut obliger le propriétaire de faire faire les réparations nécessaires aux cheminées pour les empêcher de fumer.

Section V. — *De l'obligation d'acquitter les contributions à sa charge.*

140. La contribution foncière est à la charge du propriétaire.

Elle est établie par égalité proportionnelle sur toutes les propriétés foncières, à raison de leur revenu net imposable. Le revenu imposable est le revenu net moyen, calculé sur un nombre d'années déterminé. (Loi du 3 frimaire, an VII, art. 2 et 4.)

141. L'impôt foncier est, de même que les autres contributions, fixé par les lois annuelles sur les finances.

142. Les maisons inhabitées depuis une année sont imposées seulement à raison du

sol qu'elles enlèvent à la culture, évalué sur le pied des meilleures terres labourables de la commune. (Loi du 3 frimaire, an VII, art. 84.)

Cette exception n'est applicable qu'aux maisons qui sont habituellement données à location. Quand le propriétaire n'est pas dans l'usage de louer sa maison, il est supposé s'en réserver la jouissance, et doit l'impôt foncier, même lorsqu'il n'habite pas sa propriété. (Ordonnance royale du 10 juillet 1832.)

143. Les maisons, fabriques, manufactures, forges, moulins et autres usines ou édifices nouvellement construits ou reconstruits ne sont imposés à la contribution foncière qu'à raison de la superficie du sol, pendant les deux premières années qui suivent leur construction ou reconstruction entière. A l'expiration de ces deux années, ces édifices sont imposés selon leur valeur locative. (Loi du 3 frimaire, an VII, art. 88.)

144. Quoique la contribution des portes et fenêtres soit due par les locataires, le propriétaire est cependant tenu d'en faire l'avance et de la payer à l'État, puisque son nom seul figure sur le rôle. C'est à lui à exercer son recours contre ses locataires.

145. S'il n'y a qu'un seul locataire occupant la maison en totalité, le propriétaire lui retient la totalité de l'impôt.

146. S'il y a plusieurs locataires, le propriétaire leur retient la taxe des portes et fenêtres, comprises dans la location de chacun d'eux.

Dans ce dernier cas, la porte d'entrée, les fenêtres du palier ou de l'escalier, enfin les portes et fenêtres qui n'appartiennent pas plus à un locataire qu'à un autre, restent à la charge du propriétaire.

147. S'il y a un principal locataire, le propriétaire lui retient la taxe entière. Le principal locataire retient à son tour à chaque sous-locataire sa quote part de l'impôt, et il supporte seul la charge des portes et fenêtres d'un usage commun. (Loi du 4 frimaire, an VII, art. 12, et Instruction ministérielle.)

148. Il faut remarquer que ce qui précède ne serait pas applicable, si le locataire avait été déchargé, par une clause du bail, de la contribution des portes et fenêtres. Dans ce cas, le propriétaire devra l'acquitter seul.

149. Quant aux bases sur lesquelles est établie la contribution des portes et fenêtres, *voyez* ci-après chapitre II, section IV.

150. Le propriétaire d'une maison, entièrement inhabitée depuis un an, a droit à la décharge totale de la contribution des portes et fenêtres.

Si une partie seulement de la maison a été inhabitée, il n'est dû qu'une réduction pour les portes et fenêtres des appartements

qui sont restés vacants. (Instruction ministérielle du 21 février 1809.)

151. Suivant un arrêté du préfet de la
Seine, du 1er août 1816, le propriétaire ou
le principal locataire qui veut obtenir un
dégrèvement, pour cause de non-location totale ou partielle de sa maison, doit, à chaque trimestre, faire au percepteur une
déclaration indicative du logement vacant,
de l'étage où il est situé, de la valeur locative pour laquelle ce logement est compris dans le produit brut de la maison, et
de l'époque à laquelle la vacance a commencé.

152. La contribution personnelle et mobilière, ainsi que celle des patentes, est à
la charge du locataire nominativement dési-
sur le rôle.

153. Les propriétaires, et, à leur place,
les principaux locataires des maisons, lorsqu'ils ne veulent pas demeurer responsables
des contributions dues par leurs locataires ou
sous-locataires, sont obligés, un mois avant
l'époque du déménagement desdits locataires ou sous-locataires, de prévenir de ce
déménagement le percepteur. La déclaration
du propriétaire ou du principal locataire est
inscrite sur un registre à ce destiné, et signée
du propriétaire ou principal locataire à qui
le percepteur, sur la demande qui lui en est
faite, remet une reconnaissance de cet avis.
Mais, pour que cette déclaration puisse avoir
effet, il faut que le propriétaire ou princi-

pal locataire empêche la sortie des meubles et effets appartenant au locataire, jusqu'au jour fixé par ladite déclaration, à moins que le locataire n'ait justifié de l'entier paye-ment de ses contributions. (Loi du 2 frimaire an X.)

154. Si le percepteur refuse de recevoir la déclaration à l'époque prescrite, et d'en délivrer une reconnaissance, le propriétaire ou principal locataire a la faculté de la por-ter devant le maire ou le juge de paix de l'arrondissement dans lequel la taxe est ou-verte, et d'en prendre acte. Il peut aussi la faire notifier par ministère d'huissier. Dans ce dernier cas, et sur la représentation du refus écrit, les frais de l'acte sont à la charge du percepteur. (Arrêté du préfet de la Seine du 20 décembre 1833, art. 15.)

155. Dans le cas de déménagement furtif de la part des locataires ou sous-locataires, le propriétaire ou principal locataire, s'il ne veut pas demeurer responsable des termes échus de leurs contributions, doit faire constater, dans les trois jours, ce déména-gement furtif, soit par le commissaire de police ou le juge de paix, soit par le maire ou son adjoint. Le certificat de déménage-ment furtif doit être déposé, dans les trois jours de sa date, entre les mains du percep-teur, qui en délivre récépissé. En cas de refus de la part de ce dernier, le dépôt du certi-ficat sera fait à la préfecture de la Seine, où il en sera donné reçu. (Même arrêté, art. 16.)

156. Si la garantie est exercée ultérieurement par le percepteur, le propriétaire ou le principal locataire, qui a rempli les formalités prescrites ci-dessus, se pourvoit en décharge de garantie par une réclamation accompagnée de l'un des actes exigés, et adressée au préfet, qui statue. (Même arrêté, art. 17.)

157. Dans tous les cas, et nonobstant toute déclaration de leur part, les propriétaires demeurent responsables de la contribution des personnes logées par eux en garni. (Article 23 de la loi du 21 avril 1832.)

158. Les contributions directes sont payables par douzième, à l'échéance de chaque mois, et en numéraire. Les payements doivent être effectués à la caisse du percepteur et non ailleurs, à peine de nullité. (Loi du 3 frimaire an VII, art. 1er et 146.)

159. L'obligation de payer les termes échus des contributions doit être remplie par le contribuable, quels que soient le montant et la nature des réclamations qu'il ait à former, sauf à lui rembourser les sommes qu'il aurait payées en plus. (Arrêté du 24 floréal an VIII, art. 16.)

160. Lorsqu'un contribuable doit sur deux exercices, le percepteur peut imputer le payement qu'il reçoit sur l'arriéré, sans que le contribuable puisse s'y opposer. (Instruction ministérielle du 21 février 1809.)

161. Le contribuable ne peut être contraint de payer que les portions échues de ses contributions. (Loi du 3 frimaire an VII, art. 146.)

162. S'il vient à perdre la quittance, il peut en demander au percepteur *un duplicata*. (Instruction ministérielle.)

163. Tout propriétaire d'inscription directe ou d'inscription départementale sur le grand-livre peut en compenser les arrérages, soit avec ses contributions directes, soit avec celles d'un tiers à ce consentant. Il suffit d'en faire, à cet effet, la déclaration au receveur général, qui se charge de la recette desdits arrérages, et de l'application de leur montant au payement de ces contributions dans quelque lieu qu'elles doivent être acquittées. (Loi du 14 avril 1819, art. 13.)

164. Le contribuable qui n'acquitte pas au premier du mois le douzième échu de sa contribution pour le mois précédent est dans le cas d'être poursuivi. Toutefois, le percepteur ne peut commencer les poursuites qu'après avoir prévenu le contribuable rétardataire par une sommation *sans frais*. (Arrêté du préfet de la Seine du 2 décembre 1833, art. 22.)

165. Les degrés de poursuite sont établis ainsi qu'il suit, savoir :

PREMIER DEGRÉ. — *Sommation avec frais.*

166. Cette sommation ne peut être faite

7.

au contribuable que huit jours après la délivrance de la sommation *sans frais* (1).

Le prix de la sommation avec frais est fixé ainsi qu'il suit :

Pour un débet de 25 fr. et au-dessous,	»	25 c.
Idem. au-dessus de 25 fr. jusqu'à 50 fr.	»	50
Idem. au-dessus de 50 fr. jusqu'à 100.	»	75
Idem. au-dessus de 100 fr.	1	»

DEUXIÈME DEGRÉ. — *Contrainte par voie de garnison collective ou individuelle.*

167. Les poursuites par voie de garnison sont employées contre le contribuable retardataire qui ne s'est pas libéré trois jours après la sommation *avec frais*. La garnison est collective ou individuelle. Elle est collective, lorsqu'elle a lieu à la fois contre plusieurs redevables par un seul agent ; elle ne peut avoir lieu qu'en vertu d'une contrainte décernée par le percepteur, et visée par le préfet.

---

(1) Si le contribuable ne se libère pas de ses contributions après le délai de trois jours qui lui est accordé par la sommation avec frais, le percepteur, avant de diriger d'autres poursuites, lui signifie ordinairement un acte nommé *contrainte*, par lequel il lui déclare, que faute de payement dans le délai de *trois jours*, il sera poursuivi de nouveau. Cette contrainte est délivrée *gratis*. Au reste, ce n'est qu'un avertissement officieux de la part du percepteur ; ce fonctionnaire peut, s'il le veut, se dispenser de l'adresser au contribuable, et diriger, sans plus tarder, d'autres poursuites contre lui.

La garnison est individuelle lorsqu'elle a lieu contre un seul redevable par un garnisaire à domicile. Elle ne s'exerce aussi qu'en vertu d'une contrainte décernée par le receveur, et visée par le préfet.

Cette poursuite ne peut avoir lieu que *trois jours* après la garnison collective, ou trois jours après la sommation avec frais, lorsque la garnison collective n'a point été exercée.

La garnison individuelle ne peut être employée contre un redevable, si ses contributions ne s'élèvent à 150 francs, et s'il n'est en retard d'au moins trois douzièmes. Le garnisaire ne peut rester que deux jours chez un redevable. Si le contribuable est libéré le jour même où il reçoit le garnisaire, le percepteur ordonne à celui-ci de se retirer, et le contribuable ne doit que les frais d'une journée.

Le prix de la journée de garnison à domicile est fixé à 2 francs sans vivres.

TROISIÈME DEGRÉ. — *Commandement.*

168. Le commandement n'a lieu que trois jours après l'exercice de la garnison individuelle, ou trois jours après la garnison collective, si la garnison individuelle n'a pas été employée.

Le commandement est fait et signifié par le ministère d'huissier, à la requête du percepteur. Il porte injonction au contribuable de payer, dans le délai de trois jours, à peine de saisie et de vente de ses meubles.

Le prix du commandement est fixé, pour l'original et la copie signifiée, à 75 centimes ; indépendamment du papier timbré et du droit d'enregistrement, lorsqu'il y a lieu à ce droit.

Quatrième degré. — *Saisie.*

169. La saisie des meubles et effets est toujours précédée d'un commandement ; elle ne peut avoir lieu que trois jours après la signification de cet acte, et en vertu de l'autorisation spéciale du préfet. Cette autorisation, accordée d'après l'état que le percepteur produit des contribuables retardataires, comprend celle de procéder à la vente. Si le contribuable ne se libère pas dans le délai déterminé, la saisie est faite par le ministère d'un huissier assisté de deux témoins, en exécution d'un mandat délivré par le percepteur.

L'huissier, en procédant à la saisie, doit, à cet égard, se conformer aux dispositions du Code de procédure civile.

Cinquième degré. — *Vente.*

170. Il n'est procédé à la vente des meubles et effets saisis qu'en vertu de l'autori-

sation spéciale du préfet. Cette vente ne peut avoir lieu que huit jours après la clôture du procès-verbal de saisie ; néanmoins, ce délai peut être abrégé avec l'autorisation du préfet, lorsqu'il y a lieu de craindre le dépérissement des objets saisis. L'annonce de la vente est affichée, publiée et signifiée avant le jour de l'ouverture, tant à la partie saisie, qu'au gardien ; le tout par ministère d'huissier. La vente se fait par un commissaire-priseur.

171. Tout contribuable poursuivi en payement de frais, de quelque nature qu'ils soient, a le droit d'exiger la communication, soit en ce qui concerne la sommation avec frais du registre sur lequel elle doit être préalablement inscrite, soit à l'égard de la garnison collective ou individuelle, de la contrainte décernée et rendue exécutoire, ainsi que des originaux des actes faits contre lui par ministère d'huissier. (Arrêté du préfet de la Seine, du 20 décembre 1833, art. 25 et suivants.)

172. Lorsque les propriétaires ou les principaux locataires ont des réclamations à élever en matière de contributions directes, ils doivent se conformer aux dispositions prescrites à cet égard par la loi du 21 avril 1832.

173. L'article 28 de cette loi porte : «Tout contribuable qui se croit surtaxé adressera au préfet ou au sous-préfet, dans les trois premiers mois de l'émission des rôles (des

contributions), sa demande en décharge ou réduction. Il y joindra la quittance des termes échus de sa cotisation sans pouvoir, sous prétexte de réclamation, différer le payement des termes qui viendront à écheoir pendant les trois mois qui suivront la réclamation, dans lesquels elle devra être jugée définitivement.

« Le même délai est accordé au contribuable qui réclamera contre son omission au rôle.

«Ne sont point assujetties au droit de timbre les réclamations ayant pour objet une cote moindre de 30 francs.»

174. L'article 29 de la même loi ajoute: « La pétition sera renvoyée au contrôleur des contributions directes, qui vérifiera les faits et donnera son avis après avoir pris celui des répartiteurs.

«Si le directeur des contributions directes est d'avis qu'il y a lieu d'admettre la demande, il fera son rapport, et le conseil de préfecture statuera. Dans le cas contraire, le directeur exprimera les motifs de son opinion, transmettra le dossier à la sous-préfecture (à Paris, à la préfecture), et invitera le réclamant à en prendre connaissance et à faire connaître, dans les dix jours, s'il veut fournir de nouvelles observations ou recourir à la vérification par voie d'experts. Si l'expertise est demandée, les deux experts seront nommés, l'un par le sous-préfet, l'autre par le réclamant, et il sera procédé à la vérification dans les formes prescrites par l'arrêté du gouvernement du 24 floréal, an VIII. »

175. Lorsque le contribuable se croira fondé à attaquer la décision du préfet, en matière de contributions directes, il pourra exercer son recours directement et par requête au conseil d'État. Dans ce cas, la requête doit être signée par un avocat au conseil d'État ; car, sans l'accomplissement de cette formalité, elle ne serait point admise (loi du 22 juillet 1806, art. 1er et règlement du 11 juin même année, art. 25). Toutefois, le contribuable n'a que trois mois pour se pourvoir devant le conseil d'État ; après ce délai, sa réclamation ne serait pas reçue. (Ordonnance royale du 11 octobre 1833.)

CHAPITRE II.

Des obligations du locataire ou preneur.

176. Le preneur est tenu :

1º De garnir la maison ou l'appartement loué de meubles suffisants pour répondre du loyer. (Art. 1752 du Code civil.)

2º D'user de la chose louée en bon père de famille, et suivant la destination qui lui a été donnée par le bailleur, ou suivant celle présumée d'après les circonstances, à défaut de convention. (Art. 1728 du Code civil.)

3° De payer le prix du bail aux termes convenus. (Même article.)

4° De payer les contributions à sa charge.

5° De laisser visiter les lieux qu'il doit cesser d'occuper, par ceux qui se présentent pour les louer.

6° D'accomplir les charges de police.

SECTION PREMIÈRE. — *De l'obligation de garnir les lieux loués de meubles suffisants.*

177. Les meubles du locataire sont, pour le propriétaire, la garantie du payement du loyer ; car c'est sur ces meubles que ce dernier exerce le privilége que la loi lui accorde. Ils doivent donc être suffisants pour répondre de ce loyer ; si non, le locataire peut être expulsé (1). Mais lorsque le locataire qui n'a pas de meubles suffisants

---

(1) Il importe d'autant plus aux propriétaires de vérifier si les meubles ou marchandises apportés par le locataire dans les lieux loués suffisent pour répondre du prix des loyers, qu'ils ont, en pareille matière, bien des piéges à redouter de la part des mauvais locataires. Le fait suivant, rapporté dans la *Gazette des Tribunaux* du 19 juillet 1838, justifiera notre assertion :

« Un propriétaire de la rue du Cimetière-Saint-Nicolas, à Paris, avait pour locataire un marchand de vins, qui payait fort inexactement, et qui était en retard pour plusieurs termes de loyer. Le propriétaire était, toutefois, rassuré par la solvabilité apparente de son débiteur. En effet, le marchand ne faisait pas sortir de la cour une

pour garnir les lieux loués, donne des sûretés capables de répondre du loyer, le bailleur ne peut l'expulser. Ces sûretés résultent ou d'un cautionnement, ou d'une hypothèque, ou d'un nantissement que fournit le locataire.

178. Mais quelle doit être la valeur des meubles du locataire, doivent-ils répondre de tous les loyers pendant la durée du bail, par exemple, des loyers de vingt ans, si le bail a été consenti pour ce laps de temps? Une pareille interprétation serait évidemment contraire à l'esprit de la loi; car ce serait par cela même rendre, à quelques exceptions près, tous les baux impraticables. On tient donc pour constant que les meubles seront réputés suffisants, si leur prix, déduction faite des frais de vente, peut parfaire le prix d'une année de loyer,

---

pièce de vin qu'il ne la remplaçât, et quelquefois au double, le lendemain ou le jour même.

«Cependant, fatigué d'attendre vainement des à-comptes promis, et jamais réalisés, le propriétaire fit faire un commandement de payer, puis une saisie. L'huissier, voulant procéder régulièrement, se fait accompagner d'un expert dégustateur. Celui-ci, armé de son forêt, perce une pièce; il approche la coupe de sa bouche pour décider entre Châblis, Pouilly, Sancerre, etc., etc., il goûte... et il reconnaît que le liquide, totalement dépourvu de couleur, d'odeur et de saveur, possède les qualités négatives qui constituent l'eau à l'état de pureté parfaite. Il renouvelle l'essai sur quarante-quatre autres pièces rangées symétriquement, et quarante-quatre fois il obtint le même résultat..... »

c'est-à-dire, le payement de quatre termes. Telle est l'opinion de M. Merlin, rapportée au mot BAIL, § 7, de son *Répertoire de jurisprudence*. M. Rolland de Villargues (*Répertoire du notariat* au mot BAIL, n° 296) dit même que c'est l'usage que l'on suit à Paris.

179. Au reste, nous pensons avec M. Duvergier (Continuation de Toullier, tome XIX, n° 16), que, pour décider si le locataire remplit l'obligation de garnir la maison ou l'appartement, les juges doivent moins comparer la valeur du mobilier avec le montant des loyers, avec tel ou tel nombre de termes, que considérer ce que, d'après le prix du bail, sa durée, surtout d'après la condition du locataire et la destination qu'il veut donner aux lieux loués, le bailleur a dû raisonnablement espérer. «En se plaçant à ce point de vue, ajoute M. Duvergier, tantôt ils décideront qu'un mobilier valant le loyer d'une année est à peine suffisant; tantôt, ils penseront que moins que le montant de deux termes offre toute la garantie que le bailleur est en droit d'exiger. Chaque jour se présentent des circonstances qui font sentir la nécessité de cette extension laissée au pouvoir des magistrats.»

Nous citerons l'exemple suivant tiré de la collection de Jurisprudence de Denisart, au mot BAIL, n° 18.

«Un particulier, dit-il, principal locataire d'une maison située sur le boulevard, à

Paris, qui avait loué un corps de logis à un joueur de marionnettes, demanda que celui-ci fût tenu de garnir les lieux de meubles suffisants pour sûreté du loyer, ou de donner caution, sinon que le bail fût résolu. Le baladin répondit qu'il n'avait ni célé son état, ni l'usage qu'il prétendait faire des lieux compris dans son bail, et qu'on ne pouvait pas exiger qu'il les garnît d'une autre manière que celle relative à sa profession, qui n'était pas d'avoir des meubles, mais des marionnettes.

«La sentence du Châtelet avait rejeté la défense du baladin, et déclaré le bail résolu, faute par lui de garnir les lieux, etc. Mais, par arrêt rendu en la chambre des vacations, le mardi 18 septembre 1759, elle fut infirmée, et le principal locataire débouté de sa demande, en payant par le locataire à son échéance.»

180. De ce que le locataire est tenu de garnir la maison ou l'appartement de meubles suffisants, il suit qu'il ne peut pas enlever les meubles qu'il y a apportés. Dans ce cas, le propriétaire pourrait s'opposer à l'enlèvement, et même les faire saisir lorsqu'ils auront été enlevés sans son consentement. (*Voyez* page 127.)

181. Il est cependant à observer que la loi, en accordant au propriétaire le droit d'empêcher au locataire d'enlever les meubles qui garnissent les lieux loués, n'a pas voulu ôter à ce dernier toute disposition des

objets qu'il y a introduits. Ainsi, il y aurait, de la part du propriétaire, susceptibilité mal placée, et même résistance qui ne serait fondée ni en droit, ni en équité, s'il s'opposait à l'enlèvement d'une partie des meubles du locataire, lorsque ce dernier en laisse suffisamment pour répondre du payement des loyers et des autres obligations du bail. (*Voyez* Pothier, n. 268 et 269.)

Il existe plusieurs arrêts qui ont jugé en ce sens.

182. Nous pensons aussi que le locataire a le droit d'enlever ses meubles des lieux loués, encore que ceux qu'il laisse ne soient que suffisants pour répondre du prix du loyer, quand il le fait pour les remplacer par d'autres. Par exemple, si le locataire remplace son vieux mobilier par un neuf, ou bien s'il échange un mobilier qui lui déplaît ou des objets mobiliers quelconques pour d'autres à son goût ou qui lui sont plus utiles. Mais dans les circonstances dont nous parlons, le propriétaire serait en droit d'exiger du locataire que l'enlèvement des meubles n'ait lieu qu'au fur et à mesure de leur remplacement par d'autres. Au reste, tout dépendra ici du degré de confiance que le locataire peut inspirer au propriétaire.

SECTION II. — *De l'obligation pour le preneur d'user de la chose louée en bon père de famille.*

183. Cette obligation se compose de trois éléments différents qui constituent eux-mêmes autant d'obligations séparées. 1° Le preneur ne doit user de la chose louée que suivant la destination qui lui a été donnée par le bail, ou, à défaut de convention, suivant celle présumée d'après les circonstances; 2° il est tenu d'apporter à sa conservation tous les soins convenables; 3° il doit la rendre en bon état à la fin du bail.

Nous développerons successivement ces trois obligations.

§ 1. *User de la chose suivant sa destination.*

184. Nous avons déjà vu plus haut que la destination que le preneur doit donner à la chose louée résulte, soit des clauses du bail, s'il en existe, soit, dans le cas contraire, des circonstances. Mais ces circonstances sont si variées, qu'elles ne sont point susceptibles d'être prévues par la loi. C'est donc à des signes extérieurs qu'il faut avoir recours pour reconnaître quelle est la destination de la chose louée, lorsqu'il n'existe pas de convention particulière insérée au bail.

185. La profession du locataire au moment où il a pris la chose à loyer, et la des-

tination que cette chose a eu précédemment, sont des indices propres à manifester l'intention des parties (MM. Delvincourt, *Cours de Code civil*, tome III, notes, page 192; Rolland de Villargues, *Répertoire du notariat*, au mot BAIL, n° 308; et Duvergier, Continuation de Toullier, tome XVIII, n. 396). Ainsi, lorsque l'usage auquel la chose est destinée est une fois bien déterminé, tout changement dans l'emploi qu'en fait le locataire devient une infraction au contrat, et autorise le bailleur à demander la cessation de l'usage abusif, ou la résiliation du bail avec ou sans dommages et intérêts, selon les circonstances; et ceci est conforme aussi bien au texte de la loi qu'à son esprit. En effet, l'article 1729 du Code civil est ainsi conçu : « Si le preneur emploie la chose louée à un autre usage que celui auquel elle a été destinée (1), ou dont il puisse résulter un dommage pour le bailleur, celui-ci peut, suivant les circonstances, faire résilier le bail. »

186. Il y a changement dans la destination de la chose louée, donnant lieu à résiliation de bail, lorsqu'un locataire d'un appartement destiné à son habitation et à celle de sa

----

(1) M. Duranton fait observer fort judicieusement qu'il s'est glissé dans cet article une faute de rédaction, et qu'au lieu de la conjonction alternative *ou*, il faut y lire la copulative *et dont il puisse*, etc.; car, si c'est suivant la destination de la chose que le preneur en use, il n'y a pas à examiner s'il en résulte ou non un dommage pour le bailleur. Ce dommage n'est même pas supposable.

famille, sous-loue les lieux à un cercle lit-téraire ; soit en ce qu'un tel changement doit causer plus de dégradations aux lieux, soit en ce qu'il doit en résulter des inconvénients pour les autres locataires. (Arrêt de la Cour royale d'Aix, du 31 janvier 1833, Sirey, tome XXXIII, 2e partie, page 48.)

187. L'introduction de filles publiques dans un appartement d'une maison donnée à bail est une cause de résiliation, car elle est contraire à la destination présumée des lieux loués ; elle tend en outre à causer au propriétaire le plus grave préjudice en discréditant sa maison et en rendant la location ultérieure beaucoup plus difficile. (Arrêts de la Cour royale de Paris et de la Cour de cassation des 19 avril 1834, et 19 mars 1835, Dalloz, Recueil périodique, année 1835, 1re partie, page 370 ; il existe d'autres arrêts qui ont décidé dans le même sens.)

188. Il a été jugé par le tribunal de la Seine (1re chambre) que celui qui, après avoir fait construire sur un terrain qu'il avait loué un bâtiment destiné à faire un manège, ne peut faire servir les lieux loués pour une autre destination, telle que serait, par exemple, une association pour l'instruction du peuple. (*Gazette des tribunaux,* du 18 août 1832.)

189. Le propriétaire peut demander la ré-siliation du bail lorsque, le locataire ayant dissimulé sa véritable profession, a loué une

boutique pour y établir un dépôt d'objets de menuiserie, et qu'en réalité ce locataire est entrepreneur de menuiserie pour *bières, cercueils, pompes funèbres.* (Arrêt de la Cour royale de Paris, 1re chambre, *Gazette des tribunaux*, année 1832.)

190. Lorsqu'un locataire a pris dans le bail la qualité de *négociant*, et a déclaré louer pour lui et sa famille, s'interdisant la faculté de sous-louer ; si, dans le fait, sa véritable profession est celle d'*hôtelier*, et s'il emploie la maison à recevoir et loger des ouvriers, la résiliation du bail peut être demandée par le bailleur. (Arrêt de la Cour royale de Bordeaux du 10 mars 1828 ; Sirey, tome XXVIII, 2e partie, page 170.)

191. Le propriétaire d'une maison destinée à un débit de marchandises, et qui l'avait louée à un marchand d'eau-de-vie, peut expulser le sous-locataire qui exerce la profession de serrurier, et le faire condamner à des dommages et intérêts. La femme du serrurier est tenue solidairement avec son mari de ces dommages et intérêts et des frais du procès. (Arrêt de la Cour royale de Paris du 25 mars 1817, Dalloz, Recueil périodique, tome XVII, 2e partie, page 104.)

192. La troisième chambre du tribunal de la Seine a jugé que l'introduction d'une messagerie dans la cour d'un hôtel garni ne se rattachant pas nécessairement à la jouissance permise au maître d'hôtel garni, le propriétaire peut s'y opposer, surtout lors-

que la solidité de la maison peut être compromise. (*Le Droit*, journal des tribunaux, du 1er juillet 1836.)

193. Un maître de pension n'a pas le droit de faire jouer ses élèves dans la cour commune aux autres locataires de la maison, lorsque d'ailleurs son bail ne lui accorde pas un pareil mode de jouissance de cette cour. (Jugement de la 1re chambre du tribunal de la Seine, du 12 août 1829, *Gazette des Tribunaux*, du 13 août 1829.)

194. Celui qui a loué une boutique n'a pas le droit d'en changer la destination; mais peut-il la tenir fermée au risque de nuire à l'achalandage qui y est attaché?

La Cour royale de Paris, par arrêt du 28 avril 1810, rapporté par Sirey, tome XII, 2e partie, page 378, a résolu négativement cette question dans l'espèce suivante (1):

Une boutique, dans laquelle se faisait *depuis longtemps* le commerce des épiceries, est sous-louée au sieur Tourlon; celui-ci va occuper une autre boutique plus éloignée, et ferme la première; le propriétaire, le sieur Hubert, demande la résiliation du bail.

Le preneur, dit-il, doit employer la chose louée à l'usage pour lequel elle est destinée,

---

(1) Un autre arrêt de la même Cour, du 1er mars 1830, rapporté par Dalloz, t. xxxv, 2e partie, p. 192, a aussi décidé dans le même sens, et dans une espèce absolument semblable à celle que nous rapportons.

sinon le bail peut être résilié ; la discontinuation du commerce peut nuire à l'achalandage de la boutique, et préjudicier, par
conséquent, au propriétaire.

Le locataire répond : les loyers échus sont
payés ; des meubles suffisants garantissent
le payement du loyer à échoir ; il n'est fait
aucune dégradation ; le propriétaire est donc
sans intérêt. Ajoutez que le contrat ne nous
soumet point à exploiter notre commerce
dans les lieux loués, et qu'une obligation
aussi insolite, aussi contraire à la liberté
que chaque individu a d'exercer son industrie où il juge convenable ne peut résulter
que d'une clause expresse.

Jugement par lequel le tribunal civil de
la Seine rejette la demande du propriétaire ;
mais, sur l'appel, la Cour infirme le jugement
en ces termes :

« Attendu que tout locataire est tenu d'user
de la chose louée, suivant la destination
indiquée par les circonstances ; que, dans
l'espèce, les lieux loués à Bourlon et sa
femme étaient destinés depuis *très-long-
temps* au commerce d'épiceries, et que, dans
l'état actuel, la boutique est tenue fermée ;
— Met le jugement dont est appel au néant ;
— Ordonne que le bail sera et demeurera
résilié ; autorise Hubert à mettre écriteau et
louer, mais à ses propres risques. »

La Cour de Lyon, par arrêt du 26 mai 1824 (1),

---

(1) Il s'agissait aussi, dans l'espèce, d'une boutique

a repoussé l'opinion de la Cour de Paris, en
se fondant sur ce que le locataire ne s'est
pas obligé à tenir les lieux loués ouverts
jusqu'à l'expiration de son bail, et sur ce
que l'achalandage appartient au commerce
et non à la boutique où le commerce s'exerce ;
mais nous pensons avec MM. Dalloz (*Jurisprudence générale*, au mot LOUAGE, pag. 933),
et Duvergier (Continuation de Toullier, t. XVIII,
n° 403), que ces deux motifs de la Cour de
Lyon manquent également de force.

En effet, si, dans l'espèce dont il s'agit,
l'obligation de tenir les lieux ouverts et d'y
exploiter le commerce pour lesquels ils sont
loués n'a pas été exprimée dans le bail, elle
y est sous-entendue. Il est évident que la
clôture de la boutique nuit à son achalandage, et qu'en se prolongeant, elle rend la
location plus difficile et moins avantageuse.

195. D'après les mêmes principes, le locataire d'une auberge est obligé de l'entretenir comme auberge pendant tout le temps
du bail ; si donc il la tient fermée, le propriétaire peut demander la résiliation du
bail, et même des dommages et intérêts. En
effet, le locataire, en n'entretenant pas la
maison comme auberge, donne occasion à
ceux qui avaient coutume d'y loger de se
pourvoir d'une autre auberge ; l'auberge,

---

dans laquelle se faisait depuis longtemps le commerce d'é-
piceries, et que le locataire avait fermée pour aller en occuper une autre.

n'étant plus fréquentée, est par là dépréciée et ne peut plus se louer à l'avenir pour un prix aussi considérable. (Pothier, *Du contrat de louage*, n° 189; arrêt de la Cour royale de Rennes, du 17 mars 1834, Dalloz, t. XXXIV, 2e partie, page 171.)

196. « Un locataire, dit Denisart (*Collection de jurisprudence*, au mot LOCATAIRE, n° 16), qui ferait un bruit affecté et extraordinaire sur la tête de son voisin, qui interromprait son sommeil à toute heure de nuit, par des coups redoublés, en rentrant à des heures indues, qui l'insulterait continuellement ou ses domestiques; en un mot, qui *mésuserait absolument de la chose qui lui est louée*, se mettrait dans le cas d'être *expulsé* par la justice. C'est ce qui a été jugé formellement dans de pareilles circonstances par un arrêt rendu en la Tournelle, conformément aux conclusions de M. Séguier, avocat général, le 7 février 1767. La Cour ordonna l'expulsion du sieur Panet de l'appartement qu'il occupait dans la maison où demeurait le sieur Palisot. »

Il n'est personne qui ne reconnaisse la justesse de cette décision.

197. Le propriétaire n'a pas le droit de s'opposer à ce qu'un locataire, qui exerce la profession de maréchal ferrant, fasse placer dans le mur, et sous le passage d'une porte cochère dont il a l'usage exclusif, des anneaux destinés à attacher les chevaux pour les ferrer. (Arrêt de la Cour royale de Pa-

ris, *Gazette des Tribunaux*, du 4 mai 1827.)

198. Le propriétaire ne peut empêcher à ses locataires de faire usage de poêles. (Jugement du tribunal de paix du deuxième arrondissement de Paris (1), *Gazette des Tribunaux*, année 1836.)

199. Quoiqu'en principe général le locataire ne doive jouir de la chose louée que suivant la destination qui lui a été donnée par le bail, ou à défaut de conventions, suivant celle présumée d'après les circonstances, il est cependant certaines modifications, certains changements légers, que l'usage autorise de faire dans la maison ou dans l'appartement loués ; mais il faut que ces changements ne nuisent en aucune façon à la chose (2). Bien entendu qu'à la fin du

---

(1) Voici le texte de ce jugement :

« Attendu que tout locataire a le droit, à moins de stipulation contraire insérée au bail, de faire usage de poêles et de fourneaux ; que le droit du propriétaire se borne à s'assurer si ces poêles et fourneaux sont posés de manière à ce qu'il n'y ait point danger d'incendie ;

« Ordonne que le poêle dont s'agit sera posé dans le logement de la demoiselle Leroux, nonobstant toute opposition de la part de Gromer (son propriétaire); sauf à celui-ci, si bon lui semble, à faire vérifier ensuite si le placement de ce poêle a été fait avec les précautions nécessaires pour éviter toute crainte du feu. »

(2) Les ouvrages pratiqués, pendant la durée du bail, dans un mur mitoyen, ne peuvent pas être regardés comme de simples dispositions faites par le locataire pour son usage, et l'un des deux propriétaires peut en demander la suppression avant la fin du bail. (Arrêt de la Cour de cassation du 5 décembre 1814, *Journal du Palais*, t. xvi, édition, p. 736.)

bail le locataire sera obligé, si le propriétaire l'exige, de remettre les choses dans leur premier état : c'est ce qui arrive chaque jour à Paris. « Ainsi, dit Lepage (*Lois des bâtiments*, 2e partie, page 186), il y a, dans une maison qui m'est louée, une grande chambre qui me serait plus commode, si elle était divisée en deux par une cloison ; quoique le bail ne me donne pas le droit de faire cette nouvelle distribution, il suffit qu'il ne me le défende pas pour que j'y sois autorisé. Je pourrai donc former une cloison en planches ou en briques posées sur champ, ou de toute autre manière qui ne charge pas les planchers. Pareillement, il existe dans une autre chambre une alcôve qui me gêne, et le bail ne parle, ni pour m'obliger à la laisser subsister, ni pour m'autoriser à la déplacer. Le propriétaire serait mal fondé à m'empêcher de me satisfaire, si je peux enlever l'alcôve, et la placer en quittant, sans l'endommager et sans dégrader l'appartement.

« On dit la même chose des différentes glaces trouvées dans des places qui ne conviennent pas au locataire : il serait ridicule de s'opposer à ce qu'il fît mettre ces objets dans les endroits où ils lui seraient plus utiles ou plus agréables, bien entendu qu'il répond des accidents qui pourraient leur arriver dans l'opération du déplacement. »

Il faut conclure de ce qu'on vient de lire, que les changements légers que l'usage autorise le locataire de faire à la chose louée, ne peuvent s'opérer que dans des limites fort étroites. Ainsi, le locataire ne pourra, sans le consentement exprès du propriétaire, se permettre de faire des changements ou modifications qui nécessiteraient de percer des murs, des planchers, démolir des cheminées, abattre des refends, changer des escaliers, enlever ou couper des portes ou des solives, etc. S'il s'agit d'un jardin, il ne pourra non plus en changer la distribution, détruire les allées, arracher les arbres et arbustes, etc.

§ 2. *Apporter à la conservation de la chose tous les soins convenables.*

200. Le preneur doit jouir et user de la chose louée, comme un bon et soigneux père de famille userait de la sienne propre; il doit avoir le même soin pour la conserver qu'un bon et soigneux père de famille aurait pour la sienne propre (Pothier, n° 190). Aussi la loi décide-t-elle qu'il répond des dégradations ou des pertes qui arrivent pendant sa jouissance, à moins qu'il ne prouve qu'elles ont eu lieu sans sa faute (Code civil, art. 1732). Ainsi, la loi établit en principe général que les dégradations ou les pertes qui arrivent pendant le temps de la jouissance du locataire, sont le résultat de sa faute. Lors donc que ces dégradations ou

ces pertes n'auront pas eu lieu par la faute du locataire, il sera obligé d'en fournir la preuve. Et cette disposition de la loi n'a rien que de fort équitable, puisqu'en effet le locataire est présumé avoir reçu en bon état les lieux qu'il a loués. S'il en est autrement, c'est à lui-même à se reprocher sa propre négligence.

201. La responsabilité du locataire n'est pas seulement limitée aux dégradations qui résultent de sa faute personnelle, mais elle s'étend encore aux dégradations et aux pertes qui arrivent par le fait des personnes de sa maison ou de ses sous-locataires. (Code civil, art. 1735.)

On désigne sous la dénomination de *personnes de sa maison*, non-seulement la femme et les enfants du locataire, les parents qu'il a chez lui et ses domestiques des deux sexes, mais encore ses hôtes, ses pensionnaires, les ouvriers qu'il emploie, et toutes les personnes qu'il admet dans sa maison.

202. Quant à la responsabilité des fautes de ses sous-locataires, elle pèse toujours sur le locataire, soit qu'il ait sous-loué la maison tout entière ou en partie, ou qu'il ait cédé son bail. (*Voyez* titre IX.)

203. Le principe qui rend, en général, le locataire responsable des pertes qui arrivent pendant sa jouissance, s'applique particulièrement au cas d'incendie. En effet, l'article 1733 du Code civil est ainsi conçu :

« Il (le locataire) répond de l'incendie, à moins qu'il ne prouve que l'incendie est arrivé par cas fortuit ou force majeure, ou par vice de construction, ou que le feu a été communiqué par une maison voisine. »

L'article 1734 du même Code ajoute : «S'il y a plusieurs locataires, tous sont solidairement responsables de l'incendie ; à moins qu'ils ne prouvent que l'incendie a commencé dans l'habitation de l'un d'eux, auquel cas celui-ci seul en est tenu ; ou que quelques-uns ne prouvent que l'incendie n'a pu commencer chez eux, auquel cas ceux-là n'en sont pas tenus. »

204. Voici les considérations puissantes qui ont déterminé les auteurs du Code civil à rendre le locataire responsable de l'incendie. «Dans ce cas, dit M. Mouricault dans son rapport au tribunat, il y a un point certain, c'est que le propriétaire qui éprouve le dommage a droit à une indemnité ; et, à côté de ce droit, est le fait également certain que l'incendie, ayant commencé dans la maison, est le produit de la faute des locataires quels qu'ils soient. C'est donc sur ces locataires que doit porter l'action de garantie ; et quand le coupable n'est pas connu, il faut bien que ce soit sur tous. C'est à eux à se surveiller mutuellement, surtout désormais, au moyen de l'avertissement que la loi leur donne ici. Il en résultera, non-seulement que le propriétaire lésé ne restera pas sans indemnité, mais encore une sur-

veillance plus active préviendra, sinon tou·
jours l'incendie, du moins souvent ses pro-
grès; et, sous ce point de vue, la disposition
du projet a le double mérite d'être juste et
salutaire. Au reste, elle contient les modifications que pouvaient désirer les locataires
eux-mêmes pour la rendre presque toujours
sans inconvénient : car elle ajoute, non-
seulement que s'ils prouvent que l'incendie
a commencé dans l'habitation de l'un deux,
celui-là seul sera tenu de la garantie, mais
encore qu'en tous cas ceux-là n'en seront
pas tenus qui prouveront du moins que l'incendie n'a pu commencer chez eux.»

205. La présomption légale de faute n'est
établie qu'en faveur du bailleur contre le
preneur; elle ne s'applique pas aux locataires
entre eux. En conséquence, le locataire d'une
maison où a éclaté un incendie ne peut réclamer de dommages et intérêts contre un
autre locataire de la même maison qu'en
prouvant, non-seulement que le feu a commencé chez ce dernier, mais encore que
l'incendie a eu lieu par sa faute, sa négligence ou son imprudence. (Arrêts de la Cour
royale de Bordeaux du 25 juin 1828 ; Dalloz, tome XXIX, 2e partie, page 58 ; de la
Cour royale de Lyon du 12 août 1829, et
11 avril 1831; Dalloz, tome XXIX, 2e partie,
page 238, et tome XXXI, 1re partie, page 123.)

206. La présomption légale de faute
contre le locataire chez qui a commencé
ncendie subsiste, quoique le propriétaire

habite lui-même dans la maison incendiée. (Arrêts de la Cour royale de Grenoble, du 17 janvier 1823, Sirey, tome XXIV, 2ᵉ partie, page 297 ; de la Cour royale de Lyon, du 17 janvier 1834, Sirey, tome XXXIV, 2ᵉ partie, page 242.)

207. Mais lorsque le propriétaire habite dans la maison et qu'on ignore où a commencé l'incendie, la présomption légale de faute établie contre les locataires cesse d'être applicable, et, dans ce cas, le propriétaire ne peut réclamer contre eux des dommages et intérêts. (M. Duvergier, Continuation de Toullier, tom. XVIII, n° 425; arrêt de la Cour royale de Riom, du 4 août 1829, Sirey, tome XXX, 2ᵉ partie, page 59.)

208. Le propriétaire d'une maison brûlée ou dégradée par suite d'un incendie, qui a commencé dans une maison voisine, ne peut réclamer des dommages et intérêts contre son voisin qu'à charge de prouver que l'incendie a eu lieu par l'imprudence ou par la négligence de ce voisin. (Arrêts de la Cour royale de Paris, du 16 mai 1825, Sirey, tome XXV, 2ᵉ partie, page 206; de la Cour royale de Nancy, du 19 juillet 1825, Sirey, tome XXV, 2ᵉ partie, page 179; de la Cour de cassation, des 18 décembre 1827 et 1ᵉʳ juillet 1834, Sirey, tome XXVIII, 1ʳᵉ partie, page 44, et tome XXXIV, 1ʳᵉ partie, page 559.)

209. Celui qui est responsable des suites d'un incendie est passible de toutes les pertes occasionnées par les mesures que la

police a prises pour arrêter le feu. (Arrêt de la Cour royale de Pau , du 6 juillet 1825, Sirey, tome XXVI, 2e partie, page 5.)

210. Le propriétaire qui a autorisé ou toléré, de la part d'un de ses locataires, et spécialement l'établissement d'un fourneau contre un mur à pan de bois sans que les précautions exigées par les lois et règlements aient été prise , est responsable , à l'égard des autres locataires, du préjudice qu'ils ont souffert à la suite d'un incendie causé par vice de construction. Le locataire dans la boutique duquel l'incendie a commencé et qui a indemnisé le propriétaire, a son recours contre l'ouvrier qui n'a pas construit le fourneau suivant les règles de l'art. (Arrêt de la Cour de Paris, du 2 décembre 1812 , Dalloz, *Recueil alphabétique*, tome IX , page 918 , note 1.)

§ 3. *Rendre la chose en bon état à la fin du bail.*

211. Nous avons vu plus haut qu'aux termes de l'article 1720, le propriétaire était tenu de délivrer au locataire la chose louée en bon état de réparations de toute espèce. Il résulte de là que le locataire qui, lors de son entrée en jouissance, a reçu cette chose sans élever aucune réclamation, reconnaît tacitement que le bailleur la lui a délivrée en bon état de réparations de toute espèce, et par conséquent il reste lui-même obligé

de la rendre à la fin du bail en bon état. (Duvergier, Continuation de Toullier, tome XVIII, nº 440.)

212. Mais s'il a été fait un état des lieux (1) entre le bailleur et le preneur, celui-ci ne doit rendre la chose que telle qu'il l'a reçue, suivant cet état, excepté ce qui a péri ou a été dégradé par vétusté ou force majeure. (Art. 1730 du Code civil.)

213. S'il n'a pas été fait d'état de lieux, le preneur est présumé les avoir reçus en bon état de réparations locatives, et doit les rendre tels, sauf la preuve contraire. (Art. 1731 du Code civil.)

214. M. Delvincourt pense que la preuve par témoins ne peut pas être faite, lorsque l'objet du litige excède la somme de 150 fr.; «parce que, dit-il, la preuve testimoniale ne doit en général être admise au-dessus de cette somme que lorsqu'il a été impossible au créancier de se procurer une preuve écrite. Or, ici la partie pouvait faire dresser l'état des lieux.» Mais nous croyons, avec MM. Duranton (tome XVII, nº 101) et Duvergier (tome XVIII, nº 443), que M. Delvincourt applique à la preuve d'un fait une règle qui n'est établie que pour la preuve des conventions. En effet, l'article 1731 prévoit l'hypothèse où il n'y a pas eu d'état des

---

(1) Quant à l'état des lieux et à sa forme, *voyez* ci-dessus, titre IV, chapitre III, pag. 34.

lieux, conséquemment point de preuve écrite; et cependant il autorise le preneur à prouver que les lieux loués n'étaient pas en bon état au moment du bail; il serait contradictoire qu'il exigeât une preuve écrite, lorsqu'il dispose pour le cas où cette preuve n'existe pas. Ainsi, la preuve testimoniale peut être admise comme preuve d'un simple fait : cette opinion repose au reste, sur un arrêt de la Cour royale de Bourges, du 2 mars 1825, rapporté par Sirey, tome XXV, 2ᵐᵉ partie, page 358.

215. Au reste, soit qu'il ait été fait un état des lieux, soit qu'il n'en ait pas été dressé, le locataire n'est pas tenu des pertes ou des dégradations survenues par force majeure, par cas fortuit ou vétusté; c'est à lui à prouver la force majeure, le cas fortuit ou la vétusté; mais les réparations locatives sont à charge.

Que doit-on entendre par réparations locatives? Quelle est l'étendue des obligations du locataire à l'égard de ces réparations? Pour la solution de ces questions, *voyez* titre VII, chapitre II.

SECTION III. — *De l'obligation de payer le prix.*

216. Pour le locataire, l'obligation de payer le prix à l'échéance du terme résulte de la nature même du bail; en effet, ce con-

trat ne peut se former qu'autant que le bailleur promet au preneur la jouissance d'une chose, et que ce dernier s'oblige à payer le prix convenu. Car, l'obligation de faire jouir d'une chose, sans stipulation de prix, n'est pas un louage, mais un prêt à usage.

§ 1er *Du prix, et des difficultés auxquelles il peut donner lieu.*

217. Dans le louage, le prix se stipule, en général, en monnaie (1). Dans ce contrat, le prix est l'estimation de la jouissance temporaire que le propriétaire cède au locataire.

218. Le prix doit être sérieux, c'est-à-dire qu'il est nécessaire que les parties, en le fixant, aient eu l'intention, l'une de le payer,

----

(1) Rien n'empêcherait cependant que le prix ne fût stipulé autrement. On peut convenir, par exemple, qu'il sera payé en denrées, ou qu'il consistera dans un travail à faire. En effet, l'argent monnayé n'est que le signe représentatif des produits de la nature ou de l'industrie : peu importe, dès lors, que le prix du louage se compose du représentant et du représenté.

C'est par application de ces principes que le tribunal de la Seine (3e chambre) a jugé que la location d'un appartement peut être stipulée payable en tableaux à faire. (*Gazette des Tribunaux* du 20 décembre 1835.) Dans cette espèce, un peintre s'était obligé de faire quatre tableaux pour prix de son loyer. Le propriétaire avait refusé de les recevoir, et exigeait le payement du loyer en argent. Le tribunal contraignit le propriétaire à recevoir les tableaux comme prix de la location.

l'autre de l'exiger ; il ne le serait point, si une chose dont la jouissance serait d'une grande importance était louée pour un prix excessivement vil , par exemple, un immeuble d'un revenu de 1,000 francs loué moyennant 5 francs. (Duranton , tome XVII , n° 12, et Duvergier, tome XVIII , n° 101.)

219. Cependant, quelle que soit la vileté du prix, il n'y a pas lieu à rescision pour cause de lésion ; elle n'a jamais été admise en pareil contrat. Le motif en est que le propriétaire auquel la loi reconnaît le droit de jouir et de disposer de la manière la plus absolue , a du nécessairement conserver la faculté de transmettre l'usage de la chose de la manière et dans les proportions qu'il juge convenables. (Duranton , n° 12, et Dalloz jeune, *Dictionnaire général de jurisprudence*, au mot LOUAGE , n° 98.)

220. Jugé , en conséquence , que le bail consenti par un usufruitier ne peut être attaqué pour cause de lésion résultant de la vileté du prix. La fraude, en pareil cas , doit être prouvée ; l'anticipation ou la vileté du prix ne suffisent pas pour la faire présumer. (Arrêt de la Cour de cassation, du 11 mars 1824 , rapporté dans le Recueil périodique de Dalloz.)

221. Jugé aussi que les baux consentis par un tuteur ne peuvent être annulés sous prétexte de vileté de prix, qu'autant que l'on prouve l'existence d'un concert frauduleux entre le tuteur et les preneurs.

(Arrêt de la Cour de Paris , du 11 août 1818,
rapporté dans le Recueil périodique de Dalloz, tome XVIII, 1re partie, page 635.)

222. Lorsqu'il y aura contestation sur le
prix du bail verbal dont l'exécution a commencé, et qu'il n'existera point de quittance, le propriétaire en sera cru sur
serment, si mieux n'aime le locataire demander l'estimation par experts ; auquel cas
les frais de l'expertise restent à sa charge,
si l'estimation excède le prix qu'il a déclaré.
(Art. 1716 du Code civil.)

223. S'il existe une ou plusieurs quittances, la dernière fait foi du prix. Mais
si, dans ce cas, le locataire affirmait qu'il
n'a consenti à continuer sa location que sur
la promesse que lui aurait fait le propriétaire de diminuer le prix du bail , le serment
pourrait être déféré au propriétaire.

§ 2. *Des causes qui peuvent donner lieu à une
diminution de prix.*

224. Le locataire a droit à une diminution de prix :

1° Si les lieux loués sont détruits en
partie, ou s'il en est évincé par jugement
ou dépossédé pour cause d'utilité publique
(*voyez* page 61 et 63);

2° Si le propriétaire est en retard de délivrer les lieux loués (*voyez* page 43);

3° S'il ne les délivre pas en totalité (*voyez*
page 39);

4° S'il s'y rencontre quelque vice ou défaut qui en empêche en partie l'usage (*voyez page 65*);

5° Si les réparations urgentes que le locataire est obligé de souffrir durent plus de quarante jours (*voyez page 51*).

225. La diminution du prix est proportionnelle et se règle sur l'importance de la partie des lieux dont le locataire a été privé, et sur le temps pendant lequel il a cessé d'en jouir.

§ 3. *Des époques du payement, et de ceux à qui il doit être fait.*

226. Le payement du prix doit être fait de la manière réglée par la convention des parties, c'est-à-dire, soit en numéraire, soit en denrées, soit de toute autre manière.

227. Si le bail est verbal, le payement doit avoir lieu en numéraire.

228. Le payement des loyers doit être effectué aux époques déterminées par la convention, et à défaut de stipulations, aux époques fixées par l'usage des lieux.

229. A Paris, les loyers sont exigibles aux quatre termes ordinaires de l'année, c'est-à-dire le premier des mois de janvier, avril, juillet et octobre.

Cependant les propriétaires accordent ordinairement aux locataires, pour le payement des loyers, à chaque terme, un délai qui varie suivant le taux des locations et la nature des lieux loués. Ce délai est de huit jours pour les loyers de 400 fr. et au-dessous; il est de quinze jours pour les loyers au-dessus de 400 fr., et pour ceux des boutiques. Remarquez toutefois que le délai dont nous parlons n'est qu'*un terme de grâce*, et que le propriétaire peut contraindre le locataire à payer le premier des mois sus-indiqués. C'est ce que le tribunal de la Seine a jugé plusieurs fois (1).

230. Si les parties étaient convenues d'une seule somme pour tout le temps du bail, elle doit être payée à l'expiration de ce temps.

231. Lorsque les parties n'ont pas fixé le lieu auquel le payement doit être effectué, c'est au domicile du locataire qu'il doit être fait. (Argument tiré de l'art. 1247 du Code civil.)

232. Le payement doit être fait au pro-

---

(1) A Orléans, à Auxerre, à Metz, dans le Boulonnais, les loyers des maisons se payent par terme de six mois chacun, à Noël et à la Saint-Jean-Baptiste; dans la Touraine les termes pour le payement des loyers sont fixés aux fêtes de Notre-Dame de mars (25 mars), de Saint-Jean-Baptiste (24 juin), de Saint-Michel (29 septembre), et de Noël (25 décembre); à Blois, le loyer n'est exigible qu'à l'expiration de l'année; à Marseille, le payement des loyers a lieu par semestre, aux fêtes de Saint-Michel et de Pâques; à Bordeaux, on paye le loyer de trois mois en trois mois, à partir du jour où le bail a commencé. Mais il n'y a pas, comme à Paris, des termes fixes pour l'entrée et la sortie des lieux. Ainsi celui qui a loué un appartement le 20 mars doit payer son loyer le 20 juin, le 20 septembre, le 20 décembre.

priétaire même, ou à quelqu'un ayant pouvoir de lui (1), ou qui soit autorisé par justice ou par la loi (comme les tuteurs, les maris et tous autres administrateurs). Le payement fait à celui qui n'aurait pas pouvoir de recevoir pour le propriétaire est valable si celui-ci le ratifie ou s'il en a profité. (Art. 1229 du Code civil.)

233. Si la procuration avait été révoquée et la révocation notifiée, le payement ne serait pas valable. (Argument des art. 2004 et 2005 du Code civil.)

234. Lorsque le propriétaire est en faillite le payement doit être fait aux agents et syndics des créanciers. (Art. 463 et 493 du Code de commerce.)

235. Lorsque le propriétaire est décédé, le payement doit être fait à ses héritiers, et, dans le cas où la succession serait déclarée vacante, au curateur à cette succession vacante. (Art. 779, 803 et 813 du Code civil.)

236. Lorsque le propriétaire est absent, le locataire peut payer à celui qui aura été commis par la justice pour administrer les biens de l'absent, ou à ceux de ses héritiers, qui seraient envoyés en possession provisoire

---

(1) Le payement fait au portier, porteur de la quittance du propriétaire, est valable. Cependant, si la somme était importante, nous engageons les locataires à payer directement au propriétaire ou à son fondé de pouvoir ; car il n'est malheureusement pas sans exemple que des locataires aient été, en pareille circonstance, victimes de faux ou d'escroquerie de la part des portiers.

des biens de ce dernier par jugement du tribunal. (Art. 112 et 120 du Code civil.)

237. Lorsque le bailleur a vendu la propriété louée, et que l'acquéreur a fait notifier au locataire son contrat d'acquisition, c'est à l'acquéreur que le locataire doit payer.

238. Un huissier porteur de pièces est apte à recevoir pour le propriétaire, et sa quittance est valable comme celle du propriétaire lui-même.

239. Le payement fait par le locataire à la femme du propriétaire n'est valable qu'autant qu'il est reconnu et ratifié par le mari, excepté toutefois lorsque la femme est marchande publique, et que la location dont il s'agit est dépendante et a un rapport direct avec son commerce.

On nomme *marchande publique*, la femme qui fait un commerce distinct et séparé de son mari. (Art. 5 du Code de commerce.)

240. Le propriétaire peut demander au locataire le payement de tous les termes échus dont il ne rapporte pas quittance. Mais lorsque le locataire ne rapporte, par exemple, que la dernière quittance, ou les deux ou trois dernières, le propriétaire peut-il exiger le payement des termes antérieurs? Le Code civil ne contient aucune disposition à cet égard. La question est donc abandonnée aux lumières et à la prudence des juges, qui peuvent, d'après les circonstances, rejeter la présomption de

10.

payement des termes antérieurs, quoiqu'il existe trois ou quatre quittances des trois ou quatre derniers termes ; comme aussi ils peuvent l'admettre, quoiqu'il n'y ait qu'une ou deux quittances du dernier ou des deux derniers termes. (Delvincourt, tom. III, notes, pag. 195 ; et Toullier, t. VII, n° 339.)

241. Lorsqu'il n'y pas de bail par écrit, Denisart dit que l'usage, à Paris, est que le locataire qui a délogé au vu et au su de son propriétaire, soit cru du payement de ses loyers sur son affirmation, aussitôt sa sortie, sans attendre que le délai de la prescription de cinq ans se soit écoulé. Mais ce fait n'établit, suivant ce que nous venons de dire, qu'une présomption qui peut être, selon les circonstances, admise ou rejetée par les tribunaux.

242. Il arrive assez fréquemment que le locataire, avant même d'entrer dans les lieux qu'il a loués, paye par avance un ou plusieurs termes du loyer convenu, et alors ces payements faits par anticipation produisent entre le locataire et le propriétaire les mêmes effets que les payements faits aux époques fixées par la convention ou par l'usage, c'est-à-dire, que ces payements opèrent la libération du locataire envers le propriétaire.

243. Relativement au prix du loyer qu'il doit payer, le locataire est tenu des mêmes obligations que le débiteur ordinaire. Ainsi, le locataire ne peut pas contraindre le propriétaire à recevoir en partie le payement du

loyer, ou bien, par exemple, des meubles au lieu d'argent pour le payement dudit loyer. (Argument tiré des articles 1243 et 1244 du Code civil.)

244. Le locataire ne peut point forcer le propriétaire à recevoir, à l'époque du payement du terme échu, d'autre monnaie que celle qui a cours au moment de l'échéance, et non celle qui avait cours à l'époque où le bail a eu lieu.

245. L'article 1248 du Code civil porte : «Les frais de payement sont à la charge du débiteur.» Il suit de là que si le locataire veut une quittance par-devant notaire, il doit en supporter les frais. De même, si pour une quittance sous seing privé, il veut qu'elle soit sur papier timbré, il doit en payer le papier timbré.

246. Remarquez que s'il a été formé des oppositions entre les mains du locataire, le payement qu'il ferait au propriétaire ne serait pas valable : il pourrait être contraint à payer de nouveau, sauf, toutefois, son recours contre celui qui aurait reçu le premier payement. Ainsi, pour que le locataire ne soit pas exposé, dans ce cas, à payer deux fois, il faut qu'on lui signifie une main-levée de l'opposition formée entre ses mains, ou un jugement qui l'autorise à payer. (Argument de l'article 1242 du Code civil.)

247. Le tribunal de la Seine a jugé, le 11 août 1837, que la copie des oppositions formées entre les mains du locataire sur le

propriétaire, ne peut être valablement remise au portier. Dans ce cas, et généralement lorsque les intérêts du propriétaire et des locataires sont opposés, le portier doit être considéré comme le représentant du propriétaire, et, à ce titre, incapable de représenter les locataires (1). (*Gazette des tribunaux.*)

248. Il importe de faire observer que le locataire qui a droit à une diminution de prix ou à une indemnité ne peut être contraint à payer le prix avant la liquidation de l'indemnité. (Arrêts de la Cour royale de Paris, du 29 avril 1817, et de la Cour de cassation, du 29 novembre 1832 ; Sirey, t. XVIII, 2e partie, pag. 50, et t. XXXIII, 1re partie, pag. 18.)

§ 4. *Des offres et de la consignation des loyers.*

249. Lorsqu'il s'élève des contestations entre le propriétaire et le locataire, relative-

----

(1) Dans cette affaire, il s'agissait d'un propriétaire qui, de concert avec son portier, avait fait disparaître les copies d'oppositions signifiées aux locataires, et laissées en leur absence entre les mains du portier. Pleins de confiance, et dans l'ignorance des oppositions, les locataires avaient payé leur terme de loyer; puis le créancier, saisissant, voulait les contraindre à payer une seconde fois. Le tribunal a pensé que si quelquefois, et dans certains cas, le portier pouvait être réputé le mandataire des locataires, il en était autrement lorsqu'il existait un conflit entre leurs intérêts et ceux du propriétaire. Dans ce cas, les significations, pour être valables, doivent être remises, soit au locataire lui-même, soit à un serviteur ou à un voisin.

ment au prix ou sur la quotité des loyers, et que le propriétaire ne veut point les recevoir, ou lorsque le propriétaire est décédé ou absent, et que le locataire ne connaît pas celui qui le remplace, ou lorsque les héritiers du propriétaire ne sont point d'accord, dans ces circonstances, le locataire a droit de se refuser au payement. Mais s'il tient à se libérer, ce qui lui devient nécessaire quand, par exemple, il veut déménager, il peut alors, par le ministère d'un huissier, faire au propriétaire des offres réelles de la totalité du loyer qui lui est dû, et si le propriétaire refuse de recevoir, le locataire peut faire déposer la somme due à la caisse des dépôts et consignations. (Art. 1257 et 1258 du Code civil.) Cette caisse paye les intérêts des sommes déposées à raison de trois pour cent à compter du soixante-unième jour, à partir de la date de la consignation. (Ordonn. du roi du 3 juillet 1816.)

250. Les offres réelles, suivies de consignation, libèrent le locataire ; elles tiennent lieu, à son égard, de payement, lorsqu'elles sont valablement faites, et la somme consignée par le locataire demeure aux risques du propriétaire. (Argument de l'article 1257 du Code civil.)

251. Les frais des offres réelles et de la consignation sont à la charge du propriétaire, lorsqu'elles sont valables. (Art. 1260 du Code civil). Si donc le locataire a, sans nécessité, fait consigner, il aura à suppor-

ter les frais d'offres et de consignation; ce qui est d'autant plus juste, que c'est lui-même qui a occasionné tous les frais.

252. Au reste, tant que la consignation n'a point été acceptée par le propriétaire, le locataire peut la retirer. Mais lorsqu'un jugement passé en force de chose jugée (1) a été obtenu, et que ce jugement a déclaré les offres et la consignation bonnes et valables, le locataire ne peut plus la retirer. (Argument de l'article 1262 du Code civil.)

§ 5. *Des poursuites, saisies et privilége du proprié-taire pour payement de loyers.*

253. Le locataire qui ne paye pas son loyer au terme fixé par l'usage ou par son bail, peut être poursuivi par le propriétaire, et la somme due pour loyer produit intérêts du jour de la demande formée en justice. (Article 1155 du Code civil.)

254. L'article 819 du Code de procédure civile autorise les propriétaires et les principaux locataires des maisons, soit qu'il y ait bail pardevant notaire, soit qu'il y ait bail sous seing privé ou verbal, à faire un jour après commandement de payer, signifié par acte d'huissier, *saisir-gager*, pour leurs

(1) Un jugement est *passé en force de chose jugée*, lorsque l'on a épuisé toutes les voies ordinaires que l'on pouvait suivre pour le faire réformer, ou lorsque l'on n'a plus le droit de les employer.

loyers échus, les meubles et effets du locataire (1).

255. Ils peuvent même faire saisir-gager
en vertu de la permission qu'ils en auront
obtenu sur requête, soit du juge de paix, si
le loyer annuel du locataire n'excède pas, à
Paris, 400 francs, et 200 francs partout
ailleurs, soit du président du tribunal de
première instance, si ce loyer annuel est au-
dessus de cette somme. (Art. 819 du Code de
procédure civile, 3 et 10 de la nouvelle loi
de 1838 sur les justices de paix.)

Mais cette permission n'est accordée qu'en
cas d'urgence, par exemple, si le propriétaire craint que le locataire ne détourne ses
meubles, etc.

256. Il importe de faire observer que lorsque le bail n'est que sous seing privé, ou
simplement verbal, le propriétaire qui voudra poursuivre la vente des effets du locataire sera tenu de faire préalablement vali-
der la saisie gagerie. Après que le propriétaire
a obtenu jugement qui déclare cette saisie valable, il fait signifier au locataire ce
jugement contenant nouveau commandement de payer; si le locataire persiste dans
son refus, on procède à la saisie-exécution

____

(1) Le tribunal de la Seine a jugé que le propriétaire
peut, pour le payement de ses loyers, exercer par lui-
même des poursuites contre le locataire failli, et qu'il
n'est pas tenu d'attendre la vérification des créances.
(*Gazette des Tribunaux* du 9 septembre 1827.)

des meubles et effets du locataire, et huit jours après la vente a lieu.

257. Lorsque le bail est authentique, le propriétaire, avec la grosse de son bail, et sans autre formalité, peut, un jour après le commandement de payer, signifié par huissier à son locataire, faire saisir-exécuter les meubles et effets de ce dernier, et faire procéder à la vente de ces meubles huit jours après. (Art. 545, 547, 583 et 613 du Code de procédure civile.)

258. Le propriétaire a non-seulement le droit d'exercer des poursuites directes contre le locataire en retard de payer le prix de ses loyers, mais encore celui de le poursuivre indirectement. Ainsi, le propriétaire peut saisir-arrêter entre les mains des débiteurs de son locataire les sommes et effets appartenant à ce dernier, et s'opposer à leur remise. Le propriétaire peut aussi faire saisir-gager les effets des sous-locataires garnissant les lieux par eux occupés pour les loyers dus par les principaux locataires. (Art. 557 et 820 du Code de procédure civile).

Voyons maintenant quelle est la nature et l'étendue du privilége que la loi accorde au propriétaire sur les meubles des locataires.

259. Le propriétaire a pour ses loyers un privilége qui comprend tout ce qui garnit la maison louée; savoir, pour tout ce qui est échu et pour tout ce qui est à échoir, si les baux sont authentiques, ou si, étant sous seing privé, ils ont date certaine; et,

à défaut de baux authentiques, ou lorsque, étant sous seing privé, ils n'ont pas une date certaine, pour une année à partir de l'expiration de l'année courante. (Art. 2102 du Code civil.)

Le même privilége a lieu pour les réparations locatives et pour tout ce qui concerne l'exécution du bail. (Même article.)

260. La loi décide que le privilége du propriétaire sur les meubles du locataire s'étend sur tout ce qui a été mis dans la maison pour la *garnir*, c'est-à-dire, pour la meubler, pour y être à demeure, et non ce qui y aurait été simplement déposé ou mieux entreposé pour le placer, transporter ailleurs. En général, ce qui appartient au locataire est affecté au privilége, et ce qui ne lui appartient pas ne l'est qu'autant qu'il a été introduit pour y rester.

Ainsi, les marchandises que le négociant dépose dans sa boutique sont affectées au privilége du bailleur; car, comme le dit Pothier, le droit du bailleur s'étend sur tous les effets qui garnissent les différentes parties de la maison, suivant le genre d'exploitation de chacune des parties.

Toutefois on ne doit regarder comme garnissant une maison, que les meubles apparents; ainsi, *l'argent comptant, les obligations, les pierreries, les bagues,* ne sont point affectés au privilége.

A l'égard des livres composant une bibliothèque, des médailles, des tableaux, des instruments des sciences, des arts et des métiers, du linge de corps, des habits, des vêtements, quoiqu'ils ne soient pas des meubles meublants, néanmoins, comme ce sont des objets qui *garnissent* la maison, ils sont soumis au privilége, d'après l'opinion commune des auteurs. Il en serait de même des provisions ; il faudrait cependant en exclure ce qui est déclaré insaisissable. En voici l'énumération, d'après le texte de l'article 592 du Code de procédure civile ; ce sont : 1° les objets que la loi déclare immeubles par destination ; 2° le coucher nécessaire des saisis, ceux de leurs enfants vivant avec eux, les habits dont les saisis sont vêtus et couverts ; 3° les livres relatifs à la profession du saisi, jusqu'à la somme de 300 francs à son choix ; 4° les machines et instruments servant à l'enseignement pratique, ou exercice des sciences et des arts, jusqu'à concurrence de la même somme, et au choix du saisi ; 5° les équipements des militaires, suivant l'ordonnance et le grade ; 6° les outils des artisans nécessaires à leurs occupations personnelles ; 7° les farines et menues denrées nécessaires à la consommation du saisi et de sa famille pendant un mois ; enfin une vache, ou trois brebis, ou deux chèvres, au choix du saisi, avec les pailles, fourrages, et grains nécessaires pour la litière et la nourriture desdits animaux pendant un mois.

261. Les objets meubles apportés par des

tiers, à qui ils appartiennent, pour garnir les lieux, ne sont point affectés au privilége du propriétaire, lorsque celui-ci a été averti par une signification faite avant l'introduction de ces objets, qu'ils n'appartiennent pas au locataire. C'est ce qu'a jugé la Cour royale de Paris, par un arrêt du 26 mai 1814, rapporté par Sirey, tome XV, 2e partie, page 227.

262. Ainsi le privilége existe lorsque la signification n'a eu lieu qu'après l'introduction des meubles, à moins cependant que, d'après les circonstances, on puisse penser que nécessairement le propriétaire a eu connaissance que les meubles introduits n'appartenaient pas au locataire, et quoique la signification ait été faite postérieurement à l'introduction.

263. Le propriétaire qui a donné à bail par un seul acte, et pour un seul et même prix, plusieurs immeubles à une seule personne, peut exercer son privilége, pour la totalité des loyers, sur le prix des meubles apportés dans les lieux par le locataire, et déposés dans un seul des immeubles. (Jugement du tribunal de la Seine, *Gazette des Tribunaux,* du 21 mars 1837.)

264. Le propriétaire exerce son droit de privilége, non-seulement sur les effets mobiliers de ses locataires, mais encore sur ceux de ses sous-locataires, toutefois, jusqu'à concurrence de la sous-location, et seulement sur ce qui est dû au moment de la

saisie, sans préjudice des payements faits sans fraude d'avance, et qui ne sont pas considérés comme faits par anticipation. (Art. 1753 du Code civil, et article 820 du Code de procédure civile.)

265. Le propriétaire n'est pas le seul qui ait privilége pour les loyers; le principal locataire, ou celui à qui le locataire a cédé son bail, quoique n'étant pas propriétaire, exerce aussi son privilége sur les meubles de celui qui sous-loue de lui.

266. Nous avons vu que, d'après l'art. 2102 du Code civil, le privilége du propriétaire s'étend sur tout ce qui garnit la maison louée. Mais quel est le sens de cette expression *maison?* Ce mot doit s'entendre de tout ce qui est donné à loyer, soit pour l'*habitation des hommes*, comme les appartements, soit pour l'*habitation des animaux*, comme les écuries, les étables, soit pour la *conservation des choses*, comme les remises, les magasins, les boutiques, les cours et emplacements quelconques. (Brodeau, sur l'art. 161 de la *Coutume de Paris;* Pothier, *Du contrat de louage*, n°s 227, 228, et M. Troplong, *Commentaire des priviléges et hypothèques*, t. I, n° 153.)

267. Le privilége du propriétaire a lieu, soit qu'il y ait bail authentique ou sous seing privé, soit lorsque le bail est purement verbal. Mais, à l'égard de l'étendue du privilége, la loi établit une distinction importante entre les baux qui ont une date certaine et

ceux qui n'en ont pas (1). Les baux authentiques ou bien les baux sous seing privé, ayant date certaine, donnent privilége, non-seulement pour l'année échue, mais encore pour les années antérieures, dont les loyers n'ont pas été acquittés, et même pour les années *à échoir*. «C'est un cas singulier, dit M. Troplong, où l'on est autorisé à exiger le payement d'une dette avant son échéance. Mais cette anticipation est justifiée par la nature du privilége, qui affecte tellement la chose pour la sûreté du payement, que le législateur a mieux aimé anticiper le terme que de compromettre les intérêts du créancier privilégié.»

«Remarquons, toutefois, ajoute le même auteur, que le bailleur ne peut exiger le payement fait par anticipation que lorsqu'il se présente d'autres créanciers qui menacent d'absorber, par leur concours, les garanties ultérieures. Dans tous les cas où les garanties du bailleur ne sont pas menacées, il doit se contenter des termes échus (2).»

268. Quand le bail est verbal, ou qu'il est

______

(1) Nous avons fait connaître, page 19, dans quelles circonstances les baux avaient ou non date certaine.

(2) Observez que dans le cas dont il s'agit, c'est-à-dire, lorsque le bail est authentique, ou qu'étant sous seing privé, il a date certaine, les créanciers du locataire ont le droit de relouer à leur profit la maison pour le restant du bail, à la charge toutefois de payer au propriétaire tout ce qui peut lui être dû. (Article 2102 du Code civil.)

11.

sous seing privé, et qu'il n'a pas de date certaine, le privilége a lieu pour une année, *à partir de l'expiration de l'année courante.*

269. Les auteurs sont loin d'être d'accord sur le sens de ces expressions de l'art. 2102. Les uns distinguent entre les loyers échus avant l'année courante, le loyer de l'année courante et l'année à partir de l'année courante; les autres rejettent cette distinction. M. Troplong est de ce nombre, et base son opinion sur un arrêt de la Cour de cassation, du 28 juillet 1824, rapporté par Sirey, t. xxv, 1re partie, p. 85. «La Cour suprême a pensé, dit M. Troplong, que le propriétaire a, en vertu d'un bail verbal, un privilége pour les années échues, l'année courante, et l'année à partir de l'année courante ; elle se fonde sur ce que, si l'art. 2102 limite le privilége du propriétaire à une année à partir de l'année courante, il ne s'ensuit pas naturellement qu'il ait voulu priver le propriétaire de l'exercice de son privilége pour *loyers échus* ; que la restriction, commençant à partir de l'année courante, n'a lieu que par opposition aux loyers *à échoir,* qu'on accorde en entier au propriétaire muni d'un titre ayant date certaine; que l'intention de la loi de conférer au propriétaire qui n'a qu'un bail verbal un privilége pour tout ce qui est échu, résulte des articles 661 et 662 du Code de procédure civile, et surtout de l'article 819 du même Code, qui permet au locateur (propriétaire) de faire saisir-gager les meubles garnissant la maison pour

tous les loyers et fermages échus, *soit qu'il y ait bail ou qu'il n'y en ait pas,* et même d'exercer la revendication sur les meubles déplacés et d'y faire valoir son privilége.»

270. Le propriétaire peut saisir les meubles qui garnissent les lieux loués, lorsqu'ils ont été déplacés sans son consentement; et il conserve sur eux son privilége, pourvu qu'il en ait fait la revendication dans le délai de quinze jours, lorsqu'il s'agit de meubles garnissant une maison (art. 2102 du Code civil). Le délai court à compter du *déplacement* des meubles.

271. L'extrait de l'article 2102, que nous venons de transcrire, établit la règle que le locataire ne peut déplacer, c'est-à-dire, sortir les meubles qui sont une fois entrés dans les lieux loués, sans le consentement du propriétaire. A plus forte raison, le locataire ne peut pas les vendre, même de bonne foi, sans ce consentement préalable. S'il les vend, le propriétaire est autorisé à les revendiquer entre les mains des tiers : nous disons que, pour qu'il y ait lieu à revendication, il faut que les meubles aient été déplacés sans le *consentement* du propriétaire bailleur; d'où il suit que s'il a donné son consentement, la revendication ne saurait être admise. Ce consentement du propriétaire bailleur peut être donné *expressément* ou *tacitement.* Nous pensons, avec M. Troplong, dont l'opinion est toujours si imposante, que la simple connaissance du transport des meu-

bles sans réclamation de la part du propriétaire suffirait pour lui interdire le droit de
réclamer. En effet, toutes les fois que les
meubles sortent de chez lui, lorsqu'il en a
connaissance, ils cessent de lui servir de gage
et de nantissement, et il n'y a ni droit de suite
(c'est-à-dire, de poursuivre entre des mains
tierces) ni privilége.

272. Ainsi, le propriétaire qui, avec connaissance, aura laissé le locataire, à l'expiration du bail, sortir de chez lui, et qui ne
se sera point opposé à l'enlèvement des meubles, ne pourra exercer de recours contre
ces objets.

273. Il en est de même quand un propriétaire loue à un commerçant; il est évident
qu'il lui a tacitement permis de vendre ses
marchandises, encore qu'elles garnissent les
lieux; d'ailleurs, on ne pourrait pas dire
qu'elles ont été déplacées sans le consentement du propriétaire bailleur. (Delvincourt,
t. III, pag. 274, note 8.)

274. Nul doute aussi que quand les meubles du locataire garnissant les lieux loués
sont plus que suffisants pour assurer le payement des loyers échus et à échoir, le locataire
ne soit en droit d'enlever quelques meubles.
Deux arrêts de la cour de Paris, du 2 octobre 1806, l'autre, de celle de Poitiers,
du 28 janvier 1829, ont jugé que ce déplacement ne pouvait avoir lieu, par la raison
que *tous* les meubles sont affectés au privilége. Mais M. Troplong censure avec raison

la décision de ces deux arrêts. « Cette opinion est trop sévère, dit-il. Elle est en opposition avec un arrêt de la Cour de Bourges, confirmé par la Cour de cassation, du 8 décembre 1806. (Dalloz, *Répertoire alphabétique,* au mot HYPOTHÈQUES, p. 43, note.) Elle exagère la loi, qui, se contentant de veiller à l'intérêt du propriétaire, sans vouloir gêner le locataire, ne demande à celui-ci que de garnir les lieux de meubles suffisants. » (Art. 1752 du Code civil; *voy.* Persil, *Commentaire*, art. 2102, § 1, n° 4 ; Favard, *Répertoire*, au mot SAISIE - GAGERIE ; Dalloz, *hypothèques*, pag. 37.)

275. Lorsque le locataire quitte la maison ou l'appartement qu'il occupait, et transporte ses meubles dans une autre maison ou appartement nouvellement loué, le précédent propriétaire bailleur peut les y revendiquer pendant quinze jours, s'il a ignoré le déplacement ; car, s'il en avait eu connaissance, il devait s'y opposer ; et ce droit de revendication lui donne préférence sur le second bailleur qui viendrait réclamer les loyers. C'est, au reste, ce que pensent tous les auteurs.

276. Le propriétaire conserve son privilége sur les meubles garnissant les lieux loués, nonobstant la vente, même sérieuse, qui en avait été faite par le principal locataire à un sous-locataire, en lui cédant le fonds de commerce qu'il exploitait dans les lieux. (Arrêt de la Cour royale de Paris,

2ᵉ chambre; *Gazette des Tribunaux* du 27 avril 1832.)

§ 6. *De la prescription des loyers.*

277. Les loyers des maisons se prescrivent par cinq ans (art. 2277 du Code civil), c'est-à-dire, que le propriétaire ne pourra plus les réclamer du locataire, lorsque cinq années se seront écoulées depuis le jour de l'échéance du terme auquel le payement du loyer devait être effectué.

278. Remarquez que la prescription court terme par terme, à partir de chaque échéance.

279. Mais il est des causes qui interrompent la prescription des loyers, telles sont : une citation en justice, un commandement ou une saisie, la reconnaissance que le locataire fait du droit du propriétaire contre lequel il prescrivait. (Argument des art. 2244 et 2248 du Code civil.)

Section IV. — *De l'obligation pour le preneur de payer les contributions à sa charge.*

280. Les contributions à la charge des locataires sont : la contribution personnelle et mobilière, la contribution des portes et fenêtres, et, pour les commerçants, la contribution des patentes ; il faut y joindre les centimes additionnels, les dix centimes par franc pour subvention de guerre, et l'imposition communale, lorsqu'elle a lieu.

281. La quotité de ces contributions varie suivant les besoins de l'État; elle est fixée chaque année par une loi.

282. Avant la sortie des lieux, le locataire est tenu de justifier au propriétaire de l'acquit total de toutes les contributions à sa charge, car s'il déménageait sans les avoir payées, le propriétaire serait contraint de les acquitter.

283 La contribution personnelle et mobilière est due par chaque habitant français, et par chaque étranger de tout sexe jouissant de ses droits, et non réputé indigent. Sont considérés comme jouissant de leurs droits, les veuves et les femmes séparées de leur mari; les garçons et les filles majeurs ou mineurs ayant des moyens suffisants d'existence, soit par leur fortune personnelle, soit par la profession qu'ils exercent, lors même qu'ils habitent avec leur père, mère, tuteur ou curateur. (Loi du 20 avril 1832, art. 12.)

284. La taxe personnelle n'est due que dans la commune du domicile réel; la contribution mobilière est due pour toute habition meublée, soit dans la commune du domicile réel, soit dans une autre commune.

285. Lorsque, par suite de changement de domicile, un contribuable se trouve imposé dans deux communes, quoique n'ayant qu'une seule habitation, il ne devra la contribution que dans la commune de sa nouvelle habitation. (Même loi , art. 13.)

286. La contribution personnelle et mobilière étant établie pour l'année entière, lorsqu'un contribuable viendra à décéder dans le courant de l'année, ses héritiers seront tenus d'acquitter le montant de sa cote. (Même loi, art. 21.)

287. En cas de déménagement hors du ressort de la perception, comme en cas de vente volontaire ou forcée, la contribution personnelle et mobilière est exigible pour la totalité de l'année courante. (Même loi, article 22.)

288. Les centimes additionnels généraux et particuliers, ajoutés au principal du contingent personnel et mobilier de la commune, ne portent que sur les cotisations mobilières : la taxe personnelle est imposée en principal seulement. (Même loi, article 19.)

289. La contribution personnelle est uniforme pour tous les contribuables d'une commune. La taxe de cette contribution se compose de la valeur de trois journées de travail. Le conseil général, sur la proposition du préfet, détermine le prix moyen de la journée de travail dans chaque commune, sans pouvoir néanmoins le fixer au-dessous de 50 centimes, ni au-dessus de 1 fr. 50 cent. (Lois du 23 juillet 1820, art. 28, et du 21 avril 1832, art. 10.)

290. La taxe mobilière est établie proportionnellement, selon la valeur du loyer d'habitation de chaque contribuable et de sa

famille. (Lois du 3 nivôse an VII, art. 21, et du 23 juillet 1820, art. 29.)

291. On ne considère pas comme logement d'habitation, et, conséquemment, on ne soumet point à la taxe mobilière les magasins, boutiques, ateliers, usines, la partie des auberges, hôtels garnis, cafés, destinée à l'usage des voyageurs ou du public, et, en général, les édifices qui, par leur nature, sont affectés à un genre d'industrie, et dont le prix de location est assujetti au droit proportionnel de patente (loi du 3 nivôse an VII, art. 25 et 26), les bureaux des fonctionnaires publics, et, dans les maisons d'éducation, les dortoirs, les salles d'études, les classes, les réfectoires, et toutes les parties de logement et de jardin qui servent aux élèves. (Lois des 7 thermidor et 17 frimaire an X.)

292. La contribution des portes et fenêtres est établie sur les portes et fenêtres donnant sur les rues, cours ou jardins des maisons, bâtiments, usines, magasins, hangars, boutiques et salles de spectacles. (Loi du 4 frimaire an VII, article 1.)

293. Les clôtures seules sont imposables. Toute fenêtre close éclairant un logement habitable est imposable, quelle que soit la nature de la clôture ; qu'elle soit close par de simples volets, avec de simples châssis dormants ou mobiles, qu'elle soit vitrée ou garnie de toile ou de papier.

Sont aussi imposables, les fenêtres dites

mansardes, et autres ouvertures pratiquées dans la clôture des maisons, lorsqu'elles éclairent des appartements habitables. (Loi du 21 avril 1832, art. 27.)

294. Ne sont pas soumises à l'impôt:

1° Les portes et fenêtres donnant sous les voûtes ou dans les escaliers, et généralement toutes celles qui sont dans l'intérieur des maisons.

2° Les portes et fenêtres qui, quoique donnant à l'extérieur, sont destinées à éclairer les granges, écuries, étables, caves, greniers, et autres lieux qui ne servent point à l'habitation des hommes, ainsi que toutes les ouvertures du comble et des toits des maisons habitées (loi du 4 frimaire an VII), non plus que les ouvertures sans vitres des boutiques et magasins. (Décision du 27 vendémiaire an IX.)

3° Les portes et fenêtres des manufactures. Les manufacturiers ne sont soumis à cette contribution que pour la partie des bâtiments qui sert à leur habitation personnelle et celle de leurs concierges. (Loi du 4 germinal an II, art. 19.)

295. La contribution des portes et fenêtres est due par les locataires, quoiqu'elle soit exigible contre le propriétaire (loi du 4 frimaire an VII) dont le nom seul figure sur le rôle. Ainsi le propriétaire en fait l'avance, sauf à lui à exercer son recours contre ses locataires.

296. Lorsqu'il y a un seul locataire qui

occupe la maison en totalité, le propriétaire lui retient la totalité de cette contribution.

Lorsqu'il y a plusieurs locataires, le propriétaire leur retient celle des portes et fenêtres comprises dans la location de chacun d'eux.

Dans ce cas, la porte d'entrée de la maison, les fenêtres des escaliers ou paliers, les portes et fenêtres qui n'appartiennent pas plus à un locataire qu'à un autre, restent à la charge du bailleur ou propriétaire. (Loi du 4 frimaire an 7, art. 3.)

297. Lorsqu'il y a un principal locataire, le propriétaire lui retient la taxe entière. Le principal locataire, de son côté, réclame à chaque sous-locataire sa quote-part de l'impôt, et il supporte seul la contribution des portes et fenêtres d'un usage commun. (Même loi, art. 12, et Instruction ministérielle.)

298. Suivant une décision du ministre des finances, du 5 nivôse an IX, le locataire doit le payement de la taxe entière, pour toute l'année, des portes et fenêtres du logement qu'il occupe pendant les trois premiers mois de l'année, sans pouvoir prétendre à une décharge pour les neuf mois restants; mais aussi il ne supporte aucune taxe pour le cours des neuf derniers mois lorsqu'il est entré dans le logement après l'expiration des trois premiers mois.

299. Il résulte de tout ce qui précède, que le propriétaire est en droit d'exiger du

locataire l'acquit de la contribution des portes et fenêtres, à moins de stipulation contraire. Ainsi, lorsqu'une convention semblable existe, il est d'autant plus prudent au locataire de l'insérer au bail, que la Cour de cassation a décidé, par arrêt du 25 octobre 1814 (rapporté par Sirey, t. xv, 1re partie, pag. 244), que le propriétaire peut réclamer du locataire, au bout de plusieurs années, la contribution des portes et fenêtres, encore qu'il ait donné à ce locataire quittances constatant le payement des loyers (1). Il importe donc aux locataires, avant de conclure la location, de s'entendre avec le propriétaire à l'égard de cette contribution, et, s'il y a engagement ou bail écrit, on doit y insérer la convention faite sur ce point.

300. La patente est aussi une contribution à la charge du locataire; elle doit être acquittée directement par lui, puisque son nom seul figure sur le registre.

301. Les droits de patente se divisent en droit fixe et en droit proportionnel.

Le droit fixe est gradué en raison des professions et des localités, et réglé par un tarif.

Le droit proportionnnel est basé sur le

---

(1) Le tribunal de la Seine a même jugé que la production de la dernière quittance du payement de l'impôt des portes et fenêtres ne dispense point le locataire envers son propriétaire de l'obligation de justifier des payements antérieurs. Il faut une série de quittances pour opérer une libération complète à cet égard. (*Le Droit*, journal des tribunaux, du 12 septembre 1836.)

prix du loyer. (Loi du 1er brumaire an VII; art. 3.)

302. Toutes les contributions dont on vient de parler sont payables par douzième, à l'échéance de chaque mois, et en numéraire. (Loi du 3 frimaire an VII, art. 1 et 146, *voy.* pag. 81.)

303. Les locataires sont tenus de payer, sur la notification de l'arrêté du préfet, portant *main-levée*, et à l'acquit du propriétaire, la contribution foncière, pour les biens qu'ils ont à loyer, et les propriétaires, de recevoir le montant des quittances de cette contribution pour comptant sur le prix des loyers, à moins que le locataire n'en soit chargé par son bail. (Art. 147 de la loi du 3 frimaire an VII.)

304. Un locataire, entre les mains duquel il a été fait une saisie-arrêt pour payement des contributions de la maison qu'il occupe, ne pourrait se prévaloir des payements qu'il aurait faits par anticipation sur le prix de son bail. (Instruction ministérielle.)

305. Lorsque les locataires ont des réclamations à faire en matière de contributions directes, ils doivent adresser leurs pétitions au préfet. *Voyez*, au reste, ce que nous avons dit, p. 81. Les formalités à remplir à cet égard sont les mêmes pour tous les contribuables.

12.

Section v. — *De l'obligation pour le locataire de laisser voir les lieux qu'il doit cesser d'occuper aux personnes qui se présentent pour les louer.*

306. Lorsque le congé a été accepté par le locataire, ou qu'il lui a été signifié par huissier, ou quand il y a bail écrit, et que ce bail est près d'expirer, le locataire est obligé de laisser voir les lieux qu'il doit quitter aux personnes qui se présentent pour les louer. Mais on ne peut le contraindre à les laisser voir que dans les délais fixés par l'usage des lieux pour la signification des congés, c'est-à-dire, à Paris, six semaines avant la sortie des lieux, lorsqu'il s'agit d'une location dont le prix annuel est de 400 francs et au-dessous ; trois mois, lorsqu'il s'agit d'une location de 400 fr. et au-dessus ; enfin, six mois, lorsqu'il s'agit de la location d'une boutique, d'une maison entière ou d'un corps de logis entier.

307. Si le locataire se refusait à montrer les lieux qu'il doit quitter, il serait passible de dommages et intérêts envers le propriétaire, en raison du préjudice qu'il aurait fait éprouver à ce dernier en empêchant la location (art. 1382 et 1149 du Code civil). Mais pour obtenir ces dommages et intérêts, il faudrait que le propriétaire fît constater le refus, soit par le portier ou autres préposés, soit par les personnes qui se seraient présentées pour visiter les lieux, et à qui on a

refusé de les faire voir. Cependant, il serait préférable, dans ce cas, de faire constater le refus par un procès-verbal d'huissier. Ce serait, pour le propriétaire, le moyen de s'épargner les embarras de la preuve testimoniale.

308. L'obligation de faire voir les lieux ne va pas jusqu'à forcer le locataire à les laisser visiter, ou trop tôt le matin, ou trop tard le soir. En général, les visites n'ont guère lieu avant dix heures du matin, et après cinq heures du soir. Au reste, on doit toujours considérer, en pareilles circonstances, la nature, l'importance de la location, la maladie, le sexe et l'âge des locataires. D'ailleurs, dans toutes les classes de la société, on sait parfaitement respecter, à cet égard, le sentiment des convenances.

309. Lorsque le locataire s'absente, il doit laisser les clefs des lieux à louer au propriétaire ou au portier.

310. L'obligation, pour le locataire, de laisser voir les lieux qu'il occupe, existe encore lorsque le propriétaire veut vendre l'immeuble dans lequel ces lieux sont situés.

Section VI. — *De l'obligation d'accomplir les charges de police.*

311. Afin d'éviter les redites, nous renvoyons le lecteur au titre XVI, où nous avons rapporté le texte des ordonnances et arrêtés de police qu'il importe aux proprié-

taires et aux locataires de connaître. Nous y avons aussi indiqué quelle est l'étendue des obligations des locataires dans cette matière.

Observation commune aux deux chapitres précédents.

312. Le bail ne se résolvant pas par la mort du bailleur, ni par celle du preneur, à moins de convention contraire (art. 1742 du Code civil), toutes les obligations et les droits qui résultent du bail passent aux héritiers ou ayant cause de celle des parties qui est décédée.

TITRE VII.

Des différentes espèces de réparations.

313. En matière de louage de maisons, on distingue deux espèces de réparations :

1° *Celles à la charge du propriétaire ;*

2° *Les réparations locatives ou de menu entretien.*

CHAPITRE PREMIER.

Des réparations à la charge du propriétaire.

314. La loi déclare que le propriétaire est tenu de toutes les réparations autres que les locatives (art. 1720 du Code civil) ; il suit de là qu'il suffit pour savoir quelles sont les réparations à la charge du propriétaire, de connaître celles qui sont énumérées au chapitre suivant, puisqu'elles seules sont exceptées.

Cependant, pour mieux fixer l'esprit du lecteur sur cette matière, nous allons donner d'une manière générale la nomenclature des réparations à la charge du propriétaire.

Ce sont celles à faire aux voûtes, murs de refend, de soutenement et de clôture ; aux poutres, poutrelles ; aux planchers, aux pans de bois de refend portant escaliers; aux toits et couvertures, aux murs de clôtures; aux manteaux et souches de cheminées; aux voûtes et planchers des fourneaux potagers, aux murs, voûtes de dessous et tuyaux de four appartenant à la maison ; aux aires de plâtre des appartements et des escaliers qui ne sont point carrelés ; aux marches de pierres cassées par le tassement ou le fléchissement des murs qui les portent; aux plates bandes de pierre au pourtour des murs, cassées par les charges de plâtre qu'on a mises dessus en enduisant les murs contre lesquels elles sont posées, ou par les lambris portés dessus à force; aux pavés des grandes cours et écuries ; aux portes, fenêtres, fermetures, volets, châssis, panneaux de menuiserie, lambris, parquets, vitres cassées par la grêle ou autres accidents de force majeure; aux pavés, carreaux, tuyaux de fer, de plomb ou de grès; et généralement à tous les objets de maçonnerie, menuiserie, serrurerie, qui ont été brisés, détériorés, endommagés par vétusté, cas fortuit ou force majeure. (Desgodets et Goupy, *Lois des bâtiments.*)

Nous avons déjà eu occasion de faire remarquer que le curement des puits et celui des fosses d'aisance sont à la charge des propriétaires, s'il n'y a clause contraire. (Article 1756 du Code civil.)

315. L'article 1386 du Code civil rend le propriétaire responsable du dommage causé

par le défaut d'entretien de son bâtiment. Le propriétaire a un recours direct contre son locataire, et ce dernier contre ses sous-locataires qui se sont chargés d'entretenir les lieux en bon état de réparations locatives et qui n'ont pas rempli leurs obligations. C'est ce qui a été décidé par un arrêt de la Cour royale de Paris, du 10 juillet 1838 (1). (*Gazette des Tribunaux* du 11 juillet 1838.)

CHAPITRE II.

Des réparations locatives.

316. Nous avons vu, titre V, Chapitre II, section II, que le preneur était tenu de faire les réparations locatives.

Mais que doit-on entendre par *réparations locatives?*

***

(1) Voici l'espèce de cet arrêt : M. de Mosbour, pair de France, est propriétaire, à Paris, d'une maison rue de Rohan, louée par bail principal au sieur Desfourches; la remise de cette maison était, par suite de sous-locations successives, occupée en dernier lieu par le sieur Boutrainquin, qui y plaçait un cabriolet. Par suite du mauvais état des gonds de la porte de cette remise, cette porte tomba lourdement dans le moment où se trouvait tout à côté un enfant qui fut blessé grièvement. Cependant des soins opportuns ont amené le rétablissement du jeune Goussery, et son père a réclamé contre M. de Mosbour une indemnité qui a été fixée par le tribunal de première stance de la Seine à la somme de 1,000 francs. En même mps, le tribunal a accordé à M. de Mosbour son recours en garantie contre Desfourches, principal locataire, puis la même garantie a été prononcée en faveur de Des-

«Pour juger, dit Pothier (*Du louage,*
n° 219) quelles réparations sont locatives,
on doit tenir cette règle que ce sont les
menues réparations qui ont coutume de
provenir de la faute des locataires ou de
leurs gens, et ne proviennent pas de la vétusté ou de la mauvaise qualité des parties
dégradées.»

M. Lepage (*Lois des bâtiments,* partie II,
page 147) a exposé avec lucidité et préci-
sion les motifs sur lesquels est basée cette
doctrine. «En général, dit-il, toutes les réparations occasionnées par la vétusté doivent
être faites par le propriétaire, par l'application de la maxime *res perit domino* (la chose
périt pour le compte du propriétaire).

«Mais lorsque les réparations sont occasionnées par la faute du locataire, ou du
fermier, il doit en répondre. Il est facile de
reconnaître si les réparations de gros entretien viennent de vétusté ou des personnes
qui occupent l'immeuble. Il y a plus de difficulté pour les réparations de menu entretien: elles sont sans doute occasionnées par
l'usage qu'on fait de l'objet loué ou affermé,
et, sous ce rapport, d'après le principe général que nous venons de citer, il semble

fourches contre le sieur Meuran, sous-locataire, et en faveur de Meuran contre Boutrainquin, dernier sous-locataire.

M. Meuran a interjeté appel; mais la Cour royale a
confirmé purement et simplement le jugement de première
instance.

qu'elles devraient être à la charge du propriétaire. Cependant il arrivait souvent que
celui-ci prétendait qu'elles étaient trop fréquentes et que le locataire ou le fermier
avait usé trop indiscrètement; de là est venu
le parti qu'on a pris de mettre à la charge du
locataire ou du fermier certaines menues
réparations, sans examiner si elles sont
l'effet d'un usage immodéré ou abusif. Par
ce moyen, on a tari la source d'une infinité
de petites contestations, fondées sur des
faits impossibles à vérifier. Tel est le motif
qui a dicté les dispositions et introduit les
usages qui mettent de droit certaines réparations à la charge des locataires, en les
qualifiant *réparations locatives.*»

317. Voici la nomenclature des réparations à la charge du locataire.

L'article 1754 du Code civil les détermine
d'une manière générale en ces termes :

«Les réparations locatives ou de menu
entretien dont le locataire est tenu, s'il
n'y a clause contraire, sont celles désignées
comme telles par l'usage des lieux; et, entre
autres, les réparations à faire;

«Aux âtres, contre-cœurs, chambranles et
tablettes des cheminées;

«Au recrépiment du bas des murailles des
appartements et autres lieux d'habitation, à
la hauteur d'un mètre;

«Aux pavés et carreaux des chambres,
lorsqu'il y en a seulement quelques-uns de
cassés;

« Aux vitres, à moins qu'elles ne soient cassées par la grêle ou autres accidents extraordinaires, et de force majeure, dont le locataire ne peut être tenu;

« Aux portes, croisées, planches de cloison ou de fermeture de boutiques, gonds, targelles, serrures. »

318. L'article 1755 du même Code ajoute : « Aucune des réparations réputées locatives n'est à la charge des locataires quand elles ne sont occasionnées que par vétusté ou force majeure. »

319. Enfin l'article 1756 du Code civil décide que : « Le curement des puits et celui des fosses d'aisance sont à la charge du bailleur, s'il n'y a clause contraire. »

320. Les trois articles dont on vient de lire le texte renferment les seules dispositions législatives qui se trouvent au Code civil sur la matière des réparations locatives. Le législateur reconnaît lui-même que la nomenclature et les explications qu'il donne à ce sujet sont incomplètes, puisque, dans l'article 1754, il s'en réfère à l'usage des lieux. Et, comme nous l'apprend M. Tronchet (Discussion du Code civil au conseil d'État, Locré, tom. XIV, pag. 344.), il a voulu seulement, en donnant une courte énumération des réparations locatives, *diminuer les doutes en fixant l'opinion sur les cas les plus ordinaires.*

321. Nous allons reprendre une à une chacune des réparations locatives dont le

Code civil donne la nomenclature, et nous ferons connaître ensuite celles que l'usage met à la charge des locataires (1).

SECTION PREMIÈRE. — *Des réparations locatives d'après le texte même du Code civil.*

322. L'article 1754 du Code civil désigne cinq espèces de réparations à la charge des locataires, à moins que ceux-ci ne donnent la preuve qu'elles ont été occasionnées par vétusté ou force majeure. Voici ces cinq espèces de réparations. Ce sont les réparations à faire :

1° *Aux âtres, contre-cœurs, chambranles et tablettes de cheminées.*

323. On a pensé que le dépérissement de ces objets venait le plus souvent du peu d'attention des locataires, qui jettent du bois dans le foyer avec trop de force, ou qui font un feu plus ardent qu'il ne serait convenable pour la conservation de toutes les parties de la cheminée. Quand les contre-cœurs sont en plaques de fonte, et qu'elles viennent à se casser, les locataires en sont responsables, ainsi que des scellements qui tiennent ces mêmes plaques. Il en est de même des carreaux de terre ou de briques

______

(1) La plupart des développements que nous donnons ici sont extraits presque entièrement des ouvrages de MM. Merlin (*Répertoire de jurisprudence,* au mot BAIL), Lepage (*Lois des bâtiments*), et Vaudoré (*Droit rural*).

des âtres ; le locataire doit remplacer par des briques ou carreaux neufs ceux brûlés ou cassés. Pareillement, les croissans propres à retenir les pelles et les pincettes sont à la charge de ceux qui occupent la maison ; ils doivent fournir les croissans qui se trouvent déscellés, ou perdus, ou cassés.

324. On ne distingue pas si les chambranles et les tablettes des cheminées sont en menuiserie ou en pierre ou en marbre ; les locataires en sont responsables, quand ces objets sont ou cassés ou fêlés ou détériorés d'une manière quelconque par la trop grande activité du feu. Goupy, dans ses notes sur Dégodets, dit qu'il n'est pas aisé de juger sainement si un chambranle, une tablette, le revêtissement et l'attique d'une cheminée en marbre ou en pierre, sont détériorés par la faute ou par l'effet des plâtres, ou par un tassement, ou par autre cause dont il n'est pas responsable. Il ajoute même que fort souvent les marbriers vendent de pareilles pierres comme saines et entières, tandis qu'elles sont tranchées par des fils qu'ils ont soin de boucher avec du mastic mêlé de poudre de marbre. De là, il conclut qu'il faut examiner avec soin la cause de ces dégradations pour décider qui doit supporter la dépense des réparations (1).

----

(1) *Voyez* cependant ci-après, page 168, n° 363.

Ce qu'on vient de dire s'applique également aux tables et buffets couverts en marbre, aux coquilles et cuvettes de même matière.

2° Au recrépiment du bas des murailles des appartements et autres lieux d'habitation, à la hauteur d'un mètre.

325. En posant des meubles ou autres objets près des murailles, on peut détruire l'enduit dont elles sont recouvertes : il est bon d'obliger ceux qui occupent les lieux à réparer cet enduit jusqu'à hauteur d'appui, afin de les forcer à apporter du soin et de l'attention dans l'usage des lieux loués. Mais si la dégradation était survenue par l'humidité des murs, il est évident que le locataire ne serait pas tenu de faire cette réparation ; car la loi n'a voulu forcer le locataire qu'à faire les réparations qui proviennent de son fait.

326. Le locataire est tenu de faire le recrépiment des murailles à la hauteur d'un mètre, non-seulement dans les lieux qui servent à son habitation personnelle, mais encore dans ceux qui en dépendent ; ainsi il devra faire le crépi des murs des remises ou des écuries, dégradés par le choc des voitures ou par les pieds des chevaux.

3° Aux pavés et carreaux des chambres, lorsqu'il y en a seulement quelques-uns de cassés.

327. Il résulte de cette disposition, que le locataire n'est pas présumé être l'auteur de

cette dégradation lorsqu'une grande quantité de carreaux ou de pavés se trouve feuil-
letée ou cassée. Car il est alors vraisemblable
que c'est leur mauvaise qualité, ou la vétusté, ou l'humidité qui les a détruits ; c'est
alors au propriétaire à faire la réparation,
à moins qu'il ne prouve que le dommage
provient du fait du locataire ; auquel cas ce
dernier sera tenu de rétablir tous les carreaux cassés. Tel est le résultat de la présomption légale établie par l'article 1754 en
faveur du locataire.

328. Quant aux carreaux ébranlés et qui
se lèvent, le locataire est tenu de les faire
remettre, à moins qu'il ne prouve qu'il s'est
opéré un tassement dans les planchers.

329. Dans les pièces carrelées en carreaux
blancs et noirs (c'est-à-dire en pierres de
liais et en marbre noir), il y a des plate-
bandes de pierre au pourtour des murs ;
elles font partie du carreau, et sont à la
charge du locataire, lorsqu'elles sont cassées seulement en quelques endroits. Cependant il faut examiner si les cassures n'ont
point été faites par la charge des plâtres
qu'on a mis dessus, en enduisant les murs,
ou par quelque lambris posé à force, ou par
tout autre effort ; car, dans l'un de ces cas,
le locataire peut se soustraire à l'obligation
de faire la réparation, si les pièces des appartements ne sont pas carrelées.

330. On ne considère pas comme réparations locatives, les trous qui se font dans les

aires de plâtre : la raison en est que le moindre frottement suffit pour occasionner ces
trous. On ne peut donc pas dire qu'ils proviennent de la faute du preneur. (M. Victor
Augier, *Encyclopédie des juges de paix*, t. 1,
pag. 222.)

331. Lorsque quelques panneaux ou battants d'un parquet sont cassés ou enfoncés
par violence, le locataire en est tenu ; mais
il ne répond pas d'un parquet détérioré dans
de grandes parties, à moins que le dommage n'ait été causé par son fait, ce que le
propriétaire doit toujours prouver.

332. Les pavés des grandes cours et des
remises ne sont à la charge des locataires
que lorsqu'il s'y trouve quelques pavés hors
de place ; mais ceux qui sont cassés, ébranlés ou écrasés, doivent être réparés par le
propriétaire, parce que les lieux sont destinés à supporter des voitures, chariots, ou
autre chose d'un poids considérable. Il en
est de même des pavés des écuries ; on sait
que les chevaux battent continuellement des
pieds, il faut donc que les pavés que l'on
emploie dans ces lieux soient en état de
soutenir ces chocs. Les propriétaires doivent s'attendre à ces dégradations occasionnées par les voitures et les chevaux, dégradations que l'on ne peut, au reste, imputer
aux locataires qui n'ont pas fait un mauvais
usage des lieux pavés.

333. Dans les petites cours où il n'entre
pas de voiture, et dans les cuisines ou au-

tres lieux dans lesquels on ne reçoit pas de grosses charges, le locataire est tenu de réparer les pavés qui sont cassés et de remplacer ceux qui manquent, à moins que ces défauts ne viennent de la vétusté ou de la mauvaise qualité des pavés, ce qui se présume quand une grande partie des pavés se trouve en mauvais état. L'entretien des pavés qui ne sont qu'ébranlés n'est pas à la charge du locataire, dans les cours, parce qu'elles sont exposées aux intempéries de l'air, à la pluie, aux égouts, causes naturelles de la destruction des ciments. Il en est de même dans les cuisines, les offices et les laboratoires destinés à recevoir des eaux qui détériorent le ciment des pavés : les locataires, par de continuels lavages, ne font qu'un usage ordinaire et convenu de ces lieux; il n'y a rien de forcé dans leur jouissance; ils ne sont donc pas tenus de réparer les pavés ébranlés (1).

4° Aux vitres, à moins qu'elles ne soient cassées par la grêle ou autres accidents extraordinaires et de force majeure, dont le locataire ne peut être tenu.

334. On présume que les vitres sont livrées sans fêlure ni cassure et tiennent bien dans leurs châssis, le locataire est donc obligé

---

(1) Tout ce que nous disons relativement aux pavés des cuisines s'appliquerait également dans le cas où les cuisines seraient carrelées.

de les rendre en même état. S'il était prouvé qu'en entrant en jouissance le locataire a trouvé une certaine quantité de vitres cassées ou fêlées, il ne serait pas tenu de les rendre en meilleur état qu'il les a trouvées. Quand les vitres ont été endommagées par la grêle, par une violente explosion, ou par tout autre accident, ce n'est pas au locataire à les réparer.

335. Si les vitres tiennent à des panneaux de plomb, la réparation des plombs est à la charge du propriétaire, parce que la présomption est que la vétusté les a détériorés, à moins cependant qu'il ne soit prouvé que leur dégradation provient du fait du locataire. A l'égard des verges de fer qui soutiennent les panneaux de plomb dans lesquels sont enchâssées les vitres, le locataire est tenu de remplacer celles qui manquent et qui sont cassées, à moins qu'il ne soit prouvé qu'elles ont été détruites par le vice de la matière, telle qu'une paille ou tout autre défaut provenant du fer.

336. Quant aux glaces qui garnissent une maison, soit sur les cheminées, soit partout ailleurs, elles sont confiées à la garde du locataire. Ainsi lorsqu'il les casse, il doit les remplacer par des neuves de même qualité et dimension; les morceaux de celles qu'il remplace lui appartiennent. Mais si les glaces ont été cassées, soit par l'effet des tassements, soit par l'effet du parquet qui les supporte, ou par le gonflement de bois ou

des plâtres, la perte est, dans ce cas, à la charge du propriétaire.

337. Le lavage des vitres et des glaces est-il une réparation locative? Nous pensons que si le locataire, lors de son entrée en jouissance, les a reçues nettes et propres, il doit les rendre en même état lors de sa sortie. Dans le cas contraire, il n'est pas tenu de les nettoyer. S'il n'a pas été fait d'état des lieux, ou que l'état des lieux ne contienne pas de clause à cet égard, le locataire est présumé les avoir reçues propres et nettes, et il doit les rendre de même.

5° Aux portes, croisées, planches de cloison ou de fermeture de boutiques, gonds, targettes et serrures.

338. Dans cette disposition de la loi, on doit comprendre les contrevents, les volets, et les persiennes, ainsi que toute autre espèce de fermeture, les chambranles des portes, les embrasures des croisées et des portes, les lambris d'appui, ceux à hauteur de plancher, les cloisons, et généralement toutes les menuiseries d'une maison. Toutes les réparations comprises dans cette énumération sont à la charge du locataire, lorsqu'elles proviennent de son fait et autrement que par vétusté ou cas fortuit.

339. Si le locataire a fait percer dans une porte ou une cloison un trou (par exemple un trou de chatière), il est tenu de faire remettre la planche entière où le trou a été pratiqué. Il en est de même lorsqu'il fait

poser une seconde serrure à une porte, ou la même serrure, en la changeant de place. Et le locataire, dans ce cas, n'eût-il fait que le trou nécessaire au passage de la clé, le propriétaire peut exiger qu'il remplace par une planche neuve celle qui a été percée, et que cette planche neuve soit peinte de la même couleur que le reste de la porte.

340. Les dessus de portes et autres tableaux, ainsi que leurs bordures, les objets de sculpture et autres ornements, sont à la charge du locataire, s'ils ont été détériorés ou cassés autrement que par vétusté ou force majeure.

341. Le propriétaire laisse quelquefois aux croisées des triangles de fer destinés à soutenir les rideaux, avec leurs poulies et doubles poulies pour le jeu des cordons, ainsi que les croissants ou autres objets de fer pour tenir les rideaux ouverts. Si ces divers objets manquent, sont perdus ou cassés, le locataire doit les remplacer.

342. Il en sera de même des balcons, des grilles de fer, s'il y manque quelques pièces, ou s'il y en a de cassés, la présomption est que le locataire en est cause : il en est responsable, ainsi que des treillis de fil de fer ou de laiton, lorsqu'ils ont été brisés par autre cause que par vétusté ou force majeure. Mais à l'égard des rampes de fer, le locataire n'est tenu de les réparer que quand il est manifeste qu'elles ont été forcées ou cassées par son fait.

343. Toute la serrurerie des portes, fenêtres, armoires, est mise au nombre des réparations à la charge du locataire ; la loi présume qu'elle lui a été livrée en bon état lorsqu'il est entré en jouissance ; si le locataire a reçu ces choses en mauvais état, c'est à lui à s'imputer sa propre négligence. Ainsi lorsque quelques fers sont descellés, ou cassés, ou bien que les serrures sont forcées, ou que les clés se trouvent perdues, le locataire est responsable. On peut dire, à la vérité, qu'à l'égard des serrures, les garnitures n'en sont pas assez solides pour résister au frottement continuel des clés, et qu'ainsi elles peuvent être endommagées sans qu'il y ait de la faute des locataires. La réponse est que si le Code civil a établi cette responsabilité, c'est sans doute afin d'avertir les locataires d'ouvrir et de fermer les portes et les armoires avec précaution ; s'il en était autrement, il y aurait de la part des locataires inattentifs ou négligents, ou de mauvaise foi, un abus dont les propriétaires seraient trop souvent dupes ; c'est ce qu'enseigne M. Lepage, d'après Goupy.

SECTION II. — *Des réparations locatives suivant l'usage.*

344. Nous avons fait connaître dans la section précédente les réparations locatives dont le Code civil donne l'énumération dans l'article 1754 ; mais comme le Code

décide que d'autres réparations, désignées par l'usage des lieux, peuvent être également à la charge des locataires, nous allons faire connaître celles qui, d'après l'usage de Paris, sont regardées comme telles (1). Ce qu'on va lire nous est d'ailleurs attesté par Desgodets et son annotateur Goupy, dont les avis (comme le fait observer M. Lepage), fondés sur une longue expérience, sont d'un grand poids en pareille matière.

345. Dans les écuries, les trous faits dans la maçonnerie des mangeoires doivent être rebouchés aux dépens du locataire. Lorsque le devant d'une mangeoire est rongé par les chevaux, le propriétaire est en droit d'exiger du locataire de faire remettre un devant neuf à cette mangeoire. Car le locataire doit s'imputer la faute d'avoir mis dans cette écurie des chevaux qui avaient le défaut de ronger le bois. Goupy fait observer qu'on évite cet inconvénient en recouvrant de tôle le devant de la mangeoire ; mais c'est au locataire à exiger, avant d'entrer en jouissance, que cette précaution soit prise par le propriétaire, ou à la prendre lui-même.

Les rateliers, avec leurs roulons, les piliers et les barres servant à séparer les chevaux entre eux, sont des réparations à la

---

(1) Au reste, ce qui se pratique à Paris peut servir de règle dans tous les cas où rien de contraire n'est établi par l'usage particulier des localités.

charge du locataire, à moins qu'ils ne soient détruits par vétusté ou force majeure.

346. Le ramonage des cheminées est une réparation locative : les locataires sont tenus de les faire ramoner assez souvent pour que le feu ne puisse prendre aux cheminées par la grande quantité de suie qui se serait amassée dans les tuyaux (1); et si le feu avait pris dans une cheminée assez fortement pour en faire crever le tuyau, le locataire serait tenu du rétablissement de ce tuyau, pourvu qu'il ne se trouvât dans l'intérieur de ce tuyau aucune pièce de bois qui eût pu être la cause de l'incendie.

347. Quant aux fourneaux de cuisine, soit ceux que l'on désigne sous le nom de *fourneaux potagers,* soit tous autres, tels que ceux qui servent aux lavoirs, leurs voûtes, murs et planchers, sont à la charge du propriétaire. Le locataire est tenu de l'entretien du carreau sur les planchers qui reçoivent les cendres des réchauds, du carreau sur le dessus des fourneaux, des scellements des réchauds, des remplacements des fourneaux potagers qui sont cassés, et de leurs grilles lorsqu'elles sont brûlées. A l'égard des paillasses de cuisine (2), le locataire n'est

---

(1) *Voyez* au titre XIV, des Ordonnances de police, celle relative au ramonage des cheminées.

(2) Ce sont de petits massifs de maçonnerie carrelés par-dessus, élevés de terre de 30 à 36 centimètres (12 à 15 pouces), sur lesquelles on place du charbon ou de la cendre chaude pour faire cuire les aliments.

tenu d'entretenir que le carreau du dessus.

348. Aux fours, l'usage est que le propriétaire en entretienne les murs, la voûte de dessous, s'il y en a, le tuyau ou la cheminée. Le locataire n'a donc à sa charge que l'aire du four, qui est, ou en terre, ou carrelée, et la chapelle du four, c'est-à-dire, la voûte de briques ou tuileaux qui le couvrent, et reçoit la chaleur plus ou moins suivant l'usage que l'on fait du four.

349. Le locataire répond aussi des pierres à laver lorsqu'elles sont cassées ou écornées par son fait. Mais si dans la pierre il se trouvait quelque défaut qui eût produit la dégradation, elle est à la charge du propriétaire. Quand il y a une grille sur l'orifice du tuyau propre à recevoir les eaux du lavoir, elle sert à prévenir les engorgements; le locataire ne doit donc pas entretenir le tuyau, mais réparer la grille lorsqu'elle est rompue ou enfoncée. Et ceci est dans son intérêt, puisqu'il faudrait qu'il fît dégorger le tuyau au moyen de sonde, s'il avait négligé de bien entretenir la grille. Il y a des experts qui veulent que la jonction du tuyau à la pierre à laver soit rétablie par le locataire quand elle est détruite. Mais Goupy n'adopte pas cet avis, parce qu'il y a un moyen solide de souder le tuyau à la pierre en employant du plomb au lieu de mastic; il n'est pas juste que le locataire souffre de ce que le propriétaire, pour économiser, n'a pas établi le tuyau de la manière la plus solide.

350. Il est d'usage que les barrières et les bornes qui se trouvent, ou dans les cours, ou sous les remises, soient à la charge du locataire. Goupy ne pense pas que cet usage soit juste, parce que, dit-il, ces barrières et ces bornes sont établies pour préserver les murs du choc des voitures ; elles ne sont donc utiles qu'au propriétaire, et ne servent point au locataire. Mais Lepage n'adopte pas cet avis, et il dit, avec raison, que quand les bornes ne sont point en état de vétusté et qu'elles sont brisées par la maladresse des cochers ou des voituriers, le locataire est responsable ; ces objets sont toujours assez forts pour supporter le frottement ordinaire des voitures, en sorte que, s'ils se trouvent cassés ou détériorés, ce ne peut être que par un fait étranger au propriétaire, et dont il ne doit pas souffrir.

351. Le locataire répond des dégradations qui peuvent arriver aux auges en pierre placées dans les cours pour abreuver les chevaux. Goupy est d'une opinion contraire, en se fondant sur ce que l'on peut les garnir de fer, et, par là, prévenir tous les accidents. Mais Lepage répond fort judicieusement que la pierre est une matière assez solide pour qu'aucune auge puisse servir à sa destination sans qu'il y ait danger de détérioration, et que si quelqu'accident survient, il doit, jusqu'à preuve contraire, être attribué à la négligence ou à l'imprudence du locataire.

352. Autrefois le curage des puits était considéré, dans certains lieux, comme réparation locative, tandis que dans d'autres le propriétaire en était chargé; mais nous avons vu que l'article 1756 a fait cesser l'incertitude en décidant que le propriétaire en est tenu, sauf clause contraire.

353. Quant aux poulies, aux cordes et aux mains de fer des puits, aux poulies des greniers, aux chapes des poulies, nous pensons que, quoique les réparations à faire à ces objets rentrent bien dans la catégorie des réparations locatives, elles ne doivent être à la charge du locataire que lorsqu'il en use seul ou qu'il est principal locataire de la maison. Mais lorsqu'il y a plusieurs locataires dans une maison, les objets dont il s'agit étant pour tous d'un usage commun, ils ne sont pas tenus des réparations.

354. Dans les maisons où l'eau est tirée au moyen de pompes, suivant Goupy, l'entretien et la réparation du piston, de la tringle qui sert à le mouvoir, et du balancier, sont à la charge du locataire, par la raison que ces objets dépérissent plus ou moins fréquemment et avec plus ou moins de ménagement; d'ailleurs, ces objets suppléent aux cordes que le locataire serait obligé de fournir. Mais cette décision ne serait applicable, selon nous, que dans le cas où le locataire jouirait seul de cette pompe; si donc l'usage de la pompe est commun à tous les locataires de la maison, son entretien sera à la charge du propriétaire (1).

355. L'entretien des jalousies à cordons des croisées, mouvement, fils de fer et cordons de sonnettes, ainsi que des stores, tant des croisées que des cheminées, est à la charge du locataire.

356. Lorsqu'il y a un jardin qui dépend de la maison ou de l'appartement loué, les locataires sont tenus d'entretenir en bon état les allées sablées, les parterres, les plates-bandes, les bordures et les gazons ; les arbres et les arbrisseaux doivent être rendus en même nombre et de même espèce qu'ils étaient au commencement du bail, et s'il en meurt quelques-uns, les locataires doivent les remplacer.

357. Les treillages placés le long des murs ou les autres parties du jardin, ou telles formes que ce puisse être, tels que palissades, berceaux, portiques, sont à la charge du propriétaire, à moins qu'il ne prouve que ces objets ont été cassés ou détériorés par le fait du locataire.

358. Dans les bassins ou jets d'eau, les locataires sont tenus des réparations des conduits de fer, plomb ou grès, quand ils ont laissé des eaux que la gelée a fait crever, parce que cet événement provient d'une faute des locataires ; mais quand les

____

(1) *Voyez*, page 165 et suiv., les motifs sur lesquels cette opinion est basée.

eaux des bassins viennent par des canaux publics, il n'est plus possible de vider les bassins et les conduits, alors les accidents causés par la gelée ne sont plus à leur charge.

359. A l'égard des vases, des pots de fleurs et des bancs qui servent à l'ornement des jardins, Goupy fait une distinction : il dit que les vases de faïence, de fonte ou de fer, les caisses et les bancs de bois, s'ils se trouvent détériorés ou dégradés autrement que par vétusté, sont réparés par le locataire. Mais la dégradation des vases et des bancs de marbre, de pierre, de terre cuite, pouvant venir de l'intempérie de l'air, le locataire n'en est pas tenu, à moins qu'on ne prouve qu'ils ont été détériorés par sa faute.

360. Il n'est pas d'usage de mettre à la charge des locataires les tuyaux de descente établis pour conduire les eaux pluviales et ménagères. Mais, en cas d'engorgement de ces mêmes tuyaux, le locataire est-il tenu de les faire dégorger? Pour résoudre cette question, il est nécessaire, selon nous, de faire plusieurs distinctions :

1º Si les tuyaux engorgés servent en même temps à la descente des eaux pluviales et ménagères, le locataire ne saurait être tenu de l'engorgement, car il peut provenir d'une cause qui lui est étrangère : par exemple, le tuyau peut avoir été engorgé par des gravois ou autres immondices que les eaux des combles peuvent entraîner avec elles.

2° Si le tuyau engorgé ne sert qu'au locataire, et qu'il y ait une grille en bon état à
l'orifice de ce tuyau, le locataire n'est pas
obligé de le faire dégorger ; dans ce cas, l'engorgement ne peut venir que par des sels
qui se forment dans l'intérieur du tuyau. Le
locataire ne serait pas non plus responsable
de l'engorgement si, à l'orifice du tuyau, il
n'y a jamais eu de grille ; en effet, c'est la
faute du propriétaire, qui aurait prévenu
l'engorgement en garnissant d'une grille
l'entrée du tuyau.

3° Si, au contraire, la grille qui se trouve
à l'entrée du tuyau est rompue ou enfoncée,
ou bien si la grille est totalement enlevée,
et que l'on puisse reconnaître à l'orifice du
tuyau qu'il en a existé une, le locataire sera
tenu de faire dégorger le tuyau, et, en outre, de rétablir la grille.

4° Si les tuyaux engorgés sont ceux qui
servent à conduire les eaux que les locataires jettent dans les cuvettes de plomb ou
de fonte placées ordinairement à l'intérieur
ou à l'extérieur des fenêtres des paliers,
nous ne pensons pas que ceux-ci soient tenus de les faire dégorger. Ces cuvettes sont
d'un usage commun à tous les locataires, et
il est alors bien difficile, pour ne pas dire
impossible, de connaître celui d'entre eux
qui a occasionné l'engorgement. Le propriétaire, en pareille circonstance, ne pourrait
donc, avec justice, s'adresser à un locataire
plutôt qu'à un autre, ou à tous, pour les

obliger à faire dégorger le tuyau dont il s'agit. Mais lorsque l'on connaît celui dés locataires qui a occasionné l'engorgement, soit par lui-même ou par ses gens, soit par les personnes qui viennent chez lui, il en est seul responsable. Au reste, ce que nous dirons au numéro suivant, fera connaître les règles que l'on doit suivre en pareille matière.

361. Lorsqu'une maison est louée à plusieurs locataires, chacun est tenu des réparations locatives des lieux qu'il occupe exclusivement ; mais sur qui doit peser l'obligation de faire les réparations dans les lieux dont la jouissance est commune, par exemple, dans l'escalier, les passages, les cours, etc. ?

Goupy (sur Desgodets, *Lois des bâtiments,* pag. 469) pense que le propriétaire, ne pouvant s'adresser plutôt à un locataire qu'à un autre, doit seul supporter les réparations. Il fait remarquer que la raison pour laquelle les locataires sont chargés des réparations locatives, est fondée sur ce motif, que c'est parce qu'il y a présomption qu'elles proviennent de leur faute, mais que cette présomption ne saurait être invoquée contre eux lorsqu'il s'agit des lieux qui sont communs à tous les habitants de la maison.

«Je ne suis pas de cet avis, dit Pothier (*Traité du louage,* n° 223); la réponse au raisonnement sur lequel il se fonde est que la présomption que les réparations locatives viennent de la faute du locataire, n'est pas la cause prochaine qui oblige le locataire à les faire. Cette présomption a pu donner lieu à l'usage qui l'y a assujetti ; mais l'usage une fois établi, la cause prochaine de l'obligation que tous les locataires contractent de faire ces réparations, est que, suivant la règle, *in contractibus tacite veniunt ea quæ sunt moris et consuetudinis* (on doit suppléer dans les contrats les clauses qui y sont d'usage), les locataires se sont tacitement soumis à la charge des réparations qu'il est d'usage que les locataires supportent. »

M. Lepage ne trouve pas le raisonnement de Pothier concluant, et il le combat avec des arguments dont la justesse est de toute évidence. « De ce que les locataires, dit-il (tom. II, pag. 169), s'obligent tacitement à faire les réparations que l'usage met à leur charge, il suit que chacun est tenu des réparations locatives qu'exigent les lieux qu'il occupe pour son compte particulier ; mais on ne trouve pas dans ce principe un motif pour décider par qui seront supportées les réparations des objets qui ne sont pas exclusivement confiés à la garde particulière de chacun des locataires. Voudrait-on que tous contribuassent aux réparations commencées en proportion du prix de leurs loyers ? Les embarras d'une pareille opération, plus encore les discussions auxquelles elle ne manquerait pas de donner lieu entre les habitants d'une même maison, qu'on doit, au contraire, maintenir autant que possible dans une bonne union, font assez sentir qu'il ne convient pas de penser à aucune contribution, à moins qu'elle n'ait été stipulée dans les baux des différents locataires. Nous nous rangeons donc à l'avis de Goupy; nous croyons que si l'usage a mis certaines réparations à la charge des locataires, c'est qu'il est à présumer qu'elles sont occasionnées par leur faute : or, sur qui la présomption doit-elle porter lorsqu'il y a dégradations dans l'escalier, les passages, et autres lieux communs à tous les locataires d'une maison? Chacun dira, qu'en prenant son bail il s'est chargé tacitement des réparations de son appartement, parce qu'il est le maître de veiller à la conservation de tout ce qui le compose; mais qu'il n'a pas entendu se rendre garant des objets dont tous les autres locataires ont la jouissance comme lui. Sa défense sera d'autant plus péremptoire, qu'il ne s'est passé aucune convention entre lui et les autres locataires; leur jouissance commune ne peut donc établir entre eux aucune obligation. Le propriétaire est libre, il est vrai, d'insérer dans les baux qu'il fait à chaque locataire, quelque clause relative aux réparations des objets communs; quand il ne prend pas cette précaution, il consent donc tacitement à supporter seul ces mêmes réparations.

« Au reste, ajoute le même auteur, cette décision n'a lieu que quand il est impossible de savoir par le fait de qui une dégradation est arrivée; dès que l'on connaît celui des locataires qui a occasionné un accident par lui-même ou par ses gens, ou par des étrangers qui vont à son logement, lui seul est responsable.

«On conçoit, dit-il enfin, que lorsqu'une maison est louée à une seule personne ou à un principal·locataire, il répond de toutes parties de l'objet envers le propriétaire. A l'égard de ceux à qui il sous-loue, il exerce les mêmes droits que le propriétaire, en conséquence, s'il a plusieurs sous-locataires les décisions qu'on vient d'expliquer auront lieu, relativement aux réparations des objets dont ils jouissent en commun.»

On nous pardonnera la longueur de ce passage; mais, à l'exemple de M. Duvergier (Continuation de Toullier, tom. XIX, n° 25), nous avons préféré le transcrire en entier que de l'analyser, afin de laisser toute leur force aux arguments qui y sont déduits.

362. Les plombs, les fers et les autres choses dépendantes d'une maison, qui viennent à être volées, doivent être rétablis aux frais du locataire, à moins qu'il ne justifie qu'on ne peut, à cet égard, lui imputer aucune négligence ou défaut de précaution. (M. Merlin, *Répertoire de jurisprudence*, au mot BAIL, § 8, n° 2.)

363. Maintenant que nous avons fait connaître les réparations que le Code civil et l'usage mettent à la charge du locataire, il

est nécessaire de rappeler les principes généraux qui régissent la matière qui nous occupe.

En effet, le locataire est tenu de toutes les réparations dites *locatives,* et il n'y a d'exceptions à cette règle que dans le cas où par une convention expresse du bail, le locataire s'est affranchi de ces réparations, ou bien lorsque le bail ne contient pas de clause de cette nature, les réparations ont été occasionnées par vétusté ou force majeure. (Art. 1755 du Code civil.)

Ainsi, la présomption établie par la loi est toujours contre le locataire; il devra donc prouver que les réparations ont été occasionnées par vétusté ou force majeure; mais s'il ne peut fournir la preuve des faits qu'il allègue, il sera obligé de faire les réparations. Tel est l'effet de la présomption légale dont nous venons de parler.

364. Quoique la loi n'oblige le locataire à faire que les réparations locatives, à moins que, comme nous l'avons vu, il n'y ait convention contraire, ou qu'elles ne viennent, soit de vétusté, soit de cas fortuit, il est tenu, en outre, de réparer les dégradations plus importantes arrivées par son fait ou celui des personnes de sa maison. Mais il importe de ne pas oublier qu'à l'égard de ces réparations, autres que les réparations locatives, c'est au propriétaire à prouver qu'elles ont été occasionnées par le fait du locataire ou de ceux dont il est responsable. Par

exemple : un locataire fait crever un plancher en plaçant des marchandises d'une pesanteur trop considérable dans une chambre destinée à recevoir seulement des meubles meublants : un accident de cette nature donnera ouverture à des poursuites contre le locataire, non-seulement pour le contraindre à réparer sur-le-champ, mais encore pour résilier le bail, ce qui dépendra des circonstances. (Argument de l'art. 1729 du Code civil.)

365. Le locataire n'est pas tenu, en faisant les réparations locatives à sa charge, de rendre les choses meilleures qu'elles n'étaient ; il doit seulement les rendre dans le même état qu'il les a reçues.

366. Le locataire n'est pas ordinairement obligé de faire les réparations locatives avant sa sortie des lieux. Cependant, comme par la nature du contrat de louage, le preneur est tenu d'user en bon père de famille de la chose qui lui est louée. (Art. 1728, § 1 du Code civil.) On peut tenir ceci pour règle, que si pendant le cours du bail les réparations locatives étaient tellement urgentes que le défaut actuel de ces réparations pût porter préjudice à la propriété, le propriétaire pourra obliger le locataire à les faire de suite.

Telles seraient, par exemple, les réparations aux carreaux de vitres ou aux volets cassés (par le fait du locataire ou des personnes de sa maison), par lesquels les eaux de pluie pourraient entrer et dégrader les planchers ; aux trous des cheminées, par lesquels le feu pourrait se communiquer aux boiseries, etc.

367. À l'égard des réparations locatives qui peuvent se différer sans inconvénient, on peut laisser au locataire la liberté de les faire dans le temps qui lui est le plus commode ; mais il importe toujours au propriétaire d'obliger le locataire de les faire avant que ce dernier n'ait enlevé ses meubles des lieux loués, car le propriétaire a privilége pour les réparations locatives sur tous les meubles qui garnissent les lieux (art. 2103 du Code civil), et s'il consentait à les laisser sortir avant qu'elles fussent faites, il perdrait son privilége, ce qui ne serait pas sans inconvénient, si l'on suppose que les réparations locatives soient considérables, et que le locataire n'offre pas une grande solvabilité.

368. La Cour royale de Paris a jugé que les réparations à faire à des constructions élevées par le locataire, et à ses frais, d'après la faculté à lui concédée par le bail, et sous la condition qu'à la fin dudit bail, ces constructions rentreront au propriétaire, sont à la charge du locataire (1).

____

(1) Voici les termes mêmes de l'arrêt de la Cour : « Considérant que le locataire était seul autorisé à faire ces constructions pour son usage personnel, à ses frais, et ainsi qu'il aviserait ; que le propriétaire ne devait être mis en

369. Les contestations relatives aux réparations locatives sont de la compétence du
juge de paix (1).

----

possession qu'à la fin du bail, et qu'ainsi il ne devait être,
jusqu'à cette époque, tenu à aucune réparation. » (*Le Droit,*
journal des tribunaux, du 17 janvier 1836.)

(1) *Voyez* titre XV.

TITRE VIII.

Du droit de sous-louer ou de céder son bail à d'autres.

370. L'article 1717 du Code civil porte que «le preneur a le droit de sous-louer, et même de céder son bail à un autre, si cette faculté ne lui a pas été interdite.—Elle peut être interdite pour le tout ou partie.—Cette clause est toujours de rigueur.»

371. Il importe de bien se pénétrer du sens dans lequel il faut entendre les dispositions de cet article.

Il dit d'abord que le premier a droit de *sous-louer* et *même de céder son bail* à un autre; il existe donc une différence entre *sous-louer* et *céder* son bail. En effet, lorsque l'on cède un bail, on est vendeur d'un droit, on est tenu de la garantie comme vendeur; mais quand on sous-loue, on est bailleur vis-à-vis du sous-locataire : en conséquence, on s'engage à le faire jouir. L'interdiction de la faculté de *sous-louer* emporte la défense de *céder;* car celui à qui on refuse le moins ne saurait avoir le plus. Par ces expressions, et *même céder son bail,* l'article 1717 fait comprendre que céder comporte plus que sous-louer. La défense de céder le bail emporte interdiction de sous-louer; mais ce principe n'est pas tellement absolu qu'il doive être appliqué sans aucune exception ; car il est évident ici qu'il faut rechercher l'intention des parties, d'après la position du locataire et la disposition de la chose louée. C'est ce que fait très-bien observer M. Duranton (t. XVII, n° 93), lorsqu'il dit : «Si je passe bail à quelqu'un d'une maison occupée par un grand nombre de locataires, sachant bien qu'il n'entend pas l'occuper par lui-même, du moins en totalité, et que néanmoins je lui interdise la faculté de céder son bail, afin qu'il reste lui-même à la tête de l'exploitation ; l'interdiction de céder n'emportera pas en ce cas celle de sous-louer et de renouveler les baux des divers locataires. »

Ainsi, lorsque les parties, en rédigeant le bail, auront dit d'une manière générale que le preneur n'aura pas le droit de céder ou de sous-louer, sans exprimer formellement qu'il ne pourra céder ou sous-louer, même pour partie, la sous-location ou la cession partielle doit être permise au preneur.

372. L'article 1717 dit que la clause prohibitive de la sous-location ou de la cession du bail est toujours de rigueur, ce qui signifie que les parties doivent s'y soumettre avec exactitude. Si donc le bail ne contient point la clause prohibitive de sous-location ou de cession de bail, soit en totalité, soit en partie, les contractants restent sous l'empire du droit commun, c'est-à-dire que le locataire a droit de céder son bail ou de sous-louer,

et le propriétaire ne serait point admis à soutenir que la défense de sous-louer ou de céder le bail était sous-entendue. Au reste, les parties pourront facilement éviter toute contestation à cet égard par une rédaction qui exprime clairement leur volonté (*voyez* modèle, n° 2).

373. M. Duvergier fait observer fort judicieusement (tom. XVIII, n° 366) que, précisément parce que l'application de la clause qui interdit au locataire la faculté de céder son bail ou de sous-louer doit être rigoureuse, il ne faut pas donner à cette clause un sens plus étendu que celui qu'elle a reçu de la volonté des parties. Notamment, on ne saurait en induire l'obligation pour le preneur d'habiter personnellement dans la maison ou l'appartement qu'il a loué, et lui refuser la faculté de les faire occuper par ses domestiques ou des personnes de confiance (1). En effet, dès qu'il ne sous-loue

_____

(1) C'est ce qu'un arrêt de la Cour de Bordeaux, du 11 janvier 1826, rapporté par Sirey, tom. XXVI, 2ª partie, pag. 193, a décidé dans l'espèce suivante :

En 1818, le sieur Marchand-Gaury loua pour huit ans une maison au sieur Grosbot, avec interdiction de sous-louer. Dans le cours de la septième année de la location, Grosbot transporta son domicile et une partie de ses meubles dans une autre maison qu'il avait achetée. Il laissa dans la maison de Marchand-Gaury un homme de confiance à gages, et des meubles d'une valeur supérieure à celle des loyers à échoir, car tout était payé jusque-là. Marchand-Gaury, à qui il n'était rien dû, ne fit point sur les meubles déplacés la saisie-revendication autorisée par

pas ou qu'il ne cède pas son bail, il n'y a pas d'infraction au bail.

374. La prohibition de céder le bail ou de sous-louer à peine de résiliation dudit bail n'entraîne pas cette résiliation de plein droit par le fait seul de l'infraction à cette prohibition, encore bien que l'acte porterait que cette clause serait exécutée à la rigueur. La résolution doit être demandée en justice, et les juges peuvent, selon les circonstances, accorder un délai pour faire cesser ce qu'il y a de contraire à la convention prohibitive insérée au bail. (Arrêt de la Cour de cassation du 13 décembre 1820, Dalloz, tom. XXI, 1ʳᵉ partie, pag. 241.)

375. En conséquence, si le preneur offre

---

l'article 2102 du Code civil ; mais il assigna le sieur Grosbot pour le faire condamner à venir habiter lui-même la maison qu'il avait louée, et à y rétablir les meubles qu'il en avait fait sortir, sinon il concluait à la résiliation du bail. Il fonda sa demande en résiliation sur deux motifs : 1º sur ce que, en n'habitant pas lui-même la maison, mais en y plaçant une autre personne, quelle qu'elle fût, il violait la clause du bail, qui lui avait interdit de sous-louer ; 2º sur ce qu'en emportant ailleurs une partie du mobilier, bien qu'il en restât assez pour répondre des loyers, il dérobait à l'action du privilége du propriétaire des objets qui en avaient été frappés par leur placement dans la maison, et diminuait ainsi les sûretés données.

Si l'article 1752 du Code civil, disait Marchand, défend d'expulser le locataire, lorsque, faute par lui de garnir la maison de meubles suffisants, il donne des sûretés capables de répondre du loyer, cette disposition n'est relative qu'au cas où le locataire n'a pas encore garni la maison de meubles, et non à celui où il a déplacé les meubles déjà affectés par privilége. Le tribunal d'Angoulême acd'expulser le cessionnaire ou le sous-locataire, et d'occuper lui-même les lieux loués, ou si, à l'époque où la demande en résiliation a été formée, la cession ou la sous-location avait cessé d'exister, la résiliation n'a pas lieu. (Arrêts de la Cour royale de Lyon, des 6 juin 1821 et 16 décembre 1825, de la Cour de cassation du 29 mars 1837, Dalloz, tom. XXVI, 2ᵉ partie, pag. 40, et tom. XXXVII, 1ʳᵉ partie, pag. 381.)

376. Le preneur ne peut se soustraire à l'obligation d'occuper les lieux loués, et à la clause prohibitive de sous-louer, formellement exprimée dans le bail, en offrant au bailleur de louer lui-même à d'autres personnes, et de lui payer à titre d'indemnité la

---

cueillit ces moyens; mais la Cour royale de Bordeaux infirma le jugement en ces termes :

« La Cour, attendu que le locataire qui cesse d'habiter personnellement la maison louée, n'en est pas moins censé continuer de l'occuper lui-même, lorsqu'il n'y tient que des domestiques qui le représentent, et dont il est responsable; et que Marchand-Gaury n'a pas prouvé que Grosbot ait sous-loué à un tiers la maison qui lui a été donnée à location, ou qu'elle fût occupée par une personne étrangère à la famille du locataire;

« Attendu que si l'article 2102 du Code civil donnait à M. Marchand un privilége sur tous les effets mobiliers qui garnissaient la maison par lui louée à Grosbot, et, en cas de déplacement sans son consentement, la faculté de les faire saisir revendiquer dans le délai de quinzaine; Marchand-Gaury n'a pas usé de ce privilége; qu'il n'est pas prétendu que les meubles qui restent dans la maison soient insuffisants pour répondre des loyers à échoir, et que, d'ailleurs, la solvabilité de Grosbot n'est pas contestée; infirme, etc.

différence qui existerait entre le prix du nouveau bail et celui du bail primitif. (Arrêt de la Cour de cassation du 26 février 1812, *Journal du palais*, tom. XXXIII, pag. 386.)

377. Quand avec une vente de fonds de commerce, il a été fait un bail des lieux où ce fonds est établi, en sorte que les deux actes puissent être considérés comme indivisibles, l'acheteur qui revend le fonds de commerce a le droit de céder en même temps son bail, quoique le bail porte défense de sous-louer sans le consentement du bailleur. (Arrêt de la Cour royale de Paris du 16 février 1822, Sirey, tom. XXIII, 2e partie, pag. 95.)

378. La défense de sous-louer n'exclurait pas le preneur de s'associer un tiers pour l'exploitation en commun de la chose louée, et de partager avec lui les bénéfices de l'entreprise. (Arrêt de la Cour de cassation du 24 décembre 1821, Sirey, tom. XXII, 1re partie, pag. 373.)

379. Observez que la nullité de la sous-location faite sans le consentement exprès et par écrit du propriétaire, quand il était requis par le bail, peut être couverte par le silence prolongé du propriétaire (1).

----

(1) C'est ce qui a été décidé par le tribunal de la Seine (5e chambre), dans les circonstances suivantes :

La dame Hermel exerçait l'état de lingère au passage du Pont-Neuf. Son propriétaire, le sieur Berger, lui avait imposé dans son bail la défense de sous-louer sans son consentement exprès et par écrit, et la condition de rester responsable de la totalité de la solvabilité du sous-locataire. Malgré cela, la dame Hermel a sous-loué aux demoiselles Pelgry, qui sont restées en possession des lieux depuis 1828, au vu et au su du propriétaire, qui leur a donné quittance en leur nom personnel depuis cette époque.

Elles ont fait faillite en 1831 : la faillite n'était pas encore réglée, quand le sieur Devergennes, acquéreur de la maison du sieur Burger, imagina d'intenter une action en garantie contre la dame Hermel, précédente locataire, et de lui réclamer une somme de 4,000 francs, montant des loyers échus depuis 1831. A cette demande, la dame Hermel opposait le silence de quatre années gardé par le propriétaire, et les poursuites exercées par lui contre les demoiselles Pelgry, qualifiées dans plusieurs exploits : *locataires verbales et sans bail.*

Malgré les efforts de l'avocat du sieur Devergennes, le tribunal, considérant que le propriétaire avait renoncé implicitement à son recours contre la dame Hermel, l'a déclaré non recevable de ses demandes. (*Gazette des Tribunaux*, du 5 juillet 1836.)

TITRE IX.

Du principal locataire et des sous-locataires.

380. Le principal locataire est celui qui loue une maison pour la sous-louer en tout ou en partie.

381. Le principal locataire reste toujours garant envers le propriétaire du prix du loyer de la partie qu'il a sous-louée. En effet, le propriétaire a traité directement avec le principal locataire; il ne doit donc connaître que lui.

382. Le principal locataire est aussi tenu des dégradations et des pertes qui arrivent par le fait de ses sous-locataires. (Art. 1735 du Code civil.)

383. Le principal locataire, en sous-louant ou cédant tout ou partie de son bail, doit respecter la destination des lieux, car si la chose était sous-louée pour un usage autre que celui auquel le bailleur pensait qu'elle serait employée par le locataire, et surtout si cette différence avait quelques inconvénients pour le bailleur, ce dernier serait en droit de demander l'annulation du sous-bail.

384. Ainsi, il a été jugé, par arrêt de la Cour royale d'Aix, du 31 janvier 1833 (Dalloz, *Recueil périodique*, t. XXXIII, 2e partie, p. 163), que sous-louer à une société et spécialement aux membres d'un cercle, un

appartement destiné à l'habitation d'un locataire et de sa famille, c'est faire un changement dans la destination locative qui donne lieu à une demande en rétablissement des lieux, et, à défaut de ce rétablissement, en résiliation du bail.

385. L'introduction de filles publiques dans les lieux sous-loués autoriserait aussi le bailleur à demander la résiliation du bail.

386. Envers ses sous-locataires, le principal locataire a les mêmes droits et les mêmes obligations que le propriétaire envers son locataire direct (1). (*Voy.* tit. V, *Des obligations du propriétaire et du locataire*, p. 38 et suiv.)

387. Lorsque le bail du principal locataire

---

(1) Ainsi le sous-locataire, de même que le locataire ordinaire, ne peut se permettre de percer les gros murs ou d'y pratiquer des ouvertures. Mais lorsque le propriétaire autorise le sous-locataire à faire des ouvertures ou des percements dans les gros murs, le principal locataire a-t-il le droit de s'opposer à ces innovations? Le tribunal de première instance de la Seine a décidé l'affirmative dans l'espèce suivante :

« M. D..., propriétaire d'une maison composée de plusieurs corps de logis, avait loué celui de ces corps de logis donnant sur la rue à un principal locataire, en se réservant avec ce dernier la jouissance commune du passage de la porte cochère et des cours. Le principal locataire sous-loua une des boutiques dépendant de sa location. Le sous-locataire de cette boutique obtint de M. D... l'autorisation d'ouvrir une porte dans le mur donnant sur le passage de la porte cochère. Cette porte fut ouverte ; mais le principal locataire intervint et demanda que les choses fussent rétablies dans leur premier état. Il fondait sa prétention sur ce qu'on ne devait point changer la disposition des lieux sans sa participation. Le tribunal adopta ce système, quoique le sous-locataire représentât une reconnais-

.vient à être résolu, cette résolution entraîne celle des baux des sous-locataires. (Arrêts de la Cour royale de Paris des 15 juin 1835 et 2 mai 1838, *Journal du palais*, t. I, ann. 1838, p. 312.) Mais ces derniers peuvent exercer contre le principal locataire leur recours en dommages et intérêts.

388. Quand le principal locataire ne paye pas au propriétaire le prix de sa location, les sous-locataires ne sont tenus de lui payer le prix de leurs loyers que si le propriétaire forme entre leurs mains des saisies-arrêts ou des saisies-gageries, et s'il obtient en outre un jugement qui l'autorise à recevoir les loyers dus au principal locataire.

389. Le sous-locataire n'est tenu envers le propriétaire que jusqu'à concurrence du prix de sa sous-location, dont il peut être débiteur au moment de la saisie et sans qu'il puisse opposer des payements faits par anticipation (art. 1753 du Code civil). Les payements faits par le sous-locataire, soit en vertu d'une stipulation portée en son bail, soit en conséquence de l'usage des lieux, ne sont pas réputés faits par anticipation (1). (Même article.)

390. Ainsi , lorsque le sous-locataire a

-----

sance formelle du propriétaire d'accepter à la fin du bail la remise des lieux tels qu'ils se trouveraient après le percement de la porte, donnant toute décharge, à cet égard, au principal locataire. »

(1) Un sous-locataire qui a payé six mois à l'avance et qui quitte les lieux avant l'expiration du bail par suite de

payé par anticipation, c'est-à-dire lorsqu'il
a payé avant les délais fixés, soit par le bail,
soit par l'usage des lieux, il sera tenu de
payer une seconde fois, et il ne serait pas
admis à produire des quittances, même en-
registrées, pour se soustraire aux poursuites
du propriétaire. Ce dernier pourrait dire
avec raison que le seul fait de l'anticipation
des payements prouve qu'il y a eu concert
frauduleux entre le sous-locataire et le principal locataire. Toutefois, le sous-locataire
aura, dans ce cas, son recours contre le
principal locataire.

391. Peuvent les effets des sous-locataires,
garnissant les lieux par eux occupés, être
saisis-gagés pour les loyers dus par les locataires de qui ils tiennent; mais ils obtiennent
main levée en justifiant qu'ils ont payé sans
fraude et sans qu'ils puissent opposer des
payements faits par anticipation (art. 820
du Code de procédure civile). Ainsi, cette

---

congó accepté par le principal locataire, ne peut être
poursuivi par le propriétaire pour le payement des loyers
échus, et que le principal locataire n'a pas acquittés, lorsqu'il est prouvé que ces six mois payés d'avance soldent le
montant des loyers dus par le sous-locataire. Ce n'est pas
là un payement fait par anticipation, mais, au contraire,
en conformité de l'usage; peu importe que le propriétaire
ait interdit la faculté de sous-louer, s'il a eu connaissance
de la sous-location, et peu importe que des offres lui
aient été faites par le sous-locataire par suite d'un jugement par défaut qui prononce contre lui le payement desdits loyers, si ces offres n'ont pas été acceptées. Il n'en
résulte pas acquiescement. (Jugement du tribunal de la
Seine (chambre des vacations) *Le Droit* du 23 octobre 1838.)

seule circonstance, que le payement est exempt d'anticipation, suffit pour établir la preuve qu'il a été fait sans fraude.

392. Les obligations et les droits des sous-locataires sont les mêmes envers le principal locataire que ceux du locataire envers le propriétaire. (*Voy*. tit. V, chap. II, p. 83 et suiv.)

393. Il importe de faire remarquer que le sous-locataire n'étant tenu envers le propriétaire que jusqu'à concurrence du prix de sa sous-location, le mobilier placé par lui dans les lieux sous-loués n'est soumis au privilége que la loi accorde au propriétaire que jusqu'à la même concurrence : conséquemment, quand le propriétaire qui n'est pas payé par le principal locataire veut saisir tous les meubles garnissant les lieux loués, le sous-locataire est en droit d'empêcher que son mobilier ne soit compris dans la saisie, s'il a payé; ou de demander qu'il n'y soit compris que pour fournir au payement de la somme dont il peut être débiteur au moment de la saisie. (Coutume de Paris, art. 162; Toullier, t. VII, n° 81; Duvergier, Continuation de Toullier, t. XVIII, n° 386.)

394. La clause par laquelle un propriétaire interdit au principal locataire la faculté de sous-louer à des personnes exerçant des professions bruyantes, est applicable à un *maître d'escrime*. Le propriétaire peut, en cas d'inexécution de cette clause, demander l'expulsion de ce dernier. (*Le Droit*, journal des tribunaux, du 16 septembre 1836.)

TITRE X.

De la fin du bail, des causes qui peuvent y donner lieu et de la tacite reconduction.

395. Le bail cesse de plein droit par l'expiration du temps pour lequel il a été convenu, soit qu'il ait été fait par écrit, soit qu'il ait été fait sans écrit; car nous avons vu précédemment que l'écriture n'était pas nécessaire pour former le bail, mais qu'elle ne produisait d'effet que quant à la preuve.

396. Lorsque le temps de la durée du bail n'a pas été déterminé par la convention, l'une ou l'autre des parties, ou toutes deux d'un commun accord, peuvent le faire cesser en donnant congé (1) dans les délais fixés par l'usage des lieux.

Tel est le sens des articles 1736 et 1737 du Code civil, dont voici le texte :

«Si le bail, porte l'article 1736, a été fait sans écrit, l'une des parties ne pourra donner congé à l'autre qu'en observant les délais fixés par l'usage des lieux.»

«Le bail, dit l'article 1737, cesse de plein droit à l'expiration du temps fixé, lorsqu'il a été fait par écrit, sans qu'il soit nécessaire de donner congé.»

---

(1) *Voyez*, pour le congé, sa forme, les époques où il doit être donné, et ses effets, titre XI, page 210 et suiv.

16.

397. Remarquez que ces expressions : *bail fait sans écrit* et *bail fait par écrit*, employées dans les articles 1736 et 1737, signifient *bail dont la durée est fixée* et *bail dont la durée n'est pas fixée* (Duranton, t. XVII, n° 116; Delvincourt, t. III, notes, p. 195; Duvergier, Continuation de Toullier, t. XVIII, n° 485).

398. «Si, à l'expiration des baux écrits, porte l'article 1738 du Code civil, le preneur reste et est laissé en possession, il s'opère un nouveau bail, dont l'effet est réglé par l'article relatif aux locations faites sans écrit.» C'est-à-dire que, dans ce cas, l'une des parties ne peut donner congé à l'autre qu'en observant les délais d'usage. (Art. 1736 du Code civil.)

Ce nouveau bail s'appelle *tacite reconduction.*

399. Lorsqu'il y a un congé signifié, le preneur, quoiqu'il ait continué sa jouissance, ne peut invoquer la tacite reconduction (art. 1739 du Code civil); il en serait de même d'un congé non signifié, mais accepté. Tout congé empêche la tacite reconduction pour un bail à terme, à l'expiration du terme; pour un bail sans termes, à l'expiration des époques fixées par les usages locaux.

Ainsi, soit que le congé ait été signifié ou qu'il ait été accepté, ce qui offre le même résultat, le locataire ne pourra pas prétendre qu'il a le droit de continuer sa location, puisque, dans le premier cas, le propriétaire lui a fait savoir qu'il fallait qu'il sortît des lieux à l'expiration du bail, et que, dans le second cas, le locataire a accepté lui-même son congé.

Le locataire sera donc obligé de vider les lieux, lors même qu'il y aurait passé, depuis l'expiration de son bail, un certain nombre de jours, sans qu'il soit nécessaire de lui donner un nouveau congé.

400. Il est évident que si, lors de l'expiration du bail, l'une des parties n'était plus capable de contracter, la reconduction n'aurait pas lieu.

401. Il en serait de même si, avant l'expiration du bail, le propriétaire avait formé une demande pour faire expulser le locataire.

402. Comme on vient de le voir, la tacite reconduction opère, après l'expiration du bail écrit, un nouveau bail qui prend naissance dans le silence des parties.

Si donc le propriétaire veut éviter les effets de la tacite reconduction, il faut qu'il signifie ou qu'il fasse accepter au locataire son congé par écrit. On comprend tous les inconvénients qui pourraient résulter pour le propriétaire d'un congé donné verbalement, lequel, ne pouvant être prouvé par témoins, serait abandonné à la bonne foi du locataire. Car il pourrait arriver, dans ce cas, que ce dernier, ayant promis de vider les lieux loués au jour de l'expiration du bail, ne voulut pas en sortir à cette époque. Le propriétaire serait alors obligé, par l'effet de la tacite reconduction, de laisser le locataire habiter les lieux loués pendant une certaine période de temps plus ou moins longue, et ne pourrait l'expulser qu'après lui avoir donné congé en observant les délais d'usage. Donnons un exemple : Pierre, propriétaire à Paris, a loué par bail sous seing privé, et moyennant 2,000 francs, sa maison à Paul pour trois ans qui expirent au 15 avril 1839 ; arrivé à cette époque, Paul, qui n'a point encore opéré son déménagement, continue d'habiter les lieux pendant un certain espace de temps après le 15 avril. Pierre veut expulser Paul en disant que le bail consenti au profit de ce dernier étant expiré, il doit vider les lieux. Mais Paul répondra avec raison qu'il a droit d'y rester en vertu de tacite reconduction, que si Pierre avait eu l'intention qu'il vidât les lieux au jour de l'expiration du bail, il n'aurait pas laissé passer cette époque sans le contraindre de les quitter. Que devra donc faire Pierre dans cette circonstance ? Il donnera congé à Paul pour sortir de la maison, d'après les délais d'usage. Ainsi, dans l'espèce, le congé devra être donné le 30 juin au plus tard, et le locataire ne sera tenu de rendre les lieux que pour le terme d'octobre. Mais combien cette prolongation de jouissance de la part du locataire ne préjudiciera-t-elle pas au propriétaire, si l'on suppose qu'il avait loué sa maison à un autre locataire, qui devait y entrer le 15 avril.

Il est donc prudent, nous ne craignons

pas de le répéter, que le propriétaire fasse, avant l'expiration du bail, et pour éviter les inconvénients de la tacite reconduction, signifier ou accepter par écrit le congé au locataire (1).

Quant au locataire, il peut facilement prévenir les inconvénients de la tacite reconduction : il n'a qu'à quitter les lieux le jour même où expire le bail.

403. La tacite reconduction n'est pas productive du droit d'enregistrement, n'opérant qu'un bail verbal, et les simples jouissances verbales ne pouvant être soumises au droit d'enregistrement. (Arrêts de la Cour de cassation, des 12 et 17 juin 1811, Dalloz, *Recueil périodique*, année 1811.)

404. Lorsqu'après l'expiration du bail la

---

(1) Remarquez que le congé donné pour empêcher que la tacite reconduction n'ait lieu, diffère des congés ordinaires donnés en matière de baux faits sans fixation de durée, en ce qu'il n'est pas nécessaire de le donner un certain temps d'avance, suivant l'usage des lieux ; il peut être donné avant et même après l'expiration du bail, pourvu que le temps qui s'est écoulé ne soit pas assez long pour que l'on puisse présumer que le bailleur a tacitement consenti un nouveau bail. Les tribunaux sont appréciateurs des circonstances (MM. Durantou, tome XVII, n° 119, et Duvergier, Continuation de Toullier, tome XVIII, n° 503). Ainsi, le propriétaire qui aura négligé de faire accepter ou signifier le congé avant le jour fixé pour l'expiration du bail, devra, s'il voit que le locataire ne se dispose pas à quitter les lieux ce jour-là, lui faire de suite signifier son congé. C'est le moyen de prévenir toutes les difficultés auxquelles pourrait donner lieu la continuation de jouissance du locataire, après l'expiration du bail.

location est continuée, soit parce que le locataire continue de jouir des lieux par l'effet de la tacite reconduction, soit parce que malgré la signification ou l'acceptation de son congé il y soit resté, la caution donnée pour le bail ne s'étend pas aux obligations résultant de la prolongation de jouissance (art. 1740 du Code civil). En effet, on ne peut étendre les obligations de la caution, sans son consentement formel, pour plus de temps qu'elle ne l'a voulu elle-même. Rendre la caution du bail caution de la prolongation, ce serait violer le principe que le cautionnement ne se présume pas, qu'il doit être exprès, et qu'on ne peut l'étendre au-delà des limites dans lesquelles il a été contracté. (Art. 2015 du Code civil.)

405. Si le locataire d'une maison ou d'un appartement continue sa jouissance après l'expiration du bail par écrit, sans opposition de la part du bailleur, il sera censé les occuper aux mêmes conditions pour le terme fixé par l'usage des lieux, et ne pourra plus en sortir, ni en être expulsé qu'après un congé donné suivant le délai fixé par l'usage des lieux. (Art. 1759 du Code civil.)

406. L'hypothèque donnée par le locataire pour sûreté de l'exécution de son bail, fait pour un temps déterminé, ne s'étend pas non plus à ce qui serait dû à raison de la tacite reconduction; car l'hypothèque conventionnelle, telle que celle qui peut avoir lieu pour sûreté de l'exécution du bail, ne

peut s'établir tacitement; il faut une convention expresse et exprimée dans les formes voulues par la loi (article 2127 du Code civil ; rapport de M. Mouricault au tribunal ; MM. Duranton, t. XVII, n° 125, et Duvergier, Continuation de Toullier, t. XVIII, n° 508.)

407. Mais remarquez que le propriétaire a privilége sur les meubles garnissant les lieux loués, aussi bien pendant la tacite reconduction que pendant le bail écrit, attendu que la tacite reconduction équivaut à un bail verbal.

408. Si, après le bail expiré, le locataire a continué de jouir par tacite reconduction, il est réputé avoir commencé un nouveau bail à l'expiration de chaque terme établi selon l'usage des lieux. (Arrêt de la Cour de cassation, du 25 octobre 1813, affaire de la régie de l'enregistrement et des domaines contre Moudras.)

409. La caution donnée pour le bail ne s'étend pas aux obligations résultant de la prolongation, et cela, soit qu'il y ait eu tacite reconduction, soit que le preneur, après un congé signifié, soit simplement resté de fait en jouissauce (art. 1740 du Code civil). En effet, on ne peut étendre les obligations de la caution pour plus de temps qu'elle ne l'a d'abord voulu, sans son consentement formel. (Art. 2015.)

410. Le contrat de louage se résout aussi par la perte de la chose louée. (Art. 1741 du Code civil.)

411. Mais on se demande en quel sens il faut entendre cette disposition de l'art. 1741 ; si elle n'est applicable que quand la chose a péri entièrement ou que la perte n'a été que partielle. La réponse est facile ; elle est écrite textuellement dans l'article 1722 du Code civil, qui porte : « Si pendant la durée du bail, la chose louée est détruite en totalité par cas fortuit, le bail est résilié de plein droit ; si elle n'est détruite qu'en partie, le preneur peut, suivant les circonstances, demander ou une diminution du prix, ou la résiliation même du bail. Dans l'un et l'autre cas, il n'y a lieu à aucuns dédommagement » (1).

412. Les loyers sont des fruits civils qui s'acquièrent jour par jour (art. 586 du Code civil) ; ils ne cessent d'être dus que du jour de la perte. Il n'y a lieu à aucun dédommagement, parce que nul n'est responsable d'un cas fortuit (art. 1148 du Code civil), sauf stipulation expresse, ou s'il y avait faute de la part du bailleur, ou encore si la perte provenait de vices existants lors du contrat. Au reste, le preneur ne peut deman-

---

(1) Il a été décidé, en conséquence des dispositions de cet article, que le bailleur qui, par une clause du bail, s'est engagé à indemniser le preneur, dans un cas prévu de destruction partielle de la chose louée, ne peut, ce cas échéant, se soustraire au payement de cette indemnité en demandant la résiliation du bail. (Arrêt de la Cour royale de Rouen, du 11 mars 1824 ; Dalloz, *Recueil alphabétique de jurisprudence*, tome IX, page 917, note 1re.)

der la résiliation qu'autant que la perte partielle le priverait d'une jouissance suffisante
pour son usage; car s'il lui en reste assez, il
n'a droit qu'à une réduction. Remarquez
que quand la perte n'est que partielle, et
que cependant elle est assez considérable
pour donner lieu à la résiliation du bail,
c'est le preneur seul qui a droit de demander cette résiliation, puisqu'en effet lui seul
éprouve un préjudice quant à sa jouissance.
Si donc le preneur, désirant rester dans les
lieux loués, préfère demander une diminution sur le prix du bail, le bailleur ne peut
s'opposer à ce qu'elle lui soit accordée en
offrant de résilier le bail; et les juges excéderaient leurs pouvoirs en ordonnant la résiliation contre le vœu du preneur. C'est en
faveur de ce dernier que l'alternative entre
la résolution du bail et la diminution du
prix est établie. (Arrêt de la Cour de cassation, du 23 juillet 1827, rapporté par Sirey,
t. XXVII, 1re partie, pag. 490.) Mais aussi,
comme le fait observer M. Duvergier (Continuation de Toullier, t. XVIII, n° 522), c'est
entre ces deux partis qu'il est tenu d'opter;
il ne peut point exiger que le bailleur fasse
des réparations à la partie de la chose qui
n'a point péri, afin de rendre possible la
continuation du bail.

413. Le bail cesse aussi par le mutuel consentement des parties. Mais cette dissolution
volontaire ne peut porter aucune atteinte
aux droits que des tiers pourraient avoir

acquis, par exemple, à ceux du sous-locataire dont le bail aurait acquis date certaine au moment de la convention de résiliation.

414. Le bail finit également par la *consolidation,* c'est-à-dire, par la réunion dans la même personne de la qualité de propriétaire ou d'usufruitier et celle de locataire; soit que le locataire succède au propriétaire, soit que le propriétaire hérite du locataire.

415. L'article 1742 du Code civil décide que «le contrat de louage n'est point résolu par la mort du bailleur, ni par celle du preneur.» On est censé ici, comme en général, avoir traité pour soi et pour ses héritiers. (Argument de l'article 1122 du Code civil.)

416. Cependant les parties peuvent stipuler dans le bail qu'il prendra fin par la mort, soit du bailleur, soit du preneur, ou par la mort de l'un ou de l'autre.

417. Autrefois, on décidait que quand le bail n'était pas fait pour un temps déterminé, mais pour durer *tant qu'il plairait au bailleur,* il finissait par la mort de celui-ci, et qu'il cessait aussi par la mort du locataire, s'il avait été fait pour durer à son plaisir et *volonté* (Despeisses, *Du louage,* titre II, section v, n° 19 et 20; Pothier, *Du louage,* n° 317.)

418. Ces clauses sont aujourd'hui d'un usage peu fréquent. Cependant, si les parties avaient jugé à propos de s'en servir,

nous pensons qu'il faudrait les entendre dans le sens donné ci-dessus, et leur attribuer le même effet ; car, dans les conventions, on doit rechercher quelle a été la commune intention des parties (art. 1156 du Code civil), et comme celle-ci n'a rien d'illicite, elle peut donc être fidèlement exécutée. Toutefois, on devra observer, quant à la sortie des lieux, les délais ordinaires pour donner le congé.

419. «Si le bailleur, porte l'article 1743 du Code civil, vend la chose louée, l'acquéreur ne peut expulser le fermier ou le locataire qui a bail authentique, ou dont la date est certaine, à moins qu'il ne se soit réservé ce droit par le contrat de bail.»

420. Cet article a abrogé les principes de l'ancienne jurisprudence, d'après lesquels l'acquéreur pouvait expulser le preneur. A l'appui de cette jurisprudence, on disait que le droit du locataire n'est qu'un droit de créance personnelle; que la délivrance qui lui est faite de la chose louée ne lui transfère aucun droit dans cette chose, pas même celui de possession, puisque le bailleur reste propriétaire et même possesseur par son locataire ; que l'acquéreur, au contraire, reçoit une pleine transmission de propriété.

«Mais qu'importent ces considérations, disait l'orateur du gouvernement, Mouricaud, dans son rapport au tribunat sur le contrat de louage ? N'est-il donc pas de principe, qu'on ne peut transmettre à autrui plus de droit qu'on n'en a soi-même? Le vendeur qui, par un bail constaté, s'est dessaisi pour un temps convenu de la jouissance de la chose, qui a promis de garantir cette jouissance au preneur, et dont l'obligation principale, en effet, est de faire jouir le preneur, peut-il donc vendre ou léguer à un tiers sa propriété dégagée de cette obligation? On croyait, en attribuant au nouvel acquéreur le droit d'expulsion, favoriser les ventes ; et l'on décourageait les établissements d'agriculture, d'usines et de manufactures, en violant ces principes. Il vaut mieux y revenir, et conserver à chacun ce qui lui appartient, ce que la convention lui promet et doit lui assurer.»

421. Suivant la disposition de l'art. 1743, dont nous venons de transcrire le texte, l'acquéreur est tenu de maintenir le bail, lorsqu'il est authentique, ou qu'il a date certaine. On exige ici une date certaine, parce que les actes sous seing privé ne peuvent être opposés aux tiers qu'autant qu'on ne peut supposer qu'ils ne sont pas antidatés par fraude. (Art. 1328 du Code civil.)

422. Si le preneur n'est pas encore entré en jouissance avant la vente, il ne pourra forcer l'acquéreur à exécuter un bail ayant date certaine, parce que l'acquéreur ne pouvait connaître le bail ; et ensuite par ce motif, que le législateur s'est servi, dans l'article 1743, de l'expression *expulser*, ce qui fait supposer que le preneur est en pos-

session de la chose louée. C'est l'avis de MM. Delvincourt, t. III, notes, pag. 198; Duranton, t. XVII, n° 139, et Duvergier, t. XVIII, n° 28.

423. Au reste, l'obligation, pour l'acquéreur, de respecter le bail cesse lorsque le bailleur s'est réservé le droit d'expulser le preneur. Toutefois, l'acquéreur ne pourrait expulser le preneur en possession que conformément aux usages des lieux (*voyez*, à cet égard, p. 211 et suiv.); mais il ne pourrait pas le forcer à continuer le bail.

424. S'il a été convenu, lors du bail, qu'en cas de vente, l'acquéreur pourrait expulser le locataire, et qu'il n'ait été fait aucune stipulation sur les dommages et intérêts, le bailleur est tenu d'indemniser le locataire de la manière suivante. (Art. 1744 du C. civil.)

425. S'il s'agit d'une maison, appartement ou boutique, le bailleur paye, à titre de dommages et intérêts, au locataire évincé, une somme égale au prix du loyer pendant le temps qui, suivant l'usage des lieux, est accordé entre le congé et la sortie. (Texte de l'article 1745 du Code civil.)

426. L'indemnité se réglera par experts, s'il s'agit de manufactures, usines, ou autres établissements qui exigent de grandes avances. (Art. 1747.)

427. Si l'acquéreur veut user de la faculté réservée par le bail, d'expulser le locataire en cas de vente, il est en outre tenu d'avertir le locataire au temps d'avance usité dans

17.

les lieux pour les congés (art. 1748 du Code civil). Il est nécessaire que le locataire puisse avoir le temps de se pourvoir d'une nouvelle habitation.

428. Les locataires ne peuvent être expulsés qu'ils ne soient payés par le bailleur, ou, à son défaut, par le nouvel acquéreur, des dommages et intérêts ci-dessus expliqués. (Art. 1749 du Code civil.)

429. Nous avons vu plus haut que pour pouvoir réclamer une indemnité, il faut que le locataire possède un bail authentique ou qui ait date certaine. Si donc le bail n'est pas fait par acte authentique, ou n'a point de date certaine, l'acquéreur n'est tenu envers le locataire d'aucuns dommages et intérêts (art. 1750 du Code civil). Le législateur a voulu mettre l'acquéreur à l'abri des baux supposés.

Mais, dans ce cas, l'acquéreur doit observer, pour expulser le preneur, les délais d'usage usités pour les congés.

430. L'état de faillite ou de déconfiture du preneur peut autoriser le bailleur à demander la résolution du bail, si mieux n'aime le preneur donner caution hypothécaire. Le bailleur est autorisé à demander cette caution, lors même que le failli offre de garnir les lieux de meubles suffisants. (Arrêts de la Cour de cassation et de la Cour royale de Paris, des 16 décembre 1807, et 16 août 1825 ; Sirey, t. VIII, 1re partie, p. 162, et t. XXVI, 1re partie, pag. 34.)

431. Autrefois, lorsque le propriétaire déclarait qu'il voulait occuper par lui-même la maison qu'il avait donnée à loyer, cette circonstance suffisait pour résoudre la location, et le propriétaire, en vertu d'une loi romaine, connue sous le nom de loi *Æde*, et conformément aux règles consacrées par l'ancienne jurisprudence, pouvait expulser le locataire après lui avoir donné congé pour le terme prochain. Mais cette loi, et la jurisprudence à laquelle elle avait donné naissance, ont été abolies par le Code civil. En effet, l'article 1761 porte : « Le bailleur ne peut résoudre la location, encore qu'il déclare vouloir occuper par lui-même la maison louée, s'il n'y a convention contraire. » Cet article n'est, au reste, que l'application du principe, que l'un des contractants ne peut à sa volonté et sans le consentement de l'autre, rompre l'engagement qui résulte de leur convention. Remarquez que l'article dit s'il n'y a *convention contraire*. Dans ce cas, le bailleur se réserve par la convention le droit qu'il tenait autrefois de la loi. Le preneur peut aussi faire stipuler en sa faveur, qu'il pourra quitter les lieux pendant la durée du bail. « S'il a été convenu dans le contrat de louage que le bailleur pourrait venir occuper la maison, il est tenu de signifier d'avance un congé aux époques déterminées par l'usage des lieux » (texte de l'art. 1762 du Code civil). Il était en effet nécessaire de laisser au locataire le temps de se choisir une nouvelle habitation. Si l'on suppose que le locataire lui-même s'est réservé dans le bail le droit de quitter les lieux avant son expiration, il devra aussi signifier le congé dans les délais d'usage.

432. Le défaut respectif du bailleur et du preneur de remplir leurs engagements donne lieu aussi à la résolution du bail (art. 1741 du Code civil). Cette disposition de la loi est conforme au principe posé dans l'art. 1184 du Code civil, qui porte que « la condition résolutoire (1) est toujours sous-entendue dans les contrats synallagmatiques (2) pour le cas où l'une des deux parties ne satisfait point à son engagement. Dans ce cas, le contrat n'est point résolu de plein droit. La partie envers laquelle l'engagement n'a point été exécuté a le choix, ou de forcer l'autre à l'exécution de la convention, lorsqu'elle est possible, ou d'en demander la résolution avec dommages et intérêts.

433. La résolution doit être demandée en justice, et il peut être accordé au défendeur un délai selon les circonstances.

434. En cas de résiliation par la faute du locataire, celui-ci est tenu de payer le prix du bail pendant le temps nécessaire à la re-

---

(1) La condition résolutoire est celle qui, lorsqu'elle s'accomplit, opère la révocation de l'obligation, et remet les choses au même état que si l'obligation n'avait pas existé.

(2) C'est-à-dire qui contient des obligations réciproques.

location, sans préjudice des dommages et intérêts qui ont pu résulter de l'abus. (Texte de l'article 1760 du Code civil.)

Pour fixer le temps *nécessaire* à la relocation, il ne faut pas prendre en considération les circonstances qui, en fait, ont pu rendre la relocation plus ou moins facile; on doit suivre le délai ordinaire des congés, et puisque le locataire, contre lequel on a prononcé dans ce cas la résiliation du bail, est tenu d'indemniser le bailleur de la non-location pendant cet espace de temps, il est juste qu'il continue d'habiter les lieux, à moins qu'il n'y ait abus de jouissance, auquel cas le bailleur peut demander de plus amples dommages et intérêts.

Ainsi le locataire doit payer, outre le loyer du terme courant, celui du terme suivant, tel qu'il est fixé par l'usage des lieux.

Si donc, à Paris, le locataire d'un appartement au-dessus de 400 francs était expulsé dans le courant d'un terme pour abus de jouissance ou dégradations, par exemple, au 1er mars, il ne devrait pas seulement le loyer pour tout le terme courant, qui comprend le mois de mars; il le devrait aussi pour le terme d'avril à juillet.

Mais si, nonobstant la résiliation, la relocation avait lieu sur-le-champ, le bailleur ne pourrait réclamer aucune indemnité; et si la résiliation était prononcée pour cause de non-payement du prix, le locataire expulsé ne devrait le loyer que jusqu'à la fin de sa jouissance, c'est-à-dire, jusqu'au jour de l'occupation des lieux par le nouveau locataire. (MM. Duranton, tom. XVII, n° 172, et Duvergier, Continuation de Toullier, t. XVIII, n° 79.)

435. La résiliation du bail, pour défaut d'exécution des conditions et de garantie, entraîne celle de la prorogation que le propriétaire avait pu en consentir par avance. (Arrêt de la Cour de cassation, du 7 février 1838, *Journal du palais*, tom. I, de l'année 1838, pag. 312.)

436. Nous allons rappeler ici les circonstances dans lesquelles le propriétaire et le locataire peuvent respectivement demander la résiliation du bail.

437. Le propriétaire peut la demander :

1° Si le locataire ne paye pas le prix stipulé par le bail aux époques déterminées;

2° S'il contrevient à la défense de souslouer ou de céder son bail, lorsqu'elle a été insérée au bail, clause qui est toujours de rigueur (art. 1717 du Code civil. *Voyez*, à cet égard ce que nous avons dit, titre VIII, page 173 et suiv.);

3° Si le locataire ne garnit pas la maison de meubles suffisants pour répondre des loyers (*voyez* page 84 et suiv.);

4° S'il n'use pas des lieux loués en bon père de famille et suivant la destination qui leur a été donnée, ou suivant celle présumée par les circonstances (*voyez* page 89 et suiv.);

5º Si le locataire n'observe pas les clauses particulières insérées au bail;

6º S'il est en état de faillite ou de déconfiture (*voyez* page 198).

438. Le locataire peut demander la résiliation du bail :

1º Si le propriétaire ne délivre pas les lieux loués (*voyez* page 39 et suiv.);

2º Si le propriétaire n'entretient pas les lieux loués en état de servir à l'usage pour lequel ils sont destinés (*voyez* p. 48 et suiv.);

3º Si, par quelque vice caché, les lieux ne peuvent servir à l'usage pour lequel ils ont été loués, ou celui présumé par les circonstances, ou bien encore lorsque la destination que le locataire donne aux lieux est contraire aux mœurs ou aux lois (*voyez* p. 65 et suiv.);

4º Si le locataire ne jouit pas paisiblement des lieux loués (*voyez* page 54 et suiv.);

5º Si les réparations urgentes que le propriétaire fait aux lieux loués rendent inhabitable ce qui est nécessaire au logement du locataire et de sa famille (art. 1724 du Code civil. *Voyez* page 51 et 52);

6º Si les lieux loués, étant détruits en partie, ce qui ne l'a pas été ne suffit pas pour l'usage que le locataire veut en faire (*voyez* ci-dessus page 63);

7º Si la maison dans laquelle les lieux loués se trouvent situés menace ruine (1).

____

(1) On ne pourrait, en effet, contraindre le locataire à continuer d'habiter dans une maison qui menace ruine ; et

439. Le lecteur n'apprendra peut-être pas sans étonnement que jadis le locataire pouvait demander la résiliation *du bail à l'occasion de l'apparition de spectres ou fantômes dans la maison donnée à loyer.* C'est cependant ce que nous attestent d'anciens monuments de jurisprudence (1). Mais de nos

---

le propriétaire, qui a intérêt d'en prévenir l'écroulément pour conserver les matériaux, peut, pour la rebâtir, expulser le locataire, lors même qu'il serait assez imprudent pour y vouloir demeurer. Pour donner lieu à la résiliation du bail il n'est pas nécessaire que l'événement de la chute de la maison ait justifié la crainte de cette chute ; il suffit de l'appréhender (Pothier, nᵒ 149, 320). Mais le locataire peut-il s'opposer à la résolution du bail en offrant de sortir de la maison, à la condition d'y rentrer lorsqu'elle aura été reconstruite ? Pothier (nᵒ 321) pense que ces offres des locataires ne doivent être admises que dans le cas où le propriétaire entend rebâtir sa maison telle qu'elle était ; et ce jurisconsulte ajoute que si le propriétaire, étant obligé de reconstruire sa maison, veut en bâtir une plus vaste ou plus belle, dont le loyer sera d'un prix plus élevé, la résolution du bail pour l'avenir doit être en ce cas prononcée sans qu'on doive accorder au locataire la faculté de rentrer dans la maison après qu'elle aura été reconstruite.

(1) Brillon (*Dictionn. des arrêts des parlem. de France*, au mot BAIL, nᵒ 12) et Despeisses, t. 1ᵉʳ de ses œuvres, p. 125, qui tous deux écrivaient dans le xvIIᵉ siècle, rapportent plusieurs arrêts de parlement qui ont décidé en ce sens. Ce dernier auteur, qui professe une opinion conforme à ces décisions invoque, à l'appui de sa doctrine le texte d'une loi romaine où il est dit que celui qui a loué ou acheté un fonds qui produisait des herbes pestiférées ou venimeuses peut rompre le contrat, et il s'écrie : *Or, il n'y a herbe plus venimeuse que ces esprits.* Brillon, qui paraît partager les mêmes erreurs que Despeisses sur les apparitions de fantômes, s'exprime ainsi :

« Au parlement de Bordeaux on a décidé que la crainte

jours nous ne croyons plus aux revenants, et une demande en résiliation fondée sur un semblable motif paraîtrait aussi absurde que ridicule.

440. Un locataire peut demander la résiliation du bail, ou des *dommages et intérêts* pour cause du bruit qu'occasionne la profession des autres locataires, lorsque ces derniers étaient dans la maison avant que le locataire y fût entré. Dans ce cas, c'est au locataire lui-même à s'imputer la faute qu'il a commise d'avoir loué dans une maison avant de s'être informé préalablement de la profession des personnes qui y sont logées. (*Gazette des Tribunaux* du 10 juin 1836.)

441. La Cour de cassation a décidé, par arrêt du 12 février 1812, rapporté au Recueil de Sirey, tom. XII, 1re partie, pag. 214, qu'un locataire ne peut obtenir la résiliation de son bail, même en offrant de payer au bailleur les dommages et intérêts que la résiliation peut lui causer, encore qu'il ne veuille plus habiter la maison louée, et qu'il n'ait pas la faculté de sous-louer.

442. La clause d'interdiction de louer à des personnes tenant *café-restaurant* ou *estaminet*, n'est pas applicable à un *entrepôt de*

---

des spectres et des fantômes est une cause légitime pour faire résoudre un bail à loyer. Au parlement de Paris on a jugé le contraire ; il y a eu deux arrêts assez mémorables rapportés par Charondas sur le mot *crainte*. La raison de cette différence *peut être de ce que les visions* (apparitions) *ne sont pas si fréquentes à Paris qu'en Guienne.* »

bierre ; et, dans ce cas, la demande en résiliation de bail n'est pas admissible. C'est ce
qu'a jugé le tribunal de la Seine, le 17 juin
1837 (1). (*Le Droit,* journal des tribunaux du
18 juin 1837.)

Le locataire d'un café, à qui une clause de
son bail attribue le droit exclusif de fournir
les *rafraîchissements* dans une salle de concert, peut s'opposer, lorsqu'on donne des
bals dans cette salle, à ce que le gérant de
la société des concerts et des bals y fasse
circuler des oranges, pastilles, bonbons et
sucreries. L'infraction à cette clause du bail

(1) En voici l'espèce :

M. Deloche avait loué à M. Souflet une partie de sa
maison, rue de l'École-de-Médecine, pour y établir un
café-restaurant. Il s'était interdit dans le bail le droit de
louer une partie de sa maison à des personnes tenant *café-
restaurant*, ou *estaminet*. Plus tard il loua à un sieur Demerville une petite boutique dépendant de sa maison, et
n'ayant d'entrée que par la rue Pierre-Sarrazin, pour y
transporter, disait le bail, *son entrepôt de bière alsacienne.* Le
sieur Demerville prit possession des lieux ; il y établit un
entrepôt de bière alsacienne, et, comme accessoire de cet
entrepôt, un débit de deux ou trois espèces de liqueurs
qu'on est dans l'usage de boire après la bière. M. Souflet
ayant cru voir là une infraction à la clause de son bail,
actionna M. Deloche en résiliation de bail, et payement
de 30,000 fr. de dommages et intérêts.

Le tribunal rejeta la demande de M. Souflet, attendu
qu'en s'interdisant le droit de louer à des personnes tenant
estaminet, M. Deloche ne s'était pas interdit de louer à
des personnes tenant un entrepôt de bière, qu'il y a une
différence évidente entre tenir un estaminet et tenir un
entrepôt de bière, alors que les liqueurs qui se débitent
dans ce dépôt ne s'y débitent que comme accessoire de la
bière.

donne lieu à des dommages et intérêts contre le gérant de cette société. (Arrêt de la Cour royale de Paris. *Gazette des Tribunaux*, des 27 et 30 janvier 1839 (1).

---

(1) Ce journal judiciaire rapporte en ces termes les faits qui ont donné lieu à ce jugement :

M. Franquebalme, gérant de la société des bals et concerts Musard, a loué à M. Pierron, limonadier, les lieux qu'il occupe rue Vivienne, 51, avec le droit exclusif de fournir les *rafraîchissements* dans la salle des Concerts et dans le jardin y attenant.

Or, dans les trois bals si brillants, si animés, si joyeux, donnés par la société Musard les 5, 12 et 18 janvier, un grand nombre d'oranges, de pommes, de pastilles, de bonbons, et de sucreries de toute espèce ont constamment circulé dans la foule des danseurs, offerts et distribués au public par M. Duchêne, confiseur, et ses garçons.

M. Pierron a vu là une violation de la clause du bail qui lui attribue le privilége des rafraîchissements, et en conséquence il a formé, tant contre M. Franquebalme que contre M. Duchêne, une demande tendant au payement de 3,000 fr. de dommages-intérêts pour réparation du préjudice éprouvé jusqu'à ce jour, et de 1,000 fr. pour chaque nouvelle contravention.

Sa demande a été présentée et développée par Me Doré, et successivement combattue par Mes Pouget et Hardy, qui, à l'aide de distinctions ingénieuses et subtiles, se sont efforcés de démontrer 1° que le droit concédé à M. Pierron ne comprenait que les rafraîchissements qui se consomment habituellement chez les limonadiers, tels que liqueurs, bière, punch, bichoff, etc. ; 2° que les objets distribués aux bals Musard se trouvaient en dehors de cette catégorie. Le tribunal a rendu un jugement qui peut servir de règle en cette matière ; il est ainsi conçu :

« Attendu que, pour déterminer l'étendue du droit accordé à Pierron, il faut rechercher la commune intention des parties, et expliquer cette intention d'après l'usage général ;

« Attendu que dans tous les établissements publics, tels

Le propriétaire qui, dans le bail fait à son locataire, a inséré la défense de laisser chanter dans les lieux loués, ne peut, pour une première infraction à cette clause, demander

---

que bals et théâtres, le limonadier chargé de fournir les rafraîchissements vend en même temps les oranges, sucreries, et même la pâtisserie; que ces objets se trouvent réunis sur un comptoir commun avec les sirops et autres rafraîchissements proprement dits;

« Que dans cette position il est évident que Franquebalme a entendu accorder à Pierron, et que celui-ci a entendu acquérir le droit exclusif de vendre comme rafraîchissements, non-seulement des sirops et autres rafraîchissements liquides, mais encore les oranges et sucreries;

« Attendu que, contrairement à ses obligations, Franquebalme a introduit dans les bals Musard le sieur Duchêne, qui pendant trois bals consécutifs, nonobstant les protestations de Pierron, a vendu des oranges et sucreries;

« Attendu que cette infraction donne à Pierron une action en dommages-intérêts;

« Fixe le montant du préjudice à 200 fr. par chaque bal, condamne en conséquence Franquebalme à payer à Pierron la somme de 600 fr. pour les trois infractions sus-énoncées;

« Fait défense à Franquebalme d'introduire à l'avenir dans les bals Musard aucun individu se livrant au débit des rafraîchissements que Pierron peut seul vendre, sous peine de tous dommages-intérêts;

« En cas de contravention, autorise Pierron à faire expulser tous marchands de ces objets qu'introduirait Franquebalme;

« Ordonne, quant à l'expulsion, l'exécution provisoire du présent jugement, nonobstant appel, sans y préjudicier et sous caution;

« Condamne Franquebalme aux dépens. »

Sur l'appel, la Cour royale a confirmé ce jugement, mais en réduisant toutefois l'indemnité à 100 fr. pour chaque bal.

la résiliation du bail. C'est ce que le tribunal
de la Seine a décidé par jugement du 22
août 1828 (*voyez* la *Gazette des Tribunaux* du
24 août, même année). Dans cette affaire, le
locataire, qui était un marchand de vins,
avait, contrairement à la clause prohibitive
du bail, laissé chanter des ivrognes dans
son cabaret. Le propriétaire demandait pour
ce fait la résiliation; sa prétention ne fut pas
accueillie; mais le tribunal, tout en maintenant le locataire dans son bail, lui fit néanmoins défense de récidiver.

TITRE XI.

Du congé.

443. Le congé est l'avertissement que le bailleur donne au preneur, ou que le preneur donne au bailleur, afin de faire cesser le bail.

CHAPITRE PREMIER.

Quand il y a lieu de donner congé.

444. Lorsque le bail a été fait par écrit, il cesse de plein droit à l'expiration du terme fixé, sans qu'il soit nécessaire de donner congé. (Art. 1737 du Code civil.)

445. Ainsi à l'expiration du terme fixé par le bail, le preneur peut se retirer, et le bailleur introduire un nouveau locataire.

446. Mais si, à l'expiration du bail écrit, le preneur reste et est laissé en jouissance, il s'opère une nouvelle location, que les parties ne peuvent faire cesser qu'en donnant congé dans les délais d'usage. (Argument tiré de l'article 1738 du Code civil.) La nouvelle location dont il s'agit se nomme *tacite reconduction.*

447. Il est nécessaire de donner congé, même dans le cas d'un bail écrit, lorsque, comme cela se pratique souvent, le bail

contient des termes auxquels il est loisible au propriétaire ou au locataire de le résoudre (1). Il est d'usage, dans ce cas, d'indiquer de combien de temps l'avertissement doit précéder les termes fixés dans le bail. Mais lorsque le bail ne contient pas de clause à cet égard, on suit pour le congé les délais fixés par l'usage des lieux.

448. Quand le bail autorise le nouvel acquéreur à expulser le locataire, il ne peut le faire qu'après avoir donné congé, en observant les délais d'usage.

449. Lorsqu'il a été convenu que le bailleur, dans le cas où il voudrait occuper les lieux loués, pourrait expulser le preneur, le bailleur ne peut le faire qu'en donnant d'avance un congé aux époques déterminées par l'usage des lieux. (Art. 1762 du Code civil.)

450. Lorsque le bail n'est que verbal, il faut nécessairement un congé pour le faire cesser.

CHAPITRE II.

Des époques auxquelles le congé doit être donné et de l'usage actuel de Paris et autres localités à cet égard.

451. La loi n'a pas déterminé d'une manière fixe les délais dans lesquels le congé

______

(1) Par exemple, lorsque le bail est fait pour trois, six ou neuf années.

doit être donné; elle a décidé qu'on doit suivre en cette matière l'usage des lieux.

452. La déclaration de l'usage local pour le délai des congés appartient exclusivement aux tribunaux territoriaux, et les jugements de ces tribunaux ne peuvent pas être soumis à la censure de la Cour de cassation. (Arrêt de la Cour de cassation, du 23 février 1814, *Journal du Palais*, tom. XLVI, pag. 385.)

453. A Paris (1), les délais, pour le congé,

___

(1) Autrefois, l'usage était constaté par un acte de notoriété du Châtelet, du 28 mars 1713 (*Actes de notoriété du Châtelet de Paris*, par Denisart, page.382). Cet acte porte : « Lorsque le loyer d'une maison est de 1,000 livres par an ou au-dessus, le congé ne peut être donné valablement qu'en avertissant et donnant congé six mois avant l'échéance du terme pour lequel le congé est donné, et que les six mois doivent être entiers; en sorte que le congé soit donné au plus tôt le dernier jour du terme qui précède les six mois, et que, lorsqu'il est donné le premier jour du terme qui commence les six mois, le congé n'est pas valable, d'autant plus que le terme est commencé, et n'est plus entier. » L'usage du Châtelet était aussi d'exiger un pareil délai de six mois pleins pour la validité des congés des maisons entières, des corps de logis entiers, et des boutiques, lors même que la location ne s'élevait pas à 1,000 livres. On accordait également un délai de six mois pour le congé des commissaires de police, des maîtres et maîtresses d'école. Guyot (*Répertoire de jurisprudence*) et Denisart (ouvrage cité ci-dessus, page 383, note 1) en donnent pour raison, que ces personnes étant obligées de se loger dans des quartiers déterminés, et dont ils ne peuvent sortir, il leur est plus difficile de trouver des logements qui leur conviennent.

Mais quand il ne s'agissait que de logements loués 300 livres et au-dessus, jusqu'à 1,000 livres, un congé à trois mois suffisait. Si le loyer était au-dessous de 300 livres,

se règlent sur le taux du loyer, la nature des lieux loués, et la profession ou les fonctions des locataires.

Pour les logements d'un loyer annuel au-dessous de 400 francs, les congés peuvent être donnés à six semaines (1).

---

on pouvait valablement donner le congé six semaines avant le terme (Denisart, *Collection de jurisprudence*, au mot CONGÉ; Guyot, *Répertoire de jurisprudence*, au mot CONGÉ, édition de 1784).

Mais, plus tard, et par une conséquence de l'augmentation dans le prix des loyers, le taux de 300 livres déterminé pour le délai de six semaines, fut porté jusqu'à 400 livres, et bientôt on ne distingua même plus entre les appartements au-dessus ou au-dessous de 1,000 fr. En effet, en 1809, M. Berthereau, président du tribunal de la Seine, donna, sur l'usage des congés, la note suivante : « Pour une location qui, en y comprenant le sou pour livre du portier et l'impôt des portes et fenêtres, est de 400 fr. et au-dessous, le congé peut être donné à six semaines; pour une location qui excède 400 fr., y compris les accessoires, il faut donner congé à trois mois; pour une maison entière, un corps de logis séparé. et une boutique, il faut donner congé à six mois.»

Tel est l'état de la jurisprudence en matière de délais de congé.

(1) Il importe de faire observer que le congé d'un appartement loué 400 fr. est valablement donné à six semaines. C'est ce qu'a décidé le tribunal de la Seine (8e chambre), par jugement des 14 et 21 juin 1838.

Jusqu'ici des monuments de jurisprudence étaient venus constater l'usage en matière de locations faites *au-dessus* ou *au-dessous* de 400 fr., mais aucune décision judiciaire n'avait déterminé l'usage dans le cas où le prix du loyer s'élevait à cette somme précise.

Voici, au reste, les faits qui ont donné lieu au jugement que nous signalons.

M. B., propriétaire, loue, au mois de mars dernier, à M. D..., un appartement dont la jouissance commençait

Pour ceux au-dessus de 400 francs, et
à quelque somme que puisse s'élever le

au 1er avril 1838, moyennant 400 fr. par an, chacune des
parties se réservant la faculté de donner congé *suivant
l'usage*.

Le 15 mai 1838, congé signifié au propriétaire pour le
1er juillet suivant : demande, alors, en nullité de congé.
L'avocat du propriétaire soutenait à l'audience que la signification en aurait dû être faite à trois mois, et non à six
semaines seulement ; il invoquait, à l'appui de ce système,
l'usage, reconnu sous l'empire de la coutume de Paris, et
constaté par un acte de notoriété du Châtelet de Paris,
de 1713, un arrêt de la Cour de cassation du 23 février
1814, et une récente décision de la 5e chambre du tribunal, rendu le 28 juin 1837.

Pour le locataire, M. Lionville plaidait la validité du
congé donné par son client. « La chambre des huissiers,
disait-il, a été consultée sur la question par l'huissier qui
a signifié l'acte attaqué de nullité, et, à l'unanimité, elle
a pris une délibération toute favorable au système que je
présente. »

Dans cette délibération, lue à l'audience, la chambre
des huissiers a discuté la question, et s'est appuyée de
l'autorité de Pigeau.

M. Michelin, président, après avoir fait observer qu'il
existait à cet égard un arrêté de M. Berthereau, président
du tribunal en 1809, a continué la cause au 21, pour prononcer le jugement ; ce jour, le tribunal a ainsi prononcé :

« Attendu que, conformément aux dispositions de l'article 1736 du Code civil, lorsque le bail a été fait sans
écrit, le congé ne peut être donné qu'en observant l'u-
sage des lieux ;

« Attendu que l'usage à Paris, ainsi que cela a été reconnu en 1809, par M. Berthereau, alors président de
ce tribunal, est que les locations de 400 fr. et au-dessous, en y comprenant le portier et l'impôt des portes et
fenêtres, le congé peut être donné à *six semaines* ; et que
ce n'est que pour les locations qui excèdent 400 fr., y compris les accessoires, que le congé doit être donné à *trois
mois* ;

loyer, les congés doivent être donnés à trois mois (1).

« Attendu que la location faite par B... à D... n'excède point la somme de 400 fr., qu'elle n'a pas été faite à l'année, mais par termes;

«Que dès lors le locataire était fondé à donner, ainsi qu'il l'a fait, congé *six semaines* seulement avant l'échéance du terme;

« Par ces motifs,

« Le tribunal déclare régulier le congé donné par D .. à B..., le 14 mai dernier, pour le 1er juillet suivant;

« En conséquence, déclare B... purement et simplement non recevable dans sa demande en nullité dudit congé, et le condamne aux dépens. » (*Le Droit*, journal général des tribunaux, du 28 juillet 1838.)

(1) Cependant la Cour royale de Paris, par arrêt du 12 octobre 1821, a jugé que le congé d'un appartement loué 4,000 francs doit être assimilé à celui d'un corps de logis entier, et, par suite, donné à six mois. M. Dalloz (*Jurisprudence générale*, au mot Louage, page 933) rapporte l'espèce de cet arrêt en ces termes : « Dans une maison du sieur Pantin, sise à Paris, rue Neuve-du-Luxembourg, la comtesse de Fumelle occupait (il paraît que c'est en vertu d'une promesse de bail pour plusieurs années) un appartement loué 4,000 francs par an. Un congé est signifié le 28 juin 1821 pour le 1er octobre suivant. Sur la demande, et à la date du 30 août 1821, jugement du tribunal civil de la Seine qui annule ce congé, attendu que le congé d'un appartement loué 4,000 francs doit être assimilé à celui d'un corps de logis entier, et doit être donné à six mois. — Appel par le sieur Pantin. — Arrêt.

La Cour, adoptant les motifs des premiers juges, met l'appellation au néant, ordonne, etc., donne acte au surplus à la dame de Fumelle de ses réserves de faire valoir pour tous moyens de droit le bail, qui avait pu être consenti à son profit par Pantin, de l'appartement dont il s'agit. L'arrêtiste que nous venons de citer ajoute en note que, suivant les avocats qui ont plaidé dans cette cause, la représentation de la promesse de bail n'avait pas été

Pour les corps de logis entiers, pour les

sans influence sur la décision de la Cour. Il ne faut donc pas y voir une modification apportée à l'usage, mais, comme le dit M. Duvergier (t. xix, p. 64, note), avec peut-être un peu trop d'aigreur : « Un de ces arrêts, dans lesquels les magistrats s'attachant aux faits, et cédant à des considérations plus ou moins puissantes, se permettent de transiger avec les principes, et, déterminés par les meilleures intentions du monde, jettent de mauvais précédents dans la jurisprudence. »

Au reste, un autre arrêt de la Cour royale de Paris, du 20 juillet 1825 (*Journal des audiences*, année 1825, 2ᵉ partie, page 220), a rétabli la règle, et décidé que, d'après les usages actuellement en vigueur à Paris, le délai de trois mois suffit pour le congé de *plusieurs chambres séparées*, louées dans une même maison, à quelque somme que puisse s'élever le loyer ; le délai de six mois n'est nécessaire que pour les maisons entières, corps de logis entiers, et boutiques, et, par exception, pour la profession dont l'exercice est fixé à certains quartiers.

Voici, au reste, l'espèce dans laquelle est intervenue la décision dont nous parlons :

Le sieur Benech loue, à Paris, aux sieur et dame Curdet, moyennant 2,300 fr. par an, un grand nombre de chambres dans sa maison ; il leur donne congé en n'observant que le délai de trois mois. — Jugement du 11 juin 1825, qui valide le congé, par les motifs que, « d'après les usages actuellement en vigueur à Paris, le délai de trois mois était suffisant à quelque somme que montât le loyer, excepté dans quelques circonstances particulières, étrangères au cas actuel, etc.»

Appel devant la Cour royale de Paris. Suivant les appelants, l'usage, en cette matière, est fondé sur l'importance de la location et sur le temps présumé nécessaire pour remplacer la location que l'on quitte ; il faut autant de temps pour trouver dans la maison des chambres séparées, d'un loyer de 2,300 fr., que pour trouver un corps de logis entier ou une boutique ; l'importance de la location exigeait donc un congé à six mois. C'est ce qui était déjà en usage au Châtelet, ainsi que l'atteste M. Pigeau, tom. ii, liv. iii,

maisons entières et pour les boutiques (1) donnant sur la rue ou sur un passage, les congés ne peuvent être donnés qu'à six mois.

Lorsque les locataires sont des commissaires de police, des juges de paix, le congé doit aussi être donné à six mois, parce que ces personnes sont obligées de se loger dans un quartier déterminé, et qu'il leur est, par conséquent, plus difficile de trouver des logements dans le même quartier (2). Mais il

---

au mot Congé. — *L'intimé* (le défendeur à l'appel) opposait l'usage actuel de Paris, suivant lequel le congé de trois mois suffit toujours, lorsqu'il ne s'agit pas de maisons entières, corps de logis entiers, et boutiques, ni de profession qui exige un domicile dans certains quartiers, comme les fonctions de juge de paix ou de commissaire de police. Mais la Cour, adoptant les motifs des premiers juges, confirma le jugement de première instance.

Nous ferons observer, en outre, qu'un arrêt de la Cour de Paris, du 9 mai 1811 (*Journal du palais*, tome XXXII, page 265), a décidé qu'il suffisait d'un congé à trois mois pour les appartements au-dessus de 400 fr., et à quelle somme que le loyer puisse s'élever.

(1) Le tribunal de paix du 2ᵉ arrondissement de Paris a jugé, le 2 décembre 1835, que le congé d'une boutique devait être donné six mois d'avance, quelle que fût son exiguïté et quelque minime que fût le prix de la location. Il s'agissait, dans l'espèce, d'une échoppe du passage Saint-Roch, louée pour tenir un débit ou étalage de petites sucreries, pain d'épices et autres menus comestibles à l'usage des enfants, sorte de commerce qui, comme on sait, n'est point assujetti au droit de patente. Le tribunal a pensé qu'il ne lui appartenait point d'établir une distinction que la loi ne faisait pas, entre la location d'une boutique, et celle d'une simple échoppe (*Gazette des tribunaux* du 5 décembre 1835).

(2) Nous avons dit page 212, note 1, qu'autrefois, et

importe de faire observer que ce n'est qu'en faveur des personnes désignées qu'est établie l'exception. D'où il faut conclure que, quoique le bailleur ne puisse leur donner que des congés à six mois, elles peuvent, lorsqu'elles veulent donner elles-mêmes congé, le faire dans les délais proportionnés à la quotité de leurs loyers (Denisart, *Actes de notoriétés du Châtelet*, et *Collection de jurisprudence*, au mot CONGÉ; Guyot et Merlin, *Répertoire de jurisprudence*, aux mots BAIL et CONGÉ; Pigeau, *Procédure civile*, t. II, p. 412). Ainsi un commissaire de police qui a un loyer au-dessous de 400 francs peut donner un congé à six semaines, tandis que son propriétaire sera tenu de lui donner un congé à six mois.

Par les mêmes motifs, le congé doit être

---

d'après la jurisprudence du Châtelet de Paris, les congés des maîtres et des maîtresses d'école devaient être donnés à six mois. Mais il importe d'examiner si cette jurisprudence doit encore être suivie de nos jours; nous ne le pensons pas. En effet, les règlements universitaires obligeaient autrefois les maîtres et maîtresses d'école d'habiter dans un quartier déterminé, motif pour lequel on ne pouvait leur donner congé qu'à six mois, afin qu'ils eussent le temps nécessaire pour trouver un autre logement dans le même quartier. Or, aujourd'hui que ces règlements n'existent plus, et que les maîtres de pension et les instituteurs peuvent choisir le quartier qui leur plaît d'habiter, nous ne voyons pas comment on oserait raisonnablement soutenir que, de nos jours, les congés donnés à ces personnes doivent l'être à six mois. Ainsi, dans l'espèce, le propriétaire pourra donner valablement le congé à trois mois.

donné à six mois aux autres personnes qui, à raison de leurs fonctions ou profession, sont obligées de loger dans un quartier déterminé: tels sont les percepteurs des contributions directes, les receveurs de l'enregistrement, les directeurs des grands bureaux de la poste aux lettres, les préposés de l'administration qui tiennent des bureaux de papier timbré.

454. Il faut que les délais de six semaines, de trois mois, et de six mois, soient pleins. Ainsi les termes commençant à Paris les 1er des mois de janvier, d'avril, de juillet, d'octobre, les congés doivent être donnés au plus tard aux époques suivantes :

1° Le 14 des mois de février, mai, août et novembre, lorsque la location est d'un loyer annuel de 400 francs et au-dessous ;

2° La veille du commencement du dernier terme, c'est-à-dire, les 31 décembre, 31 mars, 30 juin, 30 septembre, lorsque la location est au-dessus de 400 francs.

3° La veille du commencement de l'avant dernier terme, c'est-à-dire, les 31 décembre, 31 mars, 30 juillet, 30 septembre, lorsqu'il s'agit de corps de maisons entières, de corps de logis entiers, boutiques, appartements occupés par des commissaires de police, juges de paix et autres personnes ci-dessus désignées.

Si la veille du jour du demi-terme ou du terme était un dimanche ou une fête légale, il faudrait que le congé fût donné la veille.

455. A Paris, le locataire a, pour vider les lieux loués et faire faire les réparations locatives, un délai de huit jours, lorsque le prix du loyer est au-dessous de 400 fr., et quinze jours, lorsqu'il est au-dessus ou lorsqu'il s'agit de la location d'une maison entière, d'un corps de logis entier ou d'une boutique. Ainsi, le locataire n'est obligé de rendre les clefs que le 8 ou le 15 des mois de janvier, avril, juillet et octobre, *à midi*, quoique rigoureusement le terme expire le 1er.

456. Le sou pour livre du portier et l'impôt des portes et fenêtres, à la charge du locataire, entrent dans le prix de la location. Ainsi, le congé d'un logement dont le loyer est au-dessous de 400 fr. en principal, mais qui, par l'addition du sou pour livre, s'élève au-dessus de 400 fr., devra être donné à trois mois. (Arrêt de la Cour de Paris, du 9 mai 1811 ; *Journal du palais*, t. xxxii, pag. 261 ; *voyez* aussi le jugement du tribunal de la Seine que nous avons rapporté ci-dessus, pag. 213, note 1.)

Cependant la Cour royale de Paris (troisième chambre), par arrêt du 23 août 1828, et le tribunal de la Seine (5e chambre), ont jugé que le sou pour livre du portier et l'impôt des portes et fenêtres ne doivent pas être ajoutés au prix principal du loyer ; que, relativement au sou pour livre, il n'est de la part du locataire, qu'une contribution *à la chage de la maison*, que dès lors le loyer principal doit seul être considéré, et qu'en conséquence il suffit d'un congé à six semaines pour un logement dont le loyer principal est de 400 fr. (*Gazette des tribunaux*, du 1er juillet 1827 et 24 août 1828.)

Les décisions contradictoires que nous venons de rapporter prouvent qu'il sera toujours prudent pour le locataire de s'entendre avec le propriétaire relativement au sou pour livre et à la contribution des portes et fenêtres, et d'en faire l'objet d'une clause particulière du bail ou de l'engagement écrit dont nous avons parlé page

Mais si les parties ne s'en étaient point expliquées, nous pensons qu'il faudrait compter dans le loyer la contribution des portes et fenêtres et le sou pour livre; car le prix de la location doit se composer de tout ce que le locataire paye à raison du logement qu'il occupe.

Au reste, quant au sou pour livre (1), l'usage s'en perd tous les jours, et la plupart des propriétaires louent leurs appartements moyennant un prix déterminé, francs et quittes de la contribution des portes et

---

(1) La cinquième chambre du tribunal de la Seine a jugé que le sou pour livre reste à la charge du propriétaire quand il n'est point expressément convenu qu'il sera payé par le locataire (*Gazette des Tribunaux*, année 1826). Il faut cependant avertir qu'en cas de contestation à cet égard le propriétaire, si le bail est verbal, sera cru sur son affirmation.

19.

fenêtres et de toute participation aux gages
du portier (1).

---

(1) A Orléans, selon Pothier (*Du contrat de louage*,
n° 29), les locations verbales commencent et expirent à la
fête de Saint-Jean-Baptiste. Cet auteur ajoute : « Lorsque
les parties ne se sont pas expliquées sur la durée du bail,
il est censé fait pour un an à commencer du terme prochain ; et si le locataire est entré en jouissance avant le
terme, il est censé fait, tant pour le temps qui doit courir
depuis qu'il est entré en jouissance jusqu'au terme, que
pour un an depuis ledit terme ; il expire de plein droit au
bout de l'année, sans qu'il soit nécessaire de donner congé
auparavant. »

Dans le Bourbonnais le congé doit être donné trois mois
avant l'expiration de la location.

A Rennes les baux commencent et finissent aussi à la
Saint-Jean-Baptiste ; mais ils ne cessent pas de plein droit :
celle des parties qui veut mettre un terme à la location
doit faire accepter ou signifier un congé trois mois avant
l'expiration de l'année (Poullain-Duparc, sur l'art. 182
de la coutume de Rennes).

En Normandie les délais des congés ne sont point uni-
formes ; c'est ce qu'enseigne Houard dans son *Dictionnaire
de droit normand*, au mot Bail, n° 3 : « De droit, dit-il,
tout bail verbal pour les biens de ville est d'une année ;
et, après la jouissance d'une année, le propriétaire doit avertir le locataire six mois avant l'expiration de la deuxième
année, s'il est question d'un corps de logis entier ; s'il
s'agit, au contraire, d'une partie de maison, ou quelques
endroits, l'avertissement doit donner six mois de vide, et
il n'est dû que six semaines pour une chambre ; en d'autres
endroits au-dessus de vingt livres de loyer, l'avertissement
doit précéder de six mois la sortie, et de trois mois au-
dessous de ce prix. A cet égard, l'usage des lieux est
l'unique règle. »

A Marseille les congés doivent être donnés le 15 mai
pour sortir au jour de Saint-Michel (29 septembre) suivant.

A Lyon, il faut donner le congé au demi-terme ou six
mois avant la sortie des lieux.

457. Les congés qui ont pour objet de résoudre la location des chantiers sont

Dans la Touraine les époques fixées pour la signification des congés sont les fêtes de Notre-Dame-de-Mars (25 mars), de Saint-Jean-Baptiste (24 juin), de Saint-Michel (29 septembre), et de Noël (25 décembre). Le congé doit être donné à six mois pour une maison entière ou une auberge, et à trois mois pour un appartement. Dans le Poitou il doit aussi être signifié aux mêmes époques ; mais les délais qui s'écoulent entre la signification du congé et la sortie des lieux diffèrent en ce qu'il faut que le congé soit donné six mois d'avance pour une maison avec boutique ; six mois pour une maison sans boutique ; trois mois pour une portion de maison, ou un corps de logis séparé.

A Bordeaux le congé doit être accepté ou signifié trois mois d'avance. Remarquez que ce délai de trois mois ne court pas du jour de l'expiration du congé, mais seulement de celui auquel le terme suivant commencera. C'est ce que la Cour royale de Bordeaux a décidé par arrêt du 16 juin 1829, rapporté par Sirey, t. xxix, 2e partie, p. 347. Dans l'espèce, les époux Leroux, locataires d'un appartement du sieur Malvezin, s'évaluaient d'un usage existant anciennement à Bordeaux, pour soutenir que le locataire pouvait quitter les lieux loués quand bon lui semblait, sans être contrait à donner congé d'avance ; ils prétendaient en outre qu'en supposant que cet ancien usage eût été abrogé par le Code civil, et qu'aujourd'hui le locataire fût obligé de donner congé trois mois d'avance, comme l'est le propriétaire à Bordeaux, ils s'étaient conformés à cette obligation, et devaient être dès lors autorisés à retirer leurs meubles de l'appartement, trois mois s'étant écoulés depuis le jour du congé donné par eux. Mais la Cour rejeta le système des époux Leroux par les motifs suivants :

« Attendu qu'il n'existe point d'acte écrit constatant les conventions arrêtées entre les parties au sujet de la location de l'appartement que les intimés occupaient dans la maison de l'appelant ; — attendu qu'aux termes de l'article 1736 du Code civil, lorsqu'il n'y a pas de bail écrit l'une des parties ne peut donner congé à l'autre qu'en ob-

aussi assujettis à des usages particuliers; ils doivent être donnés pour Pâques, parce que c'est le temps où les chantiers sont vidés pour la consommation de l'hiver. Ils doivent contenir une année de délai, parce que ce temps est nécessaire aux marchands pour trouver d'autres chantiers et y faire déposer leurs nouvelles marchandises. (Nouveau Denisart, au mot CONGÉ.)

458. Si pendant la contestation sur le délai fixé dans un congé en matière de bail, ce délai vient à expirer, les juges peuvent d'office en proroger la durée et déclarer le congé donné pour tel terme, valable pour tel autre. (Arrêt de la Cour de cassation, du 23 février 1814, Sirey, t. XVI, 1re partie, pag. 395.)

---

servant les détails fixés par l'usage des lieux ; que cet article impose au locataire comme au bailleur la nécessité de donner congé ; qu'il ne se réfère à l'usage des lieux qu'à l'égard du délai que les parties doivent s'accorder; — attendu qu'à Bordeaux il est d'usage qu'en matière de location les parties se préviennent du congé trois mois à l'avance ; — qu'en fait le quartier (le terme) avait commencé le 10 janvier 1829; que la dame et le sieur Leroux ne prévinrent pas le sieur Malvezin de leur intention de quitter l'appartement qu'ils occupaient chez lui au commencement du quartier; que le premier acte par lequel ils avaient annoncé leur volonté à cet égard (c'est-à-dire le congé) est du 28 février ; — qu'il suit de là que la location ne pouvait se terminer qu'à la fin du quartier qui commençait au 10 avril, et devait durer jusqu'au 10 juillet, etc. »

A Toulouse le délai du congé est de six mois; il doit être donné six mois avant l'expiration de la location (Saultaque, sur l'article 1er du titre VIII de la coutume de Toulouse.).

CHAPITRE III.

De la forme du congé, à qui et par qui il doit être donné.

459. Le congé peut être donné verbalement ou par écrit.

460. *Verbalement.* Le congé verbal peut présenter de graves inconvénients, en ce que si l'une des parties le nie, l'autre ne peut invoquer la preuve testimoniale même lorsque le loyer annuel n'excède pas 150 fr. (Argument de l'article 1715 du Code civil, qui refuse la preuve testimoniale, d'un bail verbal qui n'a encore reçu aucune exécution, et qui est nié, quelque modique qu'en soit le prix. Arrêt de la Cour de cassation du 12 mars 1816, affaire contre Froidevaux.)

Ainsi nous engageons les propriétaires et les locataires à ne jamais donner ni accepter de congés verbaux.

461. *Par écrit.* Il est valablement donné, soit par acte notarié ou sous seing privé, soit par exploit d'huissier.

462. Lorsque l'une des parties accepte à l'amiable le congé qui lui est donné par l'autre, il suffit alors de le rédiger par acte sous seing privé. Dans ce cas, il doit être fait sur papier timbré, afin d'éviter l'amende s'il était nécessaire de le produire en justice; il doit aussi être daté et signé; il est nécessaire de le faire *double*, car il contient

des conventions réciproques (art. 1325 du Code civil), puisque le propriétaire sera tenu de laisser sortir le locataire, et que ce dernier prend l'engagement de vider les lieux à l'époque·déterminée. Il ne faut pas oublier cette mention : *fait double (voyez,* au reste, modèle, n° 13).

463. Il arrive fréquemment que le propriétaire se contente, pour donner congé, d'apposer son acceptation au bas de la quittance qu'il remet au locataire. Nous ne saurions trop détourner le propriétaire et les locataires d'un semblable moyen, non-seulement parce qu'aux yeux de la loi un congé de cette façon n'est point valable, comme congé sous seing privé, mais encore parce qu'il peut donner lieu à bien des difficultés. En effet, il est certain qu'un congé apposé ainsi au bas d'une quittance ne saurait être valable, puisque la preuve de l'existence du congé se trouve entre les mains du locataire et dépend de sa volonté, et que, d'un autre côté, la loi déclare nul l'acte constitutif d'une convention qui n'est pas fait en autant de doubles qu'il y a de contractants (art. 1325 du Code civil). Enfin, outre la validité du congé qui peut être contestée, l'usage de le donner de cette manière peut entraîner de graves inconvénients. Par exemple, si le locataire, soit dans ses intérêts, soit autrement, ne veut pas déménager, il niera la quittance, payera une seconde fois son terme, et contraindra ainsi le propriétaire

à le laisser jouir des lieux jusqu'à la fin du terme suivant.

464. Le congé donné par lettre et accepté de même n'est pas plus valable comme congé sous seing privé, que celui qui est apposé au bas d'une quittance. Ainsi le congé donné dans une quittance ou par lettre ne vaut donc que comme congé verbal, et nous avons suffisamment fait connaître les inconvénients qui résultent d'un congé donné de cette manière. Il est donc prudent, afin d'éviter toute espèce de contestation, de faire un congé sous seing privé *en doubles originaux.*

465. Si les parties ne sont pas d'accord, il est nécessaire de faire signifier le congé par huissier ; car, dans ce cas, elles n'ont pas d'autre moyen de faire cesser le bail.

C'est la partie qui le fait signifier qui doit en supporter et payer les frais.

466. Le congé donné par huissier à la requête du propriétaire, et signifié au locataire, est nul lorsque la copie est laissée au portier. (Jugement du tribunal de la Seine, 1re chambre, *Gazette des tribunaux*, du 23 octobre 1837.)

467. Le congé donné par exploit d'huissier, à la requête du propriétaire, est signifié au locataire. Si le locataire a cédé son bail, c'est au cessionnaire qu'il doit être signifié, lorsque toutefois le locataire a fait notifier au propriétaire la cession du bail.

(Arrêt de la Cour de Nîmes, rapporté par Sirey, t. IV, 2ᵉ partie, pag. 635.)

468. Lorsqu'une maison appartient à plusieurs propriétaires par indivis, le congé peut être donné par un seul pour tous, s'il est autorisé par un co-propriétaire ou par justice. (Arrêt de la Cour de cassation, du 15 pluviôse an XII, affaire Lange contre Marion.)

469. Le congé, donné à la requête du locataire, doit être signifié au propriétaire ou, s'il est absent, au fondé de pouvoir ou à celui qui est chargé de l'administration de ses biens.

470. Si le propriétaire est décédé, c'est à ses héritiers ou à celui qui est chargé d'administrer les biens de la succession qu'il doit être signifié.

471. Le congé est passible pour son enregistrement du droit fixe de 1 fr., lorsqu'il est fait par acte notarié ou sous seing privé. (Loi du 22 frimaire an VII, art. 51 et 58.)

472. Il est soumis au droit de 2 fr., quand il a lieu par exploit d'huissier. (Loi du 28 avril 1816, art. 43.)

473. Si le congé convenu à l'amiable fait cesser la jouissance avant l'époque fixée par le bail, il produit l'effet d'une rétrocession; le droit proportionnel est dû sur les années restant à courir.

CHAPITRE IV.

Des effets du congé.

474. Le congé a pour effet de résoudre la location, lorsqu'il a été valablament donné, ou quoique non valablément donné, lorsqu'il est accepté par celui qui l'a reçu (1).

475. Il suit de là que le propriétaire peut contraindre le locataire à sortir des lieux loués à l'époque fixée par le congé, et que de son côté, le locataire peut contraindre le propriétaire à le laisser sortir à cette époque.

476. Le congé produit aussi cet effet, que lorsqu'il a été signifié, le locataire, quoiqu'il ait continué sa jouissance, en peut invoquer la tacite reconduction. (Art. 1739 du Code civil. *Voy*. page 186.)

---

(1) Le locataire qui a reçu ou donné congé est obligé de laisser voir les lieux qu'il occupe, afin qu'ils puissent être loués à d'autres. *Voyez* page 138.

TITRE XII.

De la sortie et de la remise des lieux, et des contestations qui y sont relatives.

CHAPITRE PREMIER.

De la sortie des lieux.

477. Au jour où expirent les délais du congé, et *à midi au plus tard*, le locataire est obligé de remettre au propriétaire les lieux qu'il occupait. En conséquence, il devra, ce jour-là, avoir fait toutes les réparations dont il est tenu (*voy.* pag. 143), et opéré son déménagement (1).

478. Avant de procéder à son déménagement, le locataire doit payer les loyers échus, et justifier de l'acquit de ses contributions; autrement, le propriétaire est en droit d'empêcher l'enlèvement de ses meubles.

479. S'il a été fait un état des lieux entre le bailleur et le preneur, celui-ci doit rendre les lieux loués tels qu'il les a reçus, suivant cet état, excepté ce qui a péri ou a

______

(1) A Paris c'est, suivant l'importance de la location, le 8 ou le 15 des mois de janvier, d'avril, de juillet ou d'octobre.

été dégradé par vétusté ou force majeure (art. 1730 du Code civil). *Voy.* de l'État des lieux, page 34.

480. S'il n'a point été fait d'état des lieux, le locataire est présumé les avoir reçus en bon état de réparations locatives, sauf la preuve contraire. (Art. 1731 du Code civil) *Voy.* page 34.

481. Remarquez que soit qu'il ait été fait un état des lieux ou qu'il n'en ait pas été dressé, le locataire n'est pas tenu des dégradations provenant de cas fortuit, de force majeure ou de vétusté; mais les réparations locatives sont à sa charge. (M. Duvergier, Continuation de Toullier, tome XVIII, n° 446.)

482. Lorsque le locataire a fait des changements dans les lieux loués, il est tenu, si le propriétaire l'exige, de les remettre dans l'état où ils étaient au moment du bail.

483. Le propriétaire, lors même qu'il offrirait de payer au locataire la valeur des objets que celui-ci a fait placer dans les lieux loués, n'a pas le droit de lui empêcher de les enlever quand ils peuvent être détachés sans dégradations. Tel est aussi l'avis de M. Duvergier. (Continuation de Toullier, tome XVIII, n° 460.)

484. De son côté, le locataire, encore que le propriétaire ne lui paye point la valeur, ne peut dégrader ni détériorer les peintures qu'il aurait fait exécuter sur les murs ou ailleurs, ni arracher, ni même gâter les papiers qu'il aurait fait coller sur

les murs (1). (Bourjon, *Droit commun de la France.*)

485. Il ne peut emporter les arbres qu'il a planté dans un jardin, mais il peut emporter les plantes et les légumes, ainsi que les arbrisseaux et les arbustes mis en pé-

---

(1) Lepage (*Lois des bâtiments*, t. ii, p 189) rapporte l'espèce d'un arrêt du parlement de Paris, qui a jugé en ce sens :

« Un locataire, dit-il, avait pris rue Saint-Denis, à Paris, une maison sans plafonds, ni papiers, ni peinture ; il fit faire, à ses frais, des plafonds, de jolies peintures, et fit coller des papiers sur les murs. Le propriétaire ne voulut pas renouveler le bail, et signifia qu'il gardait les changements. Sous prétexte qu'on ne pouvait pas l'empêcher de rétablir les lieux dans leur état primitif, le locataire détruisit les plafonds, gratta les peintures et arracha les papiers.

« Le propriétaire se pourvut en dommages et intérêts ; il soutint que son intention de conserver les lieux dans leur état actuel ayant été connue du locataire, qui n'en disconvenait pas, celui-ci n'avait eu le droit d'y rien détruire ; qu'à la vérité les embellissements avaient été exécutés à ses dépens, mais qu'il ne pouvait tirer aucune espèce d'avantage de la destruction des plafonds en plâtre, ni des papiers qui étaient collés sur les murs, et non pas sur la toile. A l'égard des peintures, il était évident qu'une espèce de méchanceté avait porté le locataire à les gâter.

« Une sentence du Châtelet ayant adjugé des dommages et intérêts au propriétaire, il y eut appel qui fut porté à l'audience de la Grand'chambre, où la sentence fut confirmée par arrêt rendu sur les conclusions de M. Séguier. Nous étions présent, et nous entendîmes que M. l'avocat général invoqua d'abord le principe qui ne permet pas de faire le mal d'autrui sans intérêt pour soi ; il observa que les embellissements opérés par le locataire avaient le caractère évident de choses faites avec l'intention de la per-

pinière. (Denisart, *Collection de jurisprudence ;*
Ferrières, *Coutume de Paris.*)

486. Lorsque le locataire a rempli toutes
les obligations qui lui sont imposées, il doit,
au jour fixé par l'usage pour la remise des
lieux, et *à midi au plus tard,* remettre les

---

pétuelle demeure, puisqu'elles ne pouvaient pas être
enlevées sans être entièrement détruites. Ces embellissements étaient ainsi devenus parties intégrantes de la
maison, et par conséquent la propriété du maître de cette
maison. Celui-ci avait donc le droit d'exiger ou que l'ancien état des lieux fût rétabli, ou qu'ils fussent laissés dans
l'état actuel ; le locataire ayant fait son choix pour ce
dernier parti, le locataire ne devait pas toucher à des
embellissements qui ne lui apppartenaient plus. »

C'est aussi ce qu'un jugement du tribunal de paix du
quatrième arrondissement de Paris, rapporté par la *Gazette des Tribunaux* (année 1836), a décidé dans l'espèce
suivante :

« Le sieur Laforcade avait fait poser du papier de tenture
dans l'appartement qu'il occupait dans la maison du sieur
Lefèvre. Lors de sa sortie des lieux, par suite de difficultés
survenues entre lui et le propriétaire, il s'avisa de dessiner
sur ce papier des figures grotesques accompagnées d'ins-
criptions obscènes que, pour pouvoir louer son appartement, le sieur Lefèvre se vit dans la nécessité de faire
arracher ce papier, et de le remplacer par une nouvelle
tenture. Ces travaux lui ayant occasionné une dépense de
16 fr. 85 cent., il assigna le sieur Laforcade, afin de remboursement de cette somme.

« Le tribunal, considérant que le locataire sortant doit
rendre les lieux en bon état ; que c'est dans le dessein de
nuire au propriétaire que Laforcade a sali les papiers de
de tenture de son appartement, de manière à en empêcher
la location, a condamné le défendeur à rembourser au
sieur Lefèvre la somme de 16 fr. 85 cent. formant l'objet
de la demande. »

20.

clés des lieux qu'il quitte (1) au propriétaire ou à son préposé, et s'en faire donner un reçu. (*Voy.* modèle, n° 14.)

487. Quoique le reçu ne soit pas d'une nécessité absolue, puisque l'acceptation des clés par le propriétaire est un aveu tacite que le locataire s'est acquitté envers le propriétaire de toutes ses obligations, nous engageons cependant les locataires à s'en faire délivrer une décharge, et à l'exiger au besoin. C'est, au reste, pour eux le moyen d'éviter en cette matière toute espèce de contestation.

CHAPITRE II.

Des contestations relatives à la sortie
et à la remise des lieux.

488. On a vu plus haut que, par suite du congé reçu ou accepté, le propriétaire peut contraindre le locataire à sortir à l'époque qui y est fixée, et que le locataire peut aussi de son côté obliger le propriétaire à le laisser sortir à cette époque des lieux à lui loués.

489. Lorsque c'est le propriétaire qui se refuse à laisser sortir le locataire, et que

____

(1) Car si les clés n'étaient remises qu'après cette heure, le propriétaire serait en droit d'exiger une indemnité pour le préjudice que lui cause le retard apporté par le locataire dans la remise des lieux.

le loyer annuel n'excède pas, à Paris, quatre cents francs, et deux cents francs partout ailleurs, le locataire fait citer le propriétaire devant le juge de paix ; si le loyer annuel est au-dessus de cette somme, il le fait assigner *en référé*, c'est-à-dire, devant le président du tribunal de première instance ou le juge qui le remplace, qui ordonne sans délai ni autre procédure que le propriétaire sera tenu de le laisser sortir, et qu'en cas de résistance de sa part, le locataire sera autorisé à se faire assister de la force armée.

490. Lorsque c'est le locataire qui se refuse à sortir, et que le loyer annuel n'excède pas, à Paris, quatre cents francs et deux cents francs partout ailleurs, le propriétaire fait citer le locataire devant le juge de paix ; si le loyer annuel est au-dessus de cette somme, il le fait assigner *en référé*, et le président du tribunal de première instance, ou le juge qui le remplace, ordonne l'expulsion du locataire, et permet même, en cas de refus d'ouverture des portes, de les faire ouvrir par un serrurier, en présence du juge de paix ou du commissaire de police. Lorsque les portes sont ouvertes, l'huissier fait commandement d'exécuter l'ordonnance de référé ; et, en cas de refus, il l'exécute lui-même, en expulsant le locataire et en mettant ses meubles sur le carreau. Si cependant le locataire ne payait pas, on ferait saisir et séquestrer ses meubles. S'il

paye et ne fait pas faire les réparations locatives, l'huissier dresse un état de ces réparations, et le somme de les faire exécuter sur-le-champ, ou de laisser somme suffisante à cet effet. S'il refuse, on l'assigne en référé devant le juge qui ordonne que faute par lui d'obéir, les meubles seront séquestrés comme étant le gage de l'exécution du bail. On lui signifie l'ordonnance avec sommation de l'exécuter, et, s'il ne le veut pas, l'huissier séquestre les meubles après en avoir dressé un état dont il remet copie au locataire.

491. Lorsque le jour auquel expirent les délais du congé est un dimanche ou une fête, on peut expulser le jour précédent. (Pigeau, *Procédure civile*, tome II, page 447, et M. Rolland de Villargues, *Répertoire du notariat*, au mot CONGÉ, n° 41.)

492. Si la contestation porte seulement sur le refus du propriétaire de recevoir les clés, des lieux que le locataire quitte, ce dernier devra faire constater ce refus par huissier ou par deux témoins, et déposer les clés chez le juge de paix.

TITRE XIII.

Du bail ou location des appartements meublés.

493. Suivant l'article 1758 du Code civil, « le bail d'un appartement meublé est censé fait à l'année, quand il a été fait à tant par an; au mois, quand il a été fait à tant par mois, au jour, quand il a été fait à tant par jour. Si rien ne constate que le bail soit fait à tant par an, par mois ou par jour, la location est censé faite suivant l'usage des lieux. »

494. Ceux qui, sans être maîtres d'hôtels garnis, aubergistes ou logeurs, se proposent de louer des appartements, portions d'appartements ou chambres meublées, à des étrangers à la ville de Paris, même à des individus qui y font leur résidence habituelle, sont tenus d'en faire *préalablement* la déclaration à la Préfecture de police. Acte leur est donné de cette déclaration.

495. Il leur est enjoint de faire exactement connaître au commissaire de police de leur quartier les noms, prénoms, âges, qualités ou professions, et les lieux de résidence habituelle des étrangers ou autres logés chez eux, dans les vingt-quatre heures de leur arrivée.

496. Ils sont également tenus de faire la déclaration de leur sortie.

497. Le tout sous les peines de six francs à dix francs d'amende et d'emprisonnement de cinq jours, en cas de récidive, prononcées par les articles 475, n° 2, et 478 du Code pénal. (Art. 9 de l'ordonnance de police du 10 juin 1820; art. 5 de l'ordonnance du 8 novembre 1780, et art. 5 du titre Ier de la loi du 22 juillet 1791.)

498. Ils encourent les mêmes responsabilités civiles que les maîtres d'hôtels garnis (même art. 9 de l'ordonnance du 10 juin 1820), c'est-à-dire qu'ils sont responsables comme dépositaires des effets apportés par le voyageur qui loge chez eux. Ils sont aussi responsables du vol ou du dommage des effets du voyageur, soit que le vol ait été fait ou que le dommage ait été causé par leurs domestiques ou préposés, ou par des étrangers allant ou venant dans leur maison (argument tiré des art. 1952 et 1993 du Code civil). Cependant ils ne seraient pas responsables des vols faits avec force armée ou force majeure (art. 1954 du Code civil).

499. Les obligations respectives de celui qui loue un appartement meublé et de son locataire sont les mêmes que celles du bailleur et du preneur ordinaires. *Voy.* tit. VI, page 38 et suiv.

TITRE XIV.

Du portier et de ses obligations envers les locataires.

500. Le portier est un préposé établi par le propriétaire pour la garde, la surveillance, la propreté de la maison, et l'utilité des locataires.

Considéré sous le rapport des services qu'il doit rendre aux personnes habitant la maison, le portier est non-seulement le domestique du propriétaire, mais encore celui des locataires. Telle est, en pareille matière, la jurisprudence constante du tribunal de la Seine.

501. Ainsi, le portier est tenu de recevoir les lettres adressées aux locataires ; le refus fait par lui de les recevoir le rend passible de dommages-intérêts, et le propriétaire peut, dans ce cas, être condamné comme civilement responsable. (*Le Droit* du 12 mars 1836) (1).

____

(1) Dans l'espèce rapportée par ce journal judiciaire, il était constant que, par suite de mésintelligence entre le locataire et le portier de la maison que celui-ci habitait, le portier avait refusé de recevoir plusieurs lettres adressées par la poste au locataire ; il était également démontré que le retard apporté par le portier dans la remise des lettres, et causé par son refus de les recevoir, avait occasionné au locataire un préjudice notable pour raison duquel il récla-

Il doit aussi recevoir et remettre exactement les autres papiers qui sont adressés aux locataires; l'inexécution de cette obligation peut donner ouverture à une action en dommages-intérêts contre le portier, et par suite, contre le propriétaire, comme civilement responsable des faits de son préposé.

502. Le portier est tenu d'ouvrir la porte aux locataires, à telle heure de nuit et de jour qu'ils se présentent : c'est le principal but de leur institution, et, pour qu'il en fût autrement, il faudrait qu'il existât au bail une clause formellement contraire. (*Gazette des tribunaux* du 1ᵉʳ octobre 1835.)

503. Le portier qui empêche de monter chez le locataire les personnes qui y viennent, sous prétexte que ces personnes salissent les escaliers, peut être poursuivi et condamné pour ce fait à des dommages et intérêts envers le locataire (1).

---

mait la somme de 100 fr. à titre de dommages et intérêts. Il avait également fait assigner le propriétaire de la maison comme civilement responsable des faits de son portier. *Le concierge* (c'est ainsi qu'il se qualifiait lui-même) avait peu de chose à dire pour sa justification, car il était établi aux débats que le locataire n'avait jamais mis de retard dans le remboursement au moment de leur remise du port des lettres à lui adressées, seule considération qui eût pu raisonnablement motiver le refus du portier.

(1) C'est ce qui a été jugé par le tribunal de police correctionnelle de la Seine, le 1ᵉʳ février 1834. La *Gazette des Tribunaux* rapporte dans les termes suivants les circonstances qui ont donné lieu à ce jugement :

Un portier comparaît aujourd'hui devant le tribunal de

504. Lorsque le portier est impoli et qu'il ne remplit point exactement ses devoirs en-

---

police correctionnelle, comme prévenu d'avoir exercé un acte d'arbitraire tout à fait vexatoire envers un des locataires de sa maison.

Le premier témoin entendu est une *ouvrière en gigots*, qui s'explique en ces termes : « Je me présente dans la matinée à la loge du prévenu, et lui demande la locataire du troisième, que j'avais besoin de voir pour affaire de mon état, allant lui reporter des gigots qu'elle m'avait confiés. Le portier me dit d'un air assez rébarbatif : « Allons, c'est bon, passez, mais vous êtes la première personne de la journée qui monte chez la marchande de gigots, et vous serez aussi la dernière. » Sans lui répondre en aucune façon, je passe mon chemin, et j'arrive au troisième, où je n'ai rien de plus chaud que de répéter ce qu'on vient de me dire à la loge. »

La locataire : A peine eus-je entendu ce que madame venait de me dire, que je me suis empressée de descendre pour demander ce que cela signifiait. Cet homme entre soudain en fureur, me répète ce même propos en me mettant le poing sous le nez, m'adresse des menaces et des injures dont la grossièreté est telle que je ne puis me résoudre à les répéter. Une conduite aussi brutale, à laquelle je suis si peu accoutumée, me fit une telle révolution, que j'eus toutes les peines du monde à remonter chez moi, où je finis par me trouver mal. J'étais d'autant plus contrariée, que ces infamies avaient été proférées en présence de témoins. »

Le mari de cette pauvre dame, qui occupe une position sociale fort honorable, expose qu'ayant appris à son retour la conduite inconcevable de son portier, il avait cru que la seule chose à faire était de porter la plainte devant les tribunaux, ne doutant pas que la justice saurait mettre un portier à sa place, et lui apprendre qu'il n'a pas le droit de séquestrer ainsi les locataires.

Le portier parle à son tour : Monsieur, il est bien dur pour un concierge qui tient à remplir exactement ses devoirs, de se voir ainsi calomnié : le fait est qu'il y a dans la maison deux escaliers, le grand et le petit. J'ai le plus

vers le locataire, celui-ci a le droit de demander au propriétaire son renvoi de la maison, et, en cas de refus, les tribunaux peuvent condamner le propriétaire à renvoyer le portier, sinon à payer au locataire, à titre de dommages et intérêts, une somme déterminée, par exemple, 5 francs par chaque jour de retard. (Jugement de la troisième chambre du tribunal de la Seine (1), *Gazette des tribunaux* du 10 juillet 1836.)

---

grand soin de frotter le grand plusieurs fois par jour. Cela est si vrai, que madame Fournier, qui est venue déposer contre moi, m'a déclaré qu'elle renoncerait dorénavant à y remonter, et surtout à y redescendre, parce que plusieurs fois elle avait manqué de tomber. Ce n'est pas ma faute si la locataire du troisième a tout à coup pris la résolution de tenir une fabrique de gigots; mais tout ce que je sais, c'est que mes maîtres et moi aimant par-dessus tout la propreté, il m'était fort désagréable de voir à tout moment le grand escalier crotté par les personnes qui fréquentaient le troisième, sans compter que les rognures et menus détails de la fabrique de gigots ne laissaient pas que de me faire avoir toute la journée le balai à la main. C'est pour cela que j'avais pris le parti de ne plus laisser monter par le grand escalier. Au surplus, le fin mot de l'affaire, c'est que depuis que ces locataires ont reçu leur congé pour le terme, il n'y a pas de niches qu'ils ne cherchent à me faire.

M le président. Rien ne peut excuser l'incroyable inconvenance de votre conduite.

M. l'avocat du roi soutient la prévention, et conclut, à l'application de la loi, *afin*, dit-il, *qu'un portier apprenne qu'il est non-seulement le domestique du propriétaire, mais encore des locataires.*

Le tribunal a condamné le prévenu à 25 fr. d'amende et aux dépens pour tous dommages et intérêts, d'après le désir des plaignants, qui s'étaient portés partie civile.

(1) Dans l'espèce, un locataire fatigué des procédés peu

505. Le propriétaire ou principal locataire ne peut empêcher un locataire de déposer son flambeau dans la loge du portier. (Jugement du tribunal de paix du onzième arrondissement de Paris, *Gazette des tribunaux*, du 9 décembre 1827.)

506. Le portier est passible de dommages et intérêts s'il n'indique pas la nouvelle adresse du locataire déménagé, et le propriétaire peut aussi être poursuivi comme civilement responsable. (*Gazette des tribunaux*, 6 septembre 1837.)

507. Qnant aux autres obligations du portier elles sont plus ou moins étendues, selon l'importance des maisons et le quartier où elles sont situées. Ainsi, le premier soin d'une personne, qui se propose de louer un appartement, doit être de s'informer des habitudes particulières de la maison, principalement en ce qui touche le balayage ou le frottage plus ou moins fréquent des escaliers, en un mot, l'entretien de la propreté dans la maison.

508. Il est d'usage à Paris, lorsque le locataire reçoit du bois à brûler, que le portier en prélève une bûche par chaque voie. Mais nous ferons observer que cet usage n'éta-

---

honnêtes du portier de la maison qu'il habitait, se plaignant qu'on ne lui tirait pas le cordon assez vite et que ses lettres ne lui étaient pas remises exactement, avait demandé au propriétaire le renvoi de l'insolent portier, et, sur son refus, l'avait traduit devant le tribunal.

blit aucun droit en faveur du portier, et que le locataire peut se refuser à lui accorder cette bûche ; c'est, au reste , un moyen pour le locataire de punir le portier qui ne remplit point exactement ses devoirs.

509. Il en est de même pour les étrennes : le locataire peut, s'il le veut, ne pas les donner ; mais malheur à vous locataires qui ne donnez ni bûches ni étrennes ! S'il vient une visite , le portier indiquera mal l'escalier qui conduit à votre appartement ; si vous avez à sortir de chez vous, il vous faudra implorer la faveur du cordon, etc., etc.

TITRE XV.

De la compétence des tribunaux en matière de location.

510. Sont de la compétence des juges de paix les contestations qui s'élèvent entre propriétaires et locataires relatives au payement des loyers, aux congés, aux demandes en résiliation de baux, fondés sur le seul défaut de payement de loyers, aux expulsions de lieux, aux demande en validité de saisie-gagerie, aux indemnités réclamées par le locataire pour non-jouissance, et provenant du fait du propriétaire, lorsque le droit à une indemnité ne sera pas contesté, aux dégradations et pertes dans les cas prévus par les art. 1732 et 1735 du Code civil, aux réparations locatives.

511. La loi du 25 mai 1838 sur les justices de paix fixe de la manière suivante le taux de la compétence des juges de paix dans ces différentes matières. L'article 3 de cette loi porte : « Les juges de paix connaissent, sans appel, jusqu'à la valeur de cent francs, et, à charge d'appel, à quelque valeur que la demande puisse s'élever, des actions en payement de loyers ou fermages, des congés, des demandes en résiliation de baux, fondées sur le seul défaut de payement de loyers

21.

ou fermages ; des expulsions de lieux et des demandes en validité de saisie-gagerie (1) , le tout lorsque les locations verbales ou par écrit n'excèdent pas annuellement, à Paris , quatre cents francs , et deux cents francs partout ailleurs (2).

L'art. 4 de la loi précitée ajoute : Les juges de paix connaissent , sans appel , jusqu'à la valeur de cent francs , et, à charge d'appel, jusqu'au taux de la compétence en dernier

---

(1) *Voyez*, p. 118 , dans quelle circonstance cette saisie a lieu.

(2) Voici dans quel sens on doit entendre les dispositions de cet article :

Lorsque le prix annuel des locations verbales ou par écrit n'excède pas , à Paris, 400 fr. et 200 fr. partout ailleurs , le juge de paix est compétent pour en connaître. Ainsi c'est le taux du loyer annuel qui détermine la compétence de ce magistrat. Si la location n'excède pas, à Paris, 400 fr., et 200 fr. partout ailleurs, le juge de paix sera compétent et il jugera sans appel jusqu'à la valeur de 100 fr., et à charge d'appel, à quelque valeur que la demande puisse s'élever. Rendons ceci sensible par un exemple : Le sieur A... est propriétaire d'une maison à Paris ; il a pour locataire le sieur B... ; le prix annuel du loyer s'élève à 400 fr. ; le sieur B... doit au sieur A... trois années de loyer ; A... assigne B... en payement de ces loyers devant le juge de paix de son arrondissement ; ce juge de paix sera compétent pour en connaître, puisque le loyer annuel n'excède pas 400 fr., et il condamnera B... à payer au sieur A... , son propriétaire, non-seulement le loyer du dernier terme, mais encore tous les loyers arriérés, c'est-à-dire, dans notre espèce, 1,200 fr.

Le sieur B... pourra-t-il appeler de ce jugement ? Oui, car, comme nous l'avons déjà dit, le juge de paix, en matière de locations, ne connaît *sans appel* que jusqu'à la valeur de 100 fr.

ressort des tribunaux de première instance (1).

1° Des indemnités réclamées par le locataire ou fermier, pour non-jouissance provenant du fait du propriétaire, lorsque le droit à une indemnité n'est pas contesté (2).

2° Des dégradations et pertes, dans les cas prévus par les art. 1732 et 1735 du Code civil (3).

Néanmoins le juge de paix ne connaît des pertes par incendie ou inondation que dans les limites posées par l'article 1er de la présente loi (4).

Enfin, l'art. 5 de la même loi décide que les juges de paix connaissent également, sans appel, jusqu'à la valeur de deux cents francs, et, à charge d'appel, à quelque valeur que la demande puisse s'élever,

1° Des actions pour dommages faits aux

______

(1) C'est-à-dire jusqu'à 1,500 fr.]

(2) Ces mots *lorsque le droit à une indemnité n'est pas contesté*, donnent lieu à la question suivante :

Qu'est-ce que contester le droit à une indemnité? Suffit-il au propriétaire de dire seulement : je conteste le droit à une indemnité ; mon locataire n'est pas fondé à en exiger. Ou bien : les dégradations qu'il prétend avoir entravé sa jouissance n'existent pas? Tel ne peut être le sens de ces mots. Le propriétaire, pour contester le droit à une indemnité, doit présenter des actes, et alors le procès se réduit à une question d'interprétation de convention, et la loi ne reconnaît pas ce pouvoir au juge de paix.

(3) *Voyez*, page 99 et 100.

(4) C'est-à-dire en dernier ressort jusqu'à la valeur de 1,000, et, à charge d'appel, jusqu'à la valeur de 200 fr.

champs, fruits et récoltes, soit par l'homme, soit par ses animaux, et de celles relatives à l'élagage des arbres ou haies, et au curage, soit des fossés, soit des canaux servant à l'irrigation des propriétés ou au mouvement des usines, lorsque les droits ne sont pas contestés.

2° Des réparations locatives des maisons ou fermes mises par la loi à la charge des locataires (1).

512. Dans tous les cas énumérés ci-dessus, la citation doit être donnée devant le juge de paix de la cituation de l'objet litigieux. (Art. 3 du Code de procédure civile.)

513. Les juges de paix connaissent de toutes les demandes reconventionnelles ou en compensation qui, par leur nature ou leur valeur, sont dans les limites de leur compétence, alors même que, dans le cas prévu par l'art. 1er, ces demandes réunies à la demande principale s'élèveraient au-dessus de 200 francs. Ils connaissent en outre, à quelque somme qu'elles puissent monter, des demandes reconventionnelles en dommages-intérêts, fondées exclusivement sur la demande principale elle-même. (Art. 7 de la loi sur les justices de paix.)

____

(1) Le juge de paix ne serait pas compétent pour statuer sur des réparations plus considérables, quand même, le locataire en serait chargé par le bail. C'est ce que la Cour de cassation a décidé par arrêt du 13 juillet 1807, rapporté par le président Henrion de Pansay, dans son ouvrage sur la compétence des juges de paix.

514. Lorsque chacune des demandes principales (1), reconventionnelles ou en compensatiou, sera dans les limites de la compétence des juges de paix en dernier ressort, il prononcera sans qu'il y ait lieu à l'appel.

Si l'une de ces demandes n'est pas susceptible d'être jugée à charge d'appel, le juge de paix ne proncera sur toutes qu'en premier ressort.

Si la demande reconventionnelle ou en compensation excède les limites de sa compétence, il pourra, soit retenir le jugement de la demande principale, soit renvoyer, sur le tout, les parties à se pourvoir devant le tribunal de première instance, sans préliminaire de conciliation. (Art. 8 de la même loi.)

---

(1) On appelle demande *principale*, celle qui est la première dans la cause, c'est-à-dire, qui introduit l'instance; on nomme demande *reconventionnelle*, celle que le défendeur forme, de son côté, en répondant à la demande principale dirigée contre lui : par exemple, Pierre, domicilié à Paris, forme une demande contre Paul, domicilié à Versailles, pour l'exécution d'une convention; pour répondre à cette demande dirigée contre lui, Paul forme une demande reconventionnelle contre Pierre. Mais quel tribunal est compétent pour connaître de cette dernière demande? est-ce le tribunal de paix de Paris ou celui de Versailles? Il semblerait, de prime abord, que Pierre, étant défendeur à la demande reconventionnelle, doit être assigné devant le juge de son domicile; cependant il n'en est point ainsi : la loi veut, dans ce cas, que la demande originaire et la demande reconventionnelle soient jugées par le même tribunal; elle ne considère la demande reconventionnelle que comme un accessoire à la demande principale.

515. Lorsque plusieurs demandes fournies par la même partie seront réunies dans une même instance, le juge de paix ne prononcera qu'en premier ressort, si leur valeur totale s'élève au-dessus de 100 fr., lors même que quelqu'une de ces demandes serait inférieure à cette somme. Il sera incompétent sur le tout, si ces demandes excèdent par leur réunion les limites de sa juridiction. (Art. 9, même loi.)

516. Dans le cas où la saisie-gagerie ne peut avoir lieu qu'en vertu de permission du juge de paix du lieu où la saisie devra être faite (1), toutes les fois que les causes rentreront dans sa compétence.

S'il y a opposition de la part des tiers,

---

(1) Cette disposition est la conséquence du texte même de l'article 3 de la même loi précitée, qui autorise le juge de paix à connaître de la demande en validité de la saisie-gagerie, pourvu que la location n'excède pas annuellement, à Paris, 400 fr., et partout ailleurs, 200 fr. et au-dessous. Ainsi, quand le bail verbal ou par écrit sera d'un loyer annuel de 400 francs ou de 200 francs ou au-dessous. Le propriétaire qui voudra faire saisir-gager de suite et sans commandement préalable les meubles de son locataire, devra présenter requête au juge de paix, et obtenir de lui l'autorisation de saisir-gager. Cette autorisation sera accordée au propriétaire, quelle que soit, d'ailleurs, la somme qui lui est due, lorsque le loyer annuel n'excédera pas 400 fr. ou 200 fr. Alors le juge de paix connaîtra de la demande, dans les limites de l'article 3 dont nous avons transcrit le texte ci-dessus, c'est-à-dire, à quelque taux que cette demande puisse s'élever ; car il pourrait arriver que le locataire dût au propriétaire plusieurs termes ou même plusieurs années de loyer.

pour des causes et pour des sommes qui, réunies, excdéeraient cette compétence, le jugement en sera déféré aux tribunaux de première instance. (Art. 10, même loi.)

517. L'exécution provisoire des jugements sera ordonnée dans tous les cas où il y a titre authentique, promesse reconnue ou condamnation précédente dont il n'y a point eu appel.

Dans tous les autres cas, le juge pourra ordonner l'exécution provisoire nonobstant appel, sans caution, lorsqu'il s'agira de pension alimentaire, ou lorsque la somme n'excédera pas 300 fr., et avec caution, au-dessus de cette somme. La caution sera reçue par le juge de paix (1). (Art. 11, même loi.)

S'il y a péril en la demeure, l'exécution provisoire pourra être ordonnée sur la minute avec ou sans caution, conformément aux dispositions de l'article précédent. (Article 12, même loi.)

518. L'appel d'un jugement des juges de paix, lorsqu'ils sont sujets à appel, est porté devant le tribunal de première instance qui juge en dernier ressort.

519. L'appel des jugements d'un juge de

---

(1) Cet article contient deux dispositions bien distinctes : dans la première, il détermine les cas spéciaux dans lesquels l'exécution des jugements aura toujours lieu ; dans la seconde, il laisse au juge la faculté de l'ordonner ou de la refuser.

paix n'est recevable ni avant les trois jours qui suivent celui de la prononciation des jugements, à moins qu'il n'y ait lieu à exécution provisoire (1), ni après les trente jours qui suivront la signification à l'égard des personnes domiciliées dans le canton. (Art. 13 de la loi sur les justices de paix.)

520. Lorsque le juge de paix est incompétent pour connaître d'une contestation, c'est devant le tribunal de première instance qu'il faut porter la demande.

521. Dans tous les cas d'urgence on peut assigner en référé devant le président du tribunal de première instance ou le juge qui le remplace, qui statue provisoirement par une ordonnance, et renvoie au principal à l'audience ordinaire du tribunal (2).

522. La Cour royale de Paris a décidé, par arrêt du 26 avril 1836, que le juge tenant l'audience des référés peut statuer provisoirement sur une clause de bail ainsi conçu : A défaut de payement d'un des termes du bail et huitaine après un commandement, le bail sera résilié de plain droit, et

---

(1) L'article 11, dont nous avons transcrit le texte ci-dessus, n° 517, examine les cas où elle a lieu de droit, et ceux où la loi laisse au juge la faculté de l'ordonner ou de la refuser. Lorsque l'exécution provisoire a lieu, on peut interjeter appel de suite et sans attendre le délai de trois jours.

(2) Tel serait le cas, par exemple, où le locataire d'un logement au-dessus de 400 francs, à Paris, et de 200 fr. partout ailleurs, refuserait de déménager à la fin du bail.

sans que le bailleur soit obligé de faire prononcer en justice cette résiliation. » (*Le Droit*, journal des tribunaux, du 28 avril 1836.)

Cette décision, intervenue sur la portée d'une clause fréquemment usitée dans les baux, n'est pas sans intérêt pour les propriétaires à qui elle assure une garantie sérieuse, un moyen d'exécution prompt et efficace. De leur côté, les locataires comprendront la nécessité de ne pas souscrire trop légèrement à une stipulation si rigoureuse.

TITRE XVI.

Des ordonnances et arrêtés de police auxquels les propriétaires et les locataires sont tenus de se conformer.

Nous avons pensé que pour faire connaître aux propriétaires et aux locataires l'étendue de leurs obligations, en matière de *police municipale,* il suffirait de rapporter le texte des ordonnances rendues par le préfet de police de Paris, puisqu'en effet la plupart des dispositions de ces ordonnances se trouvent reproduites dans les arrêtés de police pris par l'administration municipale des autres villes de France. Ainsi, les ordonnances de police qu'on va lire pourront servir de guide en cette matière lorsque, toutefois, les arrêtés de police en vigueur dans les autres villes ne contiendront rien de contraire.

Ordonnance du Roi portant règlement sur les saillies, auvents et constructions semblables à permettre dans la ville de Paris.

Au château des Tuileries, le 24 décembre 1823.

Louis, par la grâce de Dieu, roi de France, etc.

Vu l'ordonnance du bureau des finances de Paris, du 14 décembre 1725, portant détermination des saillies à permettre dans cette ville ;

Vu les lettres patentes du 22 octobre 1733, concernant les droits de voirie ;

Vu les lettres patentes du 31 décembre 1781, ordonnant l'exécution de différents règlements relatifs à la voirie de Paris ;

Vu le décret du 27 octobre 1808 ;

Sur le compte qui nous a été rendu des accidents multipliés arrivés, dans notre bonne ville de Paris, par la chute d'entablements, de corniches et d'auvents en plâtre, et de la difformité, des embarras et des dangers que présente la saillie démesurée des devantures de boutique, tableaux, enseignes, étalages, bornes, et autres objets placés au-devant des murs de face des maisons ;

Considérant qu'il est indispensable de prendre des mesures promptes et efficaces, afin de prévenir de nouveaux malheurs, et de remédier aux abus qui se sont introduits par suite de l'inexécution des anciens règlements ;

Notre conseil d'État entendu,

Nous avons ordonné et ordonnons ce qui suit :

TITRE PREMIER.

Dispositions générales.

Art. 1er. Il ne pourra, à l'avenir, être établi, sur les murs de face des maisons de notre bonne ville de Paris, aucune saillie autre que celles déterminées par la présente ordonnance.

2. Toute saillie sera comptée à partir du nu du mur au-dessus de la retraite.

TITRE II.

Dimensions des saillies.

3. Aucune saillie ne pourra excéder les dimensions suivantes.

SECTION PREMIÈRE.

Saillies fixes.

		m.	c.
Pilastres et colonnes en pierre.	Dans les rues au-dessous de huit mètres de largeur,	0	03
	Dans les rues de huit à dix mètres de largeur,	0	04
	Dans les rues de douze mètres de largeur et au-dessus,	0	10

Lorsque les pilastres et les colonnes auront une épaisseur plus considérable que les saillies permises, l'excédant sera en arrière de l'alignement de la propriété, et le nu du mur de face formera arrière-corps à l'égard de cet alignement; toutefois les jambes étrières ou boutisses devront toujours être placées sur l'alignement.

Dans ce cas, l'élévation des assises de retraite sera réglée, à partir du sol,

	m.	c.
Dans les rues de dix mètres de largeur et au-dessous, à	0	80
Dans celles de dix à douze mètres de largeur, à	1	00
Dans celles de douze mètres et au-dessus, à	1	15
Grands balcons,	0	80
Herses, chardons, artichauts et fraises,	0	80
Auvents de boutique,	0	80
Petits auvents au-dessus des croisées,	0	25
Bornes dans les rues au-dessous de dix mètres de largeur,	0	85
Bornes dans les rues de dix mètres et au-dessus,	0	80
Bancs de pierre aux côtés des portes des maisons,	0	60
Corniches en menuiserie sur boutique,	0	50
Abat-jour de croisée, dans la partie la plus élevée,	0	33
Moulinets de boulanger et poulies,	0	50
Petits balcons, y compris l'appui des croisées,	0	22
Seuils, socles,	0	22
Colonnes isolées en menuiserie,	0	16
Colonnes engagées en menuiserie,	0	16
Pilastres en menuiserie,	0	16
Barreaux et grilles de boutique,	0	16
Appui de boutique,	0	16

	m.	c.
Tuyau de descente ou d'évier,	0	16
Cuvettes,	0	16
Devanture de boutique, toute espèce d'ornements compris,	0	16
Tableaux, enseignes, bustes, reliefs, montres, attributs, y compris les bordures, supports et points d'appui,	0	16
Jalousies,	0	16
Persiennes ou contrevents,	0	11
Appui de croisée,	0	08
Barres de support,	0	08

(Les parements de décorations au-dessus du rez-de-chaussée n'auront que l'épaisseur des bois appliqués au mur.)

SECTION II.

Saillies mobiles.

	m.	c.
Lanternes ou transparents avec potence,	0	75
Lanternes ou transparents en forme d'applique,	0	22
Tableaux, écussons, enseignes, montres, étalages, attributs, y compris les supports, bordures, crochets et points d'appui,	0	16
Appui de boutique, y compris les barres et crochets,	0	16
Volets, contrevents ou fermetures de boutique,	0	16

4. Les saillies déterminées par l'article

précédent pourront être restreintes suivant les localités.

TITRE III.

Dispositions relatives à chaque espèce de saillies.

SECTION PREMIÈRE.

Barrières au-devant des maisons.

5. Il est défendu d'établir des barrières fixes au-devant des maisons et de leurs dépendances, quelles qu'elles puissent être, tant dans les rues et places que sur les boulevards, à moins qu'elles ne soient reconnues nécessaires à la propreté et qu'elles ne gênent point la circulation.

La saillie de ces barrières ne pourra, dans aucun cas, excéder un mètre et demi.

6. Les propriétaires auxquels il aura été accordé la permission d'établir des barrières seront obligés de les maintenir en bon état.

SECTION II.

Bancs, pas, marches, perrons, bornes.

7. Il ne sera permis de placer des bancs au-devant des maisons que dans les rues de dix mètres de largeur et au-dessus. Ces bancs seront en pierre, ne dépasseront pas l'alignement de la base des bornes, et seront

établis dans toute leur longueur sur maçonnerie pleine et chanfreinée.

8. Il est défendu de construire des perrons en saillie sur la voie publique.

Les perrons actuellement existants seront supprimés, autant que faire se pourra, lorsqu'ils auront besoin de réparation.

Il ne sera accordé de permission que pour les pas et marches, lorsque les localités l'exigeront. Ces pas et marches ne pourront dépasser l'alignement de la base des bornes. En cas d'insuffisance de cette saillie, le propriétaire rachètera la différence du niveau en se retirant sur lui-même. Néanmoins, les propriétaires des maisons riveraines des boulevards intérieurs de Paris pourront être autorisés à construire des perrons au-devant desdites maisons, s'il est reconnu qu'ils soient absolument nécessaires, et que les localités ne permettent pas aux propriétaires de se retirer sur eux-mêmes. Ces perrons, quelle qu'en soit la forme, ne pourront, sous aucun prétexte, excéder un mètre de saillie, tout compris, ni approcher à plus d'un mètre de distance de la ligne extérieure des arbres de la contre-allée.

9. Il est permis d'établir des bornes aux angles saillants des maisons formant encoignure de rue; mais lorsque ces encoignures seront disposées en pans coupés de soixante centimètres au moins et d'un mètre au plus de largeur, une seule borne sera placée au milieu du pan coupé.

SECTION III.

Grands balcons.

10. Les permissions d'établir de grands balcons ne seront accordées que dans les rues de dix mètres de largeur et au-dessus, ainsi que dans les places et carrefours, et ce d'après une enquête *de commodo et incommodo.*

S'il n'y a point d'opposition, les permissions seront délivrées. En cas d'opposition, il sera statué par le conseil de préfecture, sauf le recours au conseil d'État.

Dans aucun cas, les grands balcons ne pourront être établis à moins de six mètres du sol de la voie publique.

Le préfet de police sera toujours consulté sur l'établissement des grands et petits balcons.

SECTION IV.

Constructions provisoires, échoppes.

11. Il pourra être permis de masquer, par des constructions provisoires ou des appentis, tout renfoncement entre deux maisons, pourvu qu'il n'ait pas au delà de huit mètres de longueur, et que sa profondeur soit au moins d'un mètre. Ces constructions ne devront, dans aucun cas, excéder la hauteur du rez-de-chaussée, et elles seront supprimées dès qu'une des maisons attenantes subira retranchement.

Il sera permis de masquer par des constructions légères, en forme de pan coupé, les angles de toute espèce de retranchement au-dessus de huit mètres de longueur, mais sous la même condition que ci-dessus pour leur établissement et leur suppression.

Le préfet de police sera toujours consulté sur les demandes formées à cet effet.

12. Il est expressément défendu d'établir des échoppes en bois ailleurs que dans les angles et renfoncements hors de l'alignement des rues et places.

Toutes les échoppes existantes qui ne sont point conformes aux dispositions ci-dessus, seront supprimées lorsque les détenteurs actuels cesseront de les occuper, à moins que l'autorité ne juge nécessaire d'en ordonner plus tôt la suppression.

SECTION V.

Auvents et corniches de boutiques.

13. Il est défendu de construire des auvents et corniches en plâtre au-dessus des boutiques. Il ne pourra en être établi qu'en bois, avec la faculté de les revêtir extérieurement de métal; toute autre manière de les couvrir est prohibée.

Les auvents et corniches en plâtre actuellement établis au-dessus des boutiques ne pourront être réparés. Ils seront démolis lorsqu'ils auront besoin de réparation, et ne seront rétablis qu'en bois.

SECTION VI.

Enseignes.

14. Aucuns tableaux, enseignes, montres, étalages et attributs quelconques ne seront suspendus, attachés ni appliqués, soit aux balcons, soit aux auvents. Leurs dimensions seront déterminées, au besoin, par le préfet de police, suivant les localités.

Il pourra néanmoins être placé sous les auvents des tableaux ou plafonds en bois, pourvu qu'ils soient posés dans une direction inclinée.

Tout étalage formé de pièces d'étoffe disposées en draperie et guirlande, et formant saillie, est interdit au rez-de-chaussée. Il ne pourra descendre qu'à trois mètres du sol de la voie publique.

Tout crochet destiné à soutenir des viandes en étalage devra être placé de manière que les viandes ne puissent excéder le nu des murs de face, ni faire aucune saillie sur la voie publique.

SECTION VII.

Tuyaux de poële et de cheminées.

15. A l'avenir, et pour toutes les maisons de construction nouvelle, aucun tuyau de poële ne pourra déboucher sur la voie publique.

Dans l'année de la publication de la présente ordonnance, les tuyaux de poêle crêtés et autres qui débouchent actuellement sur la voie publique seront supprimés, s'il est reconnu qu'ils peuvent avoir une issue intérieure. Dans le cas où la suppression ne pourrait avoir lieu, ces mêmes tuyaux seraient élevés jusqu'à l'entablement, avec les précautions nécessaires pour assurer leur solidité et empêcher l'eau rousse de tomber sur les passants.

16. Les tuyaux de cheminée en maçonnerie et en saillie sur la voie publique seront démolis et supprimés, lorsqu'ils seront en mauvais état, ou que l'on fera de grosses réparations dans les bâtiments auxquels ils sont adossés.

Les tuyaux de cheminée en tôle, en poterie et en grès, ne pourront être conservés extérieurement sous aucun prétexte.

SECTION VIII.

Bannes.

17. La permission d'établir des bannes ne sera donnée que sous la condition de les placer à trois mètres au moins au-dessus du sol, dans sa partie la plus basse, de manière à ne pas gêner la circulation. Leurs supports seront horizontaux. Elles n'auront de joues qu'autant que les localités le permettront, et les dimensions en seront déterminées par l'autorité.

- Les bannes devront être en toile ou en

coutil, et ne pourront, dans aucun cas, être établies sur châssis.

La saillie des bannes ne pourra excéder un mètre cinquante centimètres.

Dans l'année de la publication de la présente ordonnance, toutes les bannes qui ne seront pas conformes aux conditions exigées plus haut seront changées, réduites ou supprimées.

SECTION IX.

Perches.

18. Les perches et étendoirs des blanchisseuses, teinturiers, dégraisseurs, couverturiers, etc., ne pourront être établis que dans des rues écartées et peu fréquentées, et après une enquête *de commodo et incommodo,* sur laquelle il sera statué comme il a été dit en l'article 10 ci-dessus.

SECTION X.

Éviers.

19. Les éviers pour l'écoulement des eaux ménagères seront permis, sous la condition expresse que leur orifice extérieur ne s'élèvera pas à plus d'un décimètre au-dessus du pavé de la rue.

SECTION XI.

Cuvettes.

20. A l'avenir, et dans toutes les maisons de construction nouvelle, il ne pourra être

établi en saillie sur la voie publique aucune espèce de cuvettes pour l'écoulement
des eaux ménagères des étages supérieurs.

Dans les maisons actuellement existantes,
les cuvettes placées en saillie seront supprimées lorsqu'elles auront besoin de réparation, s'il est reconnu qu'elles peuvent être
établies à l'intérieur. Dans le cas contraire,
elles seront disposées, autant que faire se
pourra, de manière à recevoir les eaux intérieurement, et garnies de hausses pour
prévenir le déversement des eaux et toute
éclaboussure au-dessous.

SECTION XII.

Constructions en encorbellement.

21. A l'avenir, il ne sera permis aucune
construction en encorbellement ; et la suppression de celles qui existent aura lieu
toutes les fois qu'elles seront dans le cas
d'être réparées.

SECTION XIII.

Corniches ou entablements.

Les entablements et corniches en plâtre
au-dessus de seize centimètres de saillie
seront prohibés dans toutes les constructions en bois.

Il ne sera permis d'établir des corniches
ou entablements de plus de seize centimètres de saillie qu'aux maisons construites

en pierre ou moellon, sous la condition que ces corniches seront en pierre de taille ou en bois, et que la saillie n'excédera, dans aucun cas, l'épaisseur du mur à sa sommité.

On pourra permettre des corniches ou entablements en bois sur les pans de bois.

Les entablements ou corniches des maisons actuellement existantes, qui auront besoin d'être reconstruites en tout ou en partie, seront réduits à la saillie de seize centimètres, s'ils sont en plâtre, et ne pourront excéder en saillie l'épaisseur du mur à sa sommité, s'ils sont en pierre ou en bois.

SECTION XIV.

Gouttières saillantes.

23. Les gouttières saillantes seront supprimées en totalité dans le délai d'une année, à partir de la publication de la présente ordonnance.

Il ne sera perçu aucun droit de petite voirie pour les tuyaux de descente qui seront établis en remplacement des gouttières saillantes supprimées dans ce délai.

SECTION XV.

Devantures de boutiques.

24. Les devantures de boutiques, montres, bustes, reliefs, tableaux, enseignes et attributs fixes, dont la saillie excède celle qui est permise par l'article 3 de la présente

ordonnance, seront réduits à cette saillie, lorsqu'il y sera fait quelques réparations.

Dans aucun cas, les objets ci-dessus désignés, qui sont susceptibles d'être réduits, ne pourront subsister, savoir : les devantures de boutiques, au delà de neuf années, et les autres objets, au delà de trois années, à compter de la publication de la présente ordonnance.

Les établissements du même genre, qui sont mobiles, seront réduits dans l'année.

Seront supprimées dans le même délai toutes saillies fixes placées au-devant d'autres saillies.

25. Il n'est point dérogé aux dispositions des anciens règlements concernant les saillies, ni au décret du 13 août 1810, concernant les auvents des spectacles et de l'esplanade des boulevards, en tout ce qui n'est pas contraire à la présente ordonnance.

26. Notre ministre secrétaire d'État au département de l'intérieur est chargé de l'exécution de la présente ordonnance.

Donné au château des Tuileries, le 24 décembre de l'an de grâce 1823, et de notre règne le vingt-neuvième.

Signé, LOUIS.

Par le Roi :

Le ministre secrétaire d'État de l'intérieur,

Signé, CORBIÈRE.

Ordonnance concernant la réduction des devantures de boutique et autres objets de petite voirie excédant la saillie légale.

Paris, le 14 septembre 1833.

Nous, conseiller d'État, préfet de police,

Vu 1° l'article 24 de l'ordonnance du Roi, du 24 décembre 1823, qui limite à neuf années la durée des devantures de boutiques qui excèdent la saillie légale;

2° L'ordonnance de police du 9 juin 1824, rendue pour la publication et l'exécution de ladite ordonnance royale;

3° L'article 21 de l'arrêté du gouvernement du 12 messidor an VIII (1er juillet 1800);

Considérant que le délai de neuf années fixé par l'article 24 de l'ordonnance du Roi précitée, pour la réduction des devantures de boutiques qui excédaient la saillie légale de 16 centimètres (6 pouces), est expiré depuis le 9 juin dernier; que non-seulement la réduction de saillie de la plupart de ces devantures de boutiques n'a point été effectuée, mais qu'un grand nombre de montres, étalages, crochets, bustes, reliefs, tableaux, enseignes et attributs, qui depuis longtemps auraient dû être réduits à la saillie légale, excèdent encore cette saillie;

Considérant que l'excès de saillie de tous ces objets résulte de ce qu'ils ont été établis sans autorisation ou contrairement aux dis-

23.

positions des permissions délivrées, et qu'il importe de réprimer un abus qui présente des inconvénients pour la liberté et la sûreté de la circulation;

ORDONNONS ce qui suit:

Art. 1er. Les dispositions de l'ordonnance du Roi, du 24 décembre 1823, *portant règlement sur les saillies, auvents et constructions semblables à permettre dans la ville de Paris,* relative à la réduction des devantures de boutique et autres objets de petite voirie excédant la saillie légale, seront imprimées en tête de la présente ordonnance pour être publiées et affichées de nouveau.

2. Devront être réduits immédiatement à 16 centimètres (6 pouces) au plus de saillie, à partir du nu du mur au-dessus de la retraite, les devantures de boutique, ainsi que les montres, étalages, bustes, reliefs, crochets, tableaux, enseignes et attributs fixes ou mobiles qui excéderaient cette saillie, dans les rues de 10 mètres de largeur et au-dessus.

Dans les rues au-dessous de 10 mètres, la saillie desdits objets sera réduite proportionnellement à la largeur de la rue où ils seront établis.

3. Il est défendu de faire déposer ou reposer aucun des objets de petite voirie excédant la saillie légale, sans déclaration préalable à la préfecture de police. A défaut de déclaration, les saillies reculées seront considérées comme saillies nouvelles, s'il

n'y a preuve contraire, et, comme telles, sujettes au droit.

4. Les contraventions aux dispositions de la présente ordonnance seront constatées par des procès-verbaux ou rapports qui nous seront soumis, pour être pris telle mesure qu'il appartiendra.

Les commissaires de police, le chef de la police municipale, les officiers de paix, l'architecte-commissaire de la petite voirie, et les préposés de la préfecture de police, sont chargés de surveiller et assurer l'exécution de la présente ordonnance.

Le conseiller d'État, préfet de police,
GISQUET.

———

Décret contenant un nouveau tarif des droits de voirie pour la ville de Paris, du 27 octobre 1808.

Art. 1er. A compter du premier juillet prochain, les droits dus dans la ville de Paris, d'après les anciens règlements, sur le fait de la voirie, pour les délivrances d'alignements, permissions de construire ou réparer, et autres permis de toute espèce, qui se requièrent en grande ou en petite voirie, seront perçus conformément au tarif joint au présent décret.

2. La perception de ces droits sera faite à la préfecture du département, pour les

objets de grande voirie, et à la préfecture de police, pour les objets de petite voirie, par le secrétaire général de chacune de ces administrations, à l'instant même qu'il délivrera les expéditions des permis accordés.

3. Il sera tenu dans chacune des deux préfectures : 1° un registre à souche où seront inscrits, sous une seule série de numéros. pour le même exercice, les minutes desdits permis, et d'où se détacheront les expéditions à en délivrer; 2° un registre de recette où s'inscriront, jour par jour, les recuuvrements opérés.

Ces deux registres seront cotés et paraphés par les préfets, chacun pour ce qui concerne son administration.

4. Le versement des sommes recouvrées s'effectuera de quinze jours en quinze jours, à la caisse du receveur municipal de la ville de Paris.

5. Il sera, de plus, adressé audit receveur, dans les dix premiers jours de chaque mois, et par chacun des préfets pour son administration, un bordereau indicatif des permis accordés dans le mois précédent, du montant des droits dus pour chacun, du recouvrement qui en a été fait ou qui reste à faire.

6. A l'envoi du bordereau prescrit par l'article ci-dessus seront jointes les expéditions de permis qui se trouveraient n'avoir pas encore été retirés par les demandeurs, et dont les droits resteraient à acquitter. Le receveur de la ville en poursuivra le recou-

vrement dans les formes usitées en matière de contribution directe.

7. Il ne sera rien perçu en sus des droits portés au tarif, ou pour autres causes que celles y énoncées, même sous prétexte de droit de quittance, frais de timbre ou autres, à peine de concussion.

TARIF POUR LA GRANDE VOIRIE.

Dénomination et tarif des droits à percevoir.

Alignements, pour chaque mètre de longueur de face, savoir :   fr. c.

D'un bâtiment dans une rue de moins de 8 mètres de large,   5

De 8 mètres jusqu'à 10,   6

De dix et au-dessus,   7

D'un mur de clôture,   1

D'une clôture provisoire en planches,   25

Réparations partielles (*voy.* jambe étrière, piédroit, etc.).

Avant-corps en pierre et pilastres (*voyez* colonnes), droit fixe pour chaque,   10

Balcon (petit) avec construction nouvelle, pour chaque croisée,   5

Balcon (grand), pour chaque mètre de longueur,   10

Barrière au-devant des fouilles, cour, constructions et réparations,   5

Bâtiments (*voyez* alignements).

Colonnes engagées en pierre formant support, droit fixe pour chaque 5 centimètres de saillie en pierre
(rien, attendu qu'on ne permettra
pas de prendre sur la voie publique).

Colonnes isolées en pierre, droit
fixe (même observation qu'à l'article
précédent).

Contrefiches pour constructions
et réparations, droit fixe, 5

Dosserets, droit fixe, 10

Encorbellement pour chaque 5
centimètres de saillie, 5

Entablement avec échafaud, droit
fixe, 10

— en partie, 5

Étais ou étrésillons (*voyez* contrefiches), 5

Exhaussement d'un bâtiment aligné, droit fixe, 10

D'un bâtiment non aligné (*voyez*
alignements).

Jambe étrière reconstruite en la
face d'une maison alignée, droit fixe, 10

Jambe étrière à reconstruire suivant l'alignement (*voy*. alignements).

Linteau, 10

Mur (*voyez* alignements).

Ouverture ou percement de boutiques ou croisées, 10

Pans de bois neuf, droit fixe, non
compris l'alignement, 20

	fr.	c.
Pans pour rétablissement partiel, droit fixe,	10	
Piédroit à reconstruire en la face d'une maison alignée, droit fixe,	10	

— à reconstruire suivant l'alignement (*voyez* alignements).

Pilastres en pierre (*voyez* colonnes).

	fr.	c.
Poitrail, droit fixe,	10	

Réparations en la face d'un bâtiment (*voyez* alignements).

	fr.	c.
Ravalement avec échafaud, droit fixe,	10	
— partiel,	5	
Tour creuse ou enfoncement,	10	
Tour ronde ne sera plus autorisée,	*Mémoire.*	
Trumeaux à reconstruire en la face d'une maison alignée, droit fixe,	10	

— à reconstruire suivant l'alignement (*voyez* alignements).

TARIF POUR LA PETITE VOIRIE.

Dénomination et tarif des droits à percevoir.

	fr.	c.
Abat-jour,	4	
Abat-vent des boutiques,	4	
Appui à demeure, compris les soubassements,	4	
Appui sur les croisées où fenêtres,	2	
Appui mobile,	4	
Auvent ordinaire en menuiserie,	4	

	fr.	c.
Auvent (petit) au-dessus des croisées,	2	
— cintré en plâtre, avec fer et fenton,	12	50
Baldaquins,	50	
Balcons (petits) ou balustres aux fenêtres sans construction nouvelle (1),	2	
Bancs,	4	
Barreaux de boutiques et de croisées,	4	
Bannes,	4	
Barres de support,	4	
Barrière au-devant des maisons,	50	
— au-devant des démolitions pour cause de péril,	5	
Bornes appuyées contre le mur, en quelque nombre qu'elles soient,	4	
Bornes isolées,	4	
Bouchons de cabarets, ou couronnes,	4	
Bustes formant étalage,	4	
Cadran (*voyez* tableau).		
Cage (*voyez* étalage).		
Changement de menuiserie des croisées,	4	
Chardons de fer ou herse,	4	
Châssis à verre, sédentaires ou mobiles,	4	

(1) Pour les grands et petits balcons avec constructions nouvelles, l'avis du préfet de police sera demandé.

Clôture ou fermeture de rue pour fr. c.
bâtir (*voyez* pieux).

Colonnes engagées en menuiserie,
et parement de décoration, 20

Colonnes isolées, 20

Comptoirs ou établis mobiles, 4

Conduites ou tuyaux de plomb
pour conduire les eaux des maisons, 4

Contrefiches à placer en cas de
péril, 5

Contrevent ou fermeture de boutiques et croisées, 5

Corniches en bois, 4

Corniches en plâtre, 10

Cuvettes (*voyez* conduites), 4

Degrés (*voyez* marches), 4

Devanture de boutique en menuiserie, 25

Dos d'âne ou étalage (*voyez* étaux), 4

Échoppes sédentaires ou demi-
sédentaires, 10

— mobiles, 4

Enseigne (*voyez* tableau), 4

Établis (*voyez* comptoirs), 4

Étais ou étrésillons (*voyez* contrefiches).

Étalage, 4

Etaux de boucher, 4

Eviers et gargouilles, 4

Fermeture de boutiques (*voyez*
portes), 4

— de croisées fixées (*voyez* châssis), 4

	fr.	c.
Gargouilles d'éviers (*voy.* éviers),	4	
Grilles de boutiques ou de croisées (*voyez* barreaux),	4	
Grilles de cave,	4	
Herses ou chardons de fer (*voyez* chardons),	4	
Jalousies (*voyez* châssis de verre),	4	
Marches, pour chaque,	5	
S'il n'y en a qu'une,	4	
Montre ou étalage,	4	
Moulinet de boulanger,	4	
Perche, pour chacune,	10	
Perron,	50	
Pieux pour barrer les rues,	25	
Pilastres en bois,	4	
Plafonds,	4	
Poêles ou tuyaux de poêle,	4	
Portes ouvrant en dehors,	4	
Potences de fer ou en bois,	4	
Poulies,	4	
Seuil,	4	
Siége de pierre ou en bois,	4	
Soubassements,	5	
Stores,	4	
Tableau servant d'enseigne,	4	
Tapis d'étalage (*voyez* étalage),	4	
Tuyaux de poêle (*voyez* poêle),	4	
Volets servant d'enseigne,	4	

Ordonnance concernant les caisses, pots à fleurs et autres objets dont la chute peut causer des accidents.

Paris, le 1er avril 1818.

Art. 1er. Il est défendu à tous propriétaires et locataires des maisons situées dans la ville de Paris, de déposer, sous aucun prétexte, et de laisser déposer sur les toits, entablements, gouttières, terrasses, murs et autres lieux élevés des maisons, des caisses, pots à fleurs, vases et autres objets pouvant nuire par leur chute.

On ne pourra former de dépôts de cette espèce que sur les grands balcons et sur les appuis des croisées garnies de petits balcons de fer ou de barres de support en fer, avec grillage en fil de fer maillé.

2. Dans trois jours, à compter de la publication de la présente ordonance, tous les pots à fleurs, caisses, vases et autres objets exposés autrement que sur les grands balcons et appuis de croisées munies de petits balcons ou de barres de fer garnies de grillages en fer maillé, seront retirés.

Tous préaux et jardinets formés sur les toits ou sur les murs de face seront détruits, ainsi que les bois ou fers employés à les soutenir.

3. Les contraventions seront constatées par les commissaires de police, qui en dresseront des procès-verbaux qu'ils transmet-

tront directement au tribunal de police municipale.

Il sera pris, en outre, les mesures nécessaires pour prévenir les accidents : à cet effet, les commissaires de police feront retirer et supprimer sur-le-champ les objets exposés en contravention.

4. Il n'est point dérogé aux dispositions des règlements, à l'égard des particuliers qui conserveraient des caisses, pots à fleurs, dans le cas prévu par le second paragraphe de l'article 1er, et qui, par négligence ou autrement, laisseraient couler de l'eau sur la voie publique en arrosant les fleurs.

5. La présente ordonnance sera imprimée et affichée.

Les commissaires de police, l'architecte-commissaire de la petite voirie, l'inspecteur général de la salubrité, et tous les préposés de la préfecture de police, sont chargés d'en surveiller et assurer l'exécution.

Pour copie conforme,
Le secrétaire général,
P. MALLEVAL.

Ordonnance concernant le balayage et la propreté de la voie publique.

Paris, le 27 octobre 1836.

Nous, conseiller d'État, préfet de police,
Vu l'article 3 du titre II de la loi des 16-24 août 1790 ;

Vu les articles 2 et 22 de l'arrêté du gouvernement du 1er juillet 1800 (12 messidor an VIII);

Vu l'article 471 du Code pénal;

Considérant qu'il est utile de rappeler fréquemment aux habitants les obligations qui leur sont imposées pour assurer le maintien de la propreté de la voie publique, et qu'il importe d'ajouter aux règlements existants de nouvelles dispositions dont l'expérience a fait reconnaître la nécessité;

Ordonnons ce qui suit :

Art. 1er. Les propriétaires ou locataires (1)

---

(1) L'obligation du balayage des rues est à la charge du propriétaire seul, quand il habite la maison et alors même qu'il n'y habite pas, si elle n'est pas louée. (Arrêts de la Cour de cassation des 5 septembre 1822, 6 avril et 10 août 1833.)

Lorsque la maison est louée à un principal locataire, celui-ci est tenu de l'obligation du balayage; il ne peut s'en affranchir sous prétexte qu'il n'habiterait pas la maison, et que le soin du balayage serait à la charge d'un des locataires dont il ne fait point d'ailleurs connaître le nom. (Arrêt de la Cour de cassation du 10 août 1833.)

Si la maison est louée à plusieurs locataires, le balayage est à la charge du propriétaire, et c'est lui seul qui doit être poursuivi en cas de contraventions aux ordonnances de police qui prescrivent le balayage. (Arrêt de la Cour de cassation du 13 novembre 1834.)

Les tribunaux de police ne peuvent renvoyer de l'action du ministère public les contrevenants à un règlement de police qui prescrit de balayer devant des maisons et établissements, sous prétexte que n'habitant pas la ville de Paris, ils n'ont pu en connaître les règlements sur la police. (Arrêt de la Cour de cassation du 9 juin 1832.)

Ils ne peuvent se dispenser d'appliquer les règlements sur le balayage des rues sous le prétexte que les contre-

24.

sont tenus de faire balayer complétement, chaque jour, la voie publique au-devant de leurs maisons, boutiques, cours, jardins et autres emplacements.

Le balayage sera fait jusqu'aux ruisseaux, dans les rues à chaussée fendue.

Dans les rues à chaussée bombée et sur les quais, le balayage sera fait jusqu'au milieu de la chaussée.

Le balayage sera également fait sur les contre-allées des boulevards jusqu'aux ruisseaux des chaussées.

Les boues et immondices seront mises en tas ; ces tas devront être placés de la manière suivante, selon les localités, savoir :

---

venants étaient dans l'intention de se conformer à l'arrêté, et qu'ils allaient le faire au moment où la contravention a été constatée (arrêt de la Cour de cassation du 7 décembre 1826) ; ou bien sur l'allégation par eux faite d'excuses non concluantes en droit, telles que celles résultant de ce qu'ils étaient occupés au balayage au moment du rapport dressé contre eux (Arrêt de la Cour de cassation du 4 mars 1826.)

L'infraction à un règlement sur le balayage des rues est suffisamment prouvée par l'aveu du contrevenant ; il importe peu alors qu'il n'ait pas été dressé un procès-verbal de contravention. (Arrêt de la Cour de cassation du 7 avril 1809.)

La gelée peut servir d'excuse en cas de contravention au balayage. (*Gazette des Tribunaux* du 13 février 1827.)

Un impasse ou cul-de-sac, bien qu'il soit propriété privée, et qu'il soit fermé au public pendant la nuit, est soumis au balayage, s'il est livré à la circulation publique pendant le jour, et s'il sert de communication à un certain nombre d'habitants dont les maisons y aboutissent. (Arrêt de la Cour de cassation du 2 juin 1837.)

Dans les rues sans trottoirs, auprès des bornes; dans les rues à trottoirs, le long des ruisseaux du côté de la chaussée, si la rue est à chaussée bombée; et le long des trottoirs, si la rue est à chaussée fendue; sur les boulevards, le long des ruisseaux de la chaussée, côté des contre-allées.

Dans tous les cas, les tas devront être placés à une distance d'au moins deux mètres des grilles ou des bouches d'égouts.

Nul ne pourra pousser les boues et immondices devant les propriétés de ses voisins.

2. Le balayage sera fait entre six heures et sept heures du matin, depuis le 1er avril jusqu'au 1er novembre, et entre sept heures et huit heures du matin, depuis le 1er novembre jusqu'au 1er avril.

En cas d'inexécution, le balayage sera *fait d'office*, aux frais des propriétaires ou locataires.

3. En outre du balayage prescrit par l'art. 1er, les propriétaires ou locataires seront tenus de faire gratter, laver et balayer chaque jour les trottoirs existant au-devant de leurs maisons, ainsi que les bordures desdits trottoirs, aux heures fixées par l'article précédent.

Cette disposition est applicable aux dalles établies dans les contre-allées des boulevards: les propriétaires ou locataires sont tenus de les faire gratter, laver et balayer chaque jour; les boues et ordures provenant de ce balayage seront mises en tas sur la chaussée pavée, le long des ruisseaux, côté des contre-allées, conformément à l'article 1er.

4. Les devantures de boutiques ne pourront être lavées après les heures fixées pour le balayage, et l'eau du lavage devra être balayée et coulée au ruisseau.

5. Dans les rues à chaussée bombée, chaque propriétaire ou locataire doit tenir libre le cours du ruisseau au devant de sa maison; dans les rues à chaussée fendue, il y pourvoira conjointement avec le propriétaire ou locataire qui lui fait face.

Pour prévenir les inondations par suite de pluies ou de dégel, les habitants, devant la propriété desquels se trouvent des grilles d'égout, les feront dégager des ordures qui pourraient les obstruer. Ces ordures seront déposées aux endroits indiqués par l'art. 1er.

6. Il est expressément défendu de jeter dans les égouts, des urines, des boues et immondices solides, des matières fécales, et généralement tout corps ou matière pouvant obstruer ou infecter lesdits égouts.

7. Il est expressément défendu de déposer dans les rues aucunes ordures, immondices, pailles et résidus quelconques de ménage.

Ces objets devront être portés directement des maisons aux voitures du nettoyement, et remis aux desservants de ces voitures, au moment de leur passage annoncé par une clochette.

8. Toutefois, les habitants des maisons qui

n'ont ni cour, ni porte-cochère, pourront déposer des ordures, pailles et résidus ménagers, le matin avant huit heures, depuis le 1er novembre jusqu'au 1er avril, et avant sept heures, depuis le 1er avril jusqu'au 1er novembre. En dehors de ces heures, il est formellement interdit de faire aucun dépôt de ce genre sur la voie publique.

Ces dépôts devront être faits sur les points de la voie publique désignés en l'article 1er, pour la mise en tas des immondices provenant du balayage.

8. Lorsqu'un chargement ou déchargement de marchandises, ou de tous autres objets quelconques, aura été opéré sur la voie publique, dans le cours de la journée, et dans le cas où ces opérations sont permises par les règlements, l'emplacement devra être nettoyé.

En cas d'inexécution, il y sera pourvu *d'office* et aux frais du contrevenant.

9. Il est défendu de jeter des eaux sur la voie publique; ces eaux devront être portées au ruisseau pour y être versées de manière à ne pas incommoder les passants.

Il est également défendu d'y jeter et faire couler des urines et des eaux infectes.

10. Il est généralement défendu de déposer sur la voie publique les bouteilles cassées, les morceaux de verre, de poterie, de faïence, et tous autres objets de même nature pouvant occasionner des accidents.

Ces objets devront être directement portés aux voitures du nettoyement, et remis aux desservants de ces voitures.

11. Il est défendu de secouer des tapis sur la voie publique, et généralement d'y rien jeter des habitations.

12. Il est défendu de jeter des pailles ou des ordures ménagères à la rivière ou sur les berges.

13. Il est interdit aux marchands ambulants de jeter sur la voie publique des débris de légumes et de fruits, ou tous autres résidus.

Les étalagistes, ou tous autres marchands du même genre, sont obligés de tenir constamment propre la voie publique au-devant de l'emplacement qu'ils occupent.

14. Il est prescrit aux entrepreneurs de constructions publiques ou particulières de tenir la voie publique en état constant de propreté, aux abords de leurs constructions ou chantiers, et sur tous les points qui auraient été salis par suite de leurs travaux; il leur est également prescrit d'assurer aux ruisseaux un libre écoulement.

En cas d'inexécution, le nettoyement de ces points de la voie publique sera opéré *d'office* et aux frais des entrepreneurs

15. Dans le cas où des réparations à faire dans l'intérieur des maisons nécessiteraient le depôt momentané de terres, sables, gravois et autres matériaux sur la voie publique, ce dépôt ne pourra avoir lieu que sous

l'autorisation préalable du commissaire de police du quartier.

La quantité des objets déposés ne devra jamais excéder le chargement d'un tombereau, et leur enlèvement complet devra toujours être effectué avant la nuit. Si, par suite de force majeure, cet enlèvement n'avait pu être opéré complétement, les terres, sables, gravois ou autres matériaux, devront être suffisamment éclairés pendant la nuit.

Sont formellement exceptés de la tolérance les terres, moellons ou autres objets provenant des fosses d'aisance; ces débris devront être immédiatement emportés, sans pouvoir jamais être déposés sur la voie publique.

En cas d'inexécution, il sera procédé, *d'office* et aux frais des contrevenants, à l'enlèvement des dépôts, et, au besoin, à l'éclairage.

16. Il est enjoint à tout propriétaire ou locataire de maisons ou terrains situés le long des rues ou portions de rues non pavées, de faire combler, chacun en droit soi, les excavations, enfoncements et ornières, et d'entretenir le sol en bon état, et de rétablir les pentes nécessaires pour procurer aux eaux un écoulement facile, et de faire, en un mot, toutes les dispositions convenables pour que la liberté, la sûreté de la circulation et la salubrité ne soient pas compromises.

17. Ceux qui transporteront des terres,

sables, gravois, fumier-litière et autres objets quelconques pouvant salir la voie publique, devront charger leurs voitures de manière que rien ne s'en échappe et ne puisse se répandre.

Le nettoyement des rues ou parties de rues salies par les voitures en surcharge sera opéré *d'office* et aux frais des contrevenants.

18 Les concierges, portiers ou gardiens des établissements publics et maisons domaniales sont personnellement responsables de 'exécution des dispositions ci-dessus, en ce qui concerne les établissements et maisons auxquels ils sont attachés.

19. Les contraventions aux injonctions ou défenses faites par la présente ordonnance seront constatées par des procès-verbaux ou rapports qui nous seront adressés. Les contrevenants seront traduits, s'il y a lieu, devant les tribunaux, pour être punis conformément aux lois et règlements en vigueur.

Dans tous les cas où il y aura lieu à procéder *d'office*, en vertu des dispositions de la présente ordonnance, ces opérations se feront à la diligence des commissaires de police ou du directeur de la salubrité, aux frais des contrevenants, et sans préjudice des peines encourues.

20. La présente ordonnance sera publiée et affichée.

Les commissaires de police, le chef de la police municipale, le directeur de la salubrité, les officiers de paix et autres préposés de l'administration, sont chargés de faire observer les dispositions de l'ordonnance ci-dessus, et de tenir la main à leur exécution.

Les préposés de l'octroi sont requis de concourir à l'exécution des articles 15 et 17, concernant les dépôts et le transport des terres, sables et autres objets susceptibles de salir ou d'embarrasser la voie publique.

A cet effet, ampliation de ladite ordonnance sera adressée à M. le directeur président du conseil d'administration de l'octroi.

Le conseiller d'État, préfet de police.

G. DELESSERT.

Ordonnance concernant l'arrosement de la voie publique

Paris, le 1er juin 1831.

Nous conseiller d'État, préfet de police,

Considérant qu'il importe de prendre des mesures pour assurer, pendant les chaleurs, l'arrosement de la voie publique;

Vu la loi des 16-24 août 1790;

Vu l'arrêté du gouvernement du 12 messidor an VIII (1er juillet 1800);

Ordonnons ce qui suit:

Art. 1er. A compter du jour de la publication de la présente ordonnance, et pendant tout le temps que dureront les chaleurs, les propriétaires ou locataires sont tenus de faire arroser, à onze heures du matin et à trois heures de l'après-midi, la partie de la voie publique au-devant de leurs maisons, boutiques, jardins et autres emplacements en dépendant; ils feront écouler les eaux des ruisseaux pour en éviter la stagnation.

Cette disposition est applicable aux propriétaires ou locataires des passages publics et à ciel ouvert existant sur des propriétés particulières, ainsi qu'aux concessionnaires des ponts pavés ou cailloutés, dont le passage est soumis à un droit de péage.

2. Il est défendu de se servir de l'eau stagnante des ruisseaux pour l'arrosement.

3. Les concierges, portiers ou gardiens des établissements publics et maisons domaniales sont personnellement responsables de l'exécution des dispositions ci-dessus, en ce qui concerne les établissements et maisons auxquels ils sont attachés.

4. Les contraventions aux injonctions ou défenses faites par la présente ordonnance seront constatées par des procès-verbaux ou rapports qui nous seront adressés. Les commissaires de police et le directeur de la salubrité feront arroser d'office et aux frais des contrevenants, qui, en outre, seront traduits, s'il y a lieu, devant les tribunaux, pour être punis conformément aux lois et règlements en vigueur.

5. La présente ordonnance sera publiée et affichée. Les commissaires de police, le

chef de la police municipale, le directeur de la salubrité, les officiers de paix et autres préposés de l'administration, sont chargés de faire observer les dispositions de l'ordonnance ci-dessus, et de tenir la main à leur exécution.

Le conseiller d'État, préfet de police,
G. DELESSERT.

———

Ordonnance concernant l'échenillage.

Paris, le 29 janvier 1810.

Nous, Louis-Nicolas-Pierre-Joseph Dubois, commandant de la Légion d'honneur, comte de l'Empire, conseiller d'État, chargé du 4e arrondissement de la police générale, préfet de police du département de la Seine et des communes de Saint-Cloud, Sèvres et Meudon, du département de Seine-et-Oise, etc.

Vu la loi du 26 ventose an IV;

Les arrêtés du gouvernement des 12 messidor an VIII et 3 brumaire an XI;

Et la décision du ministre de la police générale, du 25 fructidor an IX;

ORDONNONS ce qui suit :

Art. 1er. Aussitôt après la publication de la présente ordonnance, tous les propriétaires, fermiers ou locataires de terrains situés dans le ressort de la préfecture de police seront tenus d'écheniller ou de faire écheniller les arbres, haies et buissons qui sont sur lesdits terrains, ainsi que ceux qui bordent les grandes routes et les chemins vicinaux, sous les peines portées par l'article 1er de la loi du 26 ventose an IV.

2. Il leur est enjoint, sous les mêmes peines, de brûler sur-le-champ les bourses et toiles provenant desdits arbes, haies ou buissons, en prenant les précautions nécessaires pour prévenir le danger du feu.

3. L'échenillage sera terminé le 15 mars prochain.

4. En cas de négligence de la part des propriétaires, fermiers ou locataires, les maires et les adjoints des communes feront faire l'échenillage aux dépens de ceux qui l'auront négligé, conformément à l'art. 7 de la loi précitée.

5. Les contraventions seront constatées par des procès-verbaux qui nous seront adressés.

6. Il sera pris envers les contrevenants telles mesures de police administrative qu'il appartiendra, sans préjudice des poursuites à exercer contre eux par devant les tribunaux, conformément aux lois et règlements.

7. La présente ordonnance sera imprimée, publiée et affichée. Il en sera adressé une ampliation à l'administration générale des eaux et forêts.

8. Les sous-préfets des arrondissements de Saint-Denis et de Sceaux, les maires et adjoints des communes rurales du ressort de la préfecture de police municipale, les

officiers de paix et les préposés de la préfecture, sont chargés d'en surveiller l'exécution.

Le conseiller d'État, préfet, comte de l'Empire,

. *Signé* DUBOIS.

Extrait de l'ordonnance de police du 21 décembre 1819, concernant les incendies.

Art. 13. Il est défendu de brûler de la *paille* dans les rues, et d'y mettre en feu aucun amas de matières combustibles.

Pour extrait conforme :

Le secrétaire général de la préfecture de police,

P. MALLEVAL.

Arrêté relatif aux feux de paille dans les rues.

Paris, le 4 octobre 1837.

Nous, conseiller d'État, préfet de police, Considérant que l'époque des déménagements est pour un grand nombre d'habitants une occasion de déposer des pailles dans les rues où elles sont ensuite brûlées ; qu'il importe de prévenir les inconvénients et les dangers qui résultent de cette habitude ;

Arrêtons ce qui suit :

Art. 1er. Seront de nouveau imprimées et affichées les dispositions : 1° de l'article 7 de

25.

l'ordonnance de police, du 29 octobre 1836, concernant le balayage et la propreté de la voie publique;

2° De l'article 13 de l'ordonnance du 21 décembre 1819, relative aux incendies.

2. En cas de contravention aux articles précités, il sera procédé d'office, et aux frais des contrevenants, à l'enlèvement des dépôts de paille, et à l'extinction des feux qui auront été allumés, sans préjudice des poursuites à exercer devant les tribunaux.

Le conseiller d'État, préfet de police,

G. DELESSERT.

Ordonnance concernant le bruit du cor, dit trompe de chasse, dans Paris.

Nous, conseiller d'État, préfet de police,

Vu la loi des 16-24 août 1790, titre XI, art. 3, et celle des 19-22 juillet 1791;

Vu l'arrêté du gouvernement du 12 messidor an VIII (1er juillet 1800);

Considérant que des plaintes nombreuses nous parviennent journellement contre le bruit du cor, dit trompe de chasse;

Que les sons éclatants de cet instrument troublent d'une manière grave la tranquillité publique, occasionnent des rixes fréquentes, et nuisent au repos des malades;

ORDONNONS ce qui suit :

Art. 1er. Il est défendu de sonner du cor, dit trompe de chasse, dans Paris, à quelque heure et dans quelque lieu que ce soit.

2. Les contraventions aux dispositions de la présente ordonnance seront constatées par des procès-verbaux qui nous seront adressés pour être déférés au tribunal de police municipale.

3. Le chef de police municipale, les commissaires de police, les officiers de paix et les préposés de la préfecture de police, sont chargés, chacun en ce qui le concerne, de l'exécution de la présente ordonnance, qui sera affichée dans Paris.

Le conseiller d'État, préfet de police,

G. DELESSERT.

Extrait de l'ordonnance de police du 21 décembre 1819, relative à la construction des bâtiments et au ramonage des cheminées, et autres mesures de police prescrites pour prévenir les accidents du feu.

Art. 1er. Conformément aux lois et règlements en vigueur sur la construction des bâtiments, il est défendu de placer des manteaux et tuyaux de cheminées contre les cloisons faites, soit en maçonnerie, soit en charpente, de mettre des bois dans lesdits tuyaux et de poser des âtres sur les solives des planchers.

2. Il est enjoint à tous propriétaires et locataires de faire ramoner leurs cheminées assez fréquemment pour prévenir les dangers du feu. Les cheminées des fours, des fonderies, des cuisines, des traiteurs, et autres établissements où l'on emploie journellement du combustible, seront ramonées au moins une fois par mois.

Il est défendu de faire sécher du bois dans les fours et de construire au-dessus aucune soupente ou réserve.

3. Il est expressément défendu de faire usage du feu pour nettoyer les cheminées et tuyaux de poêles.

4. Il est enjoint d'avoir dans les écuries des lanternes fixées pour prévenir les accidents du feu.

Il est aussi défendu d'y entrer, ainsi que dans les endroits où il y a de la paille, du foin, du charbon ou autres matières combustibles, avec des pipes remplies de tabac allumé et d'y fumer.

14. Il est défendu de tirer sur la voie publique aucune pièce d'artifice.

Nul ne pourra tirer des pièces d'artifice dans les cours, jardins, et terrains particuliers, sans une permission du préfet de police.

16. Tous propriétaires ou principaux locataires de maisons où se trouvent des puits sont tenus de les nettoyer et de les entretenir de poulies solides, de cordes et de seaux toujours en état de servir. Ils sont

également tenus de maintenir les pompes en bon état.

———

Extrait des ordonnances de police des 8 novembre 1780 et 21 mai 1784, qui prescrivent de fermer les portes d'entrée des maisons à des heures déterminées.

Il est défendu de laisser ouvertes les portes d'entrée des maisons après huit heures du soir en hiver et dix heures en été (1).

———

Extrait de l'ordonnance du préfet de police, du 8 août 1829, relative au déchargement et sciage du bois de chauffage à domicile.

Art. 66. Le bois destiné au chauffage des habitations n'est déchargé sur la voie publique, en y mettant la célérité nécessaire,

———

(1) L'infraction à cette défense est punie d'une amende depuis un franc jusqu'à cinq francs inclusivement, et, en cas de récidive, d'un emprisonnement pendant trois jours au plus. (Art 471, § 5 et 474 du Code pénal ; circulaire du préfet de police du 14 mars 1812.)

La Cour de cassation a décidé, par arrêt du 2 février 1837, que le propriétaire d'une maison dont la porte d'allée a été trouvée ouverte à une heure après minuit, en contravention à un arrêt de police qui en prescrit la fermeture à dix heures du soir, est responsable de cette contravention quand bien même il n'habiterait point cette maison, sauf son recours, s'il y a lieu, contre ses locataires (*Gazette des Tribunaux* des 6 et 7 mars 1837.)

qu'à défaut de cours ou de passages, de portes cochères, ou bien, si les cours, passages, et portes cochères ne présentent pas les facilités convenables. Dans ce cas, les voitures doivent être rangées de manière à ne gêner la circulation que le moins possible.

67. Lorsque, dans les rues de sept mètres de largeur et au-dessus, le déchargement du bois peut se faire sur la voie publique, selon ce qui vient d'être dit, il y est procédé de manière à ne pas interrompre le passage des voitures.

Dans les rues au-dessous de sept mètres de largeur, il est toujours réservé un passage libre pour les gens à pied.

Il est défendu de décharger simultanément deux voitures de bois destinées à des habitations situées l'une en face de l'autre. Celle arrivée la dernière est rangée à la suite de la première, et attend que celle-ci soit déchargée et le bois rentré.

68. Il est défendu de scier, ni de faire scier du bois sur la voie publique. Cependant lorsqu'on ne fait venir qu'une voie de bois à la fois, le sciage est toléré; mais les scieurs se placent le plus près possible des maisons, afin de ne point accroître les embarras de la voie publique.

Le bois est rentré au fur et à mesure du sciage.

69. Il est expressément défendu de décharger ni scier du bois sur les trottoirs.

On ne peut en fendre ni sur les trottoirs, ni sur aucune partie de la voie publique.

Observations générales.

Les contraventions aux ordonnances de police que nous venons de transcrire sont punies d'amende, depuis 1 franc jusqu'à 5 francs inclusivement. (Art. 471 du Code pénal.)

En cas de récidive, la peine sera celle de l'emprisonnement, pendant trois jours au plus. (Art. 474 du Code pénal.)

Les amendes encourues par les locataires pour contraventions aux règlements de police doivent être acquittées par les propriétaires, lors même qu'ils n'habitent pas leur maison, et que les locataires ont déménagé sans payer. (*Gazette des Tribunaux.*)

MODÈLES.

DE TOUS LES ACTES SOUS SEING PRIVÉ

RELATIFS AUX LOCATIONS DE MAISONS (1).

N° 1. *Modèle d'un engagement sous seing privé que le propriétaire et le locataire doivent signer, afin d'éviter les contestations auxquelles la location verbale peut donner lieu.*

Entre les soussignés,

M... (*prénoms, nom, profession ou qualité, et demeure du propriétaire*), d'une part;

Et M... (*prénoms, nom, profession ou qualité, et demeure du locataire*), d'autre part;

Ont été faites les conventions suivantes :

M..., propriétaire d'une maison sise à Paris, rue..., n°..., donne à loyer à M... (*le nom du locataire*) ladite maison, circonstances et dépendances, *ou* une boutique, *ou* un magasin dans ladite maison, *ou* un appartement à *tel* étage de ladite maison, consistant en *tant* de pièces éclairées par des croisées donnant sur la rue *ou* sur la cour, *tant* de chambres de domestique situées à *tel* étage, une cave, un bûcher, un grenier, une écurie, une remise; plus la jouissance exclusive de telle cour, ou bien d'un jardin, ou de telle partie du jardin. (*En un mot, faire la désignation complète de tout ce qui fait partie de la location.*)

M... (*le nom du propriétaire*) s'oblige de livrer les lieux à M... (*le nom du locataire*) le... (*désigner la date*).

La présente location est faite moyennant un loyer an-

---

(1) *Voyez*, page 18, les observations que nous avons faites relativement à la rédaction des actes sous seing privé.

nuel de..., payable de trois mois en trois mois aux époques ordinaires des termes *ou* à telle époque.

De son côté, M... (*le nom du locataire*) s'oblige de prendre à loyer de M... (*le nom du propriétaire*) les lieux ci-dessus désignés pour le prix, aux conditions et à l'époque sus-mentionnés..

Fait double à..., le .. mil huit cent...

(*Signatures du propriétaire et du locataire.*)

(Cet acte ne diffère du bail écrit qu'en ce que, dans le bail écrit, on détermine la durée du temps pour lequel il est fait. Mais les parties peuvent, dans l'acte dont nous venons de donner le modèle, insérer de même que dans le bail écrit toutes les clauses particulières aux locations. (*Voyez,* ci-après, modèle n° 2, les clauses que l'on insère le plus communément dans les baux.)

N° 2. *Modèle d'un bail sous seing privé de maison ou d'appartement.*

Entre les soussignés,
(*Prénoms, nom, qualité, profession et demeure du bailleur ou propriétaire*), d'une part;
Et (*prénoms, nom, qualité, profession et demeure du preneur ou locataire*), d'autre part ;
Ont été faites les conventions suivantes :
M..., propriétaire d'une maison sise à Paris, rue..., n°...
Donne à loyer à M... (*le nom du preneur*), ce acceptant.
(*Si c'est comme principal locataire, ou comme fondé de pouvoir, ou comme tuteur, ou comme mari, ou comme héritier chargé par la justice d'administrer les biens d'une succession, ou comme usufruitier, on met*) :
Au nom et comme principal locataire de la maison appartenant à M..., sise à Paris, rue..., *ou* dans laquelle je demeure.
Ou bien, au nom et comme fondé de procuration de M..., passée à..., le...
Ou bien, au nom et comme mari de... (*prénoms et nom de la femme*).
Ou bien, comme tuteur du mineur (*prénoms et nom du*

mineur), propriétaire d'une maison sise à Paris, rue..., n°...

Pour *tant* d'années entières et consécutives qui commenceront (*ou qui ont commencé*) à courir le... pour finir le...; *ou bien*, pour trois, six ou neuf années, au choix respectif des parties en s'avertissant réciproquement et par écrit dans le cas de discontinuation, trois *ou* six mois avant l'expiration des trois où six premières années, lesquelles trois, six ou neuf années commenceront (*ou ont commencé*) à courir le... (*indiquer l'époque*), pour finir le... (*déterminer l'époque fixée pour la fin du bail.*)

A M... (*le nom du locataire*), et acceptant,

Une maison sise à..., rue..., n°..., telle qu'elle se poursuit et comporte, consistant en tant de corps de bâtiments, à *tant* d'étages, *tant* de boutiques, une cour... (*en un mot, bien détailler la maison*), laquelle maison, circonstances et dépendances, M.... (*le locataire*) a déclaré bien reconnaître pour l'avoir vue et examinée dans tous ses détails.

(*Si c'est un appartement qui est donné à loyer, il faut dire*) un appartement *à tel* étage de la maison sise à..., rue...; n°... consistant ledit appartement *en tant* de pièces éclairées par des croisées donnant sur la rue *ou* sur la cour... et dont dépendent *telle* chambre de domestique située à tel étage, une cave, un bûcher, un grenier, une écurie, une remise, etc...

Le présent bail est fait aux charges, clauses et conditions ci-après :

M... (*le locataire*) s'oblige : 1° de garnir la maison (*ou* l'appartement), pendant la durée du présent bail, de meubles et effets suffisants pour répondre des loyers ;

2° D'entretenir ladite maison pendant ce temps de toutes réparations locatives, et de la rendre, à la fin dudit bail, en bon état d'icelles, *ou bien*, d'après l'état des lieux qui en sera fait double entre les parties ;

3° De souffrir les grosses réparations qu'il sera nécessaire de faire, sans pouvoir prétendre pour cela à aucune diminution de loyer ni à aucuns dommages-intérêts, pourvu que ces réparations ne durent pas plus de six semaines ;

4° D'acquitter exactement les contributions personnelles et mobilières, de faire en sorte que M... (*le nom du propriétaire*) ne puisse être aucunement recherché à cet égard ; de faire au bailleur le remboursement de la contribution des portes et fenêtres, et de satisfaire à toutes les charges de police dont les locataires sont ordinairement tenus ;

5° De ne pouvoir céder son droit au présent bail, ni sous-louer en tout ou en partie sans le consentement exprès et par écrit du bailleur, à peine de résiliation, si bon semble à celui-ci, et de tous dommages-intérêts ;

6° De ne pouvoir faire aucun changement, démolition, construction, distribution ni percement dans ladite maison, *ou bien* dans ledit appartement, sans le consentement exprès et par écrit du bailleur ;

7° De ne pouvoir mettre de poêles dans les lieux loués qu'en conduisant les tuyaux dans l'intérieur des cheminées, et en les élevant jusqu'à la partie supérieure desdites cheminées ;

8° De laisser, à la fin du présent bail et dans l'état où ils se trouvent, les décors ou constructions utiles, tels que tentures et armoires qu'il aura fait faire ou appliquer dans les lieux pendant le cours du bail, sans pouvoir, pour raison des décors et constructions, répéter aucun remboursement ni aucune indemnité.

En outre, le présent bail est fait moyennant la somme de... de loyer annuel que M... (*le nom du locataire*) s'oblige de payer à M... (*le nom du propriétaire*), ou à son fondé de pouvoir, en un seul payement *ou* en deux payements égaux, *ou* en quatre payements égaux, aux quatre termes d'usage : le premier desquels payements aura lieu le...., le second..., pour continuer ainsi d'année en année, *ou* de six en six mois, *ou* de trois en trois mois, jusqu'à la fin du présent bail.

(*Lorsqu'on est convenu de payer trois ou six mois d'avance, comme c'est d'usage pour les boutiques, on ajoute :*

Et M... (*le nom du locataire*) a payé de suite à M... (*le nom du bailleur*), qui le reconnaît, la somme de... pour trois ou six mois desdits loyers, lesquels seront imputés sur les trois *ou* six derniers mois de jouissance du premier bail ; en sorte que l'ordre ci-dessus fixé pour les payements ne soit aucunement interverti. Dont quittance.

De son côté, M... (*le nom du bailleur*) s'oblige de faire jouir M... (*le nom du locataire*) de ladite maison *ou* dudit appartement pendant toute la durée du présent bail ; il promet en outre de tenir les lieux clos et couverts, suivant l'usage.

Il est expressément convenu que, dans le cas où le bailleur viendrait à vendre ladite maison, l'acquéreur aura le droit de résilier le présent bail en avertissant, par écrit et six mois d'avance, le preneur, sans que ce dernier puisse prétendre pour ce fait aucune indemnité ni dédommagement, *ou bien*, à la charge par l'acquéreur de payer audit preneur, qui l'accepte, la somme de..., à titre d'indemnité.

Les clauses qui précèdent ne sont point réputées comminatoires ; elles devront être exécutées à la rigueur, sous peine de tous dépens, dommages et intérêts.

Fait double à..., le... mil huit cent...

Observation.

Les clauses contenues au modèle ci-dessus sont celles que l'on insère le plus fréquemment dans les baux. Les parties peuvent, au reste, les modifier à leur volonté, et ajouter celles que peuvent nécessiter les circonstances. Quant aux précautions à prendre pour la rédaction des baux sous seing privé, *voyez* ce que nous avons dit, page 18.

N° 3. *Modèle d'un bail de boutique.*

Entre les soussignés,

(*Indiquer les prénoms, noms, professions ou qualités et demeures des contractants.*)

A été convenu ce qui suit :

M... (*le nom du bailleur*), propriétaire d'une maison sise à Paris, rue..., n°...

Donne à loyer à M... (*le nom du localaire*), ce acceptant pour *tant* d'années entières et consécutives qui commenceront (*ou qui ont commencé*) à courir le... pour finir le...

Une boutique, arrière-boutique, entre-sol composé de *tant* de pièces, le tout dépendant d'une maison, sise à..., rue..., n°..., laquelle boutique se trouve être la première ou la seconde à droite *ou* à gauche de la porte cochère de ladite maison ;

Ainsi que cette boutique se trouve exister, sans aucune exception ni réserve, M... (*le locataire*) déclarant la bien connaître pour l'avoir vue et visitée dans tous ses détails.

Le présent bail est faite aux charges, clauses et conditions ci-après :

M... (*le locataire*) s'oblige : 1° de garnir les lieux loués de meubles, effets mobiliers et marchandises, en quantité suffisante pour répondre du payement des loyers pendant la durée du présent bail ;

2° D'entretenir et de rendre ladite boutique et dépendances à la fin du bail en bon état de réparations locatives, et conformément à l'état des lieux, qui sera dressé aux frais du preneur, lors de son entrée en jouissance ;

3° De ne pouvoir sans le consentement exprès et par écrit du bailleur rien changer à la devanture de la boutique, ni appliquer aucune écriture, enseigne ou indication quelconque de sa profession ou de sa marchandise, ailleurs que sur la devanture de ladite boutique ;

4° De tenir la boutique, d'après sa destination, constamment ouverte et achalandée ;

5° De ne faire dans cette boutique aucun autre commerce que celui de... (*bien désigner le genre de commerce*), de ne pouvoir jamais y vendre ou annoncer, de quelque manière que ce soit, directement ou indirectement, aucun article des autres professions établies dans ladite maison.

En outre, le présent bail est fait moyennant la somme de, etc. (*le reste comme au modèle ci-dessus*, pag. 303).

N° 4. *Modèle d'un cautionnement de bail.*

(*Lorsque la caution intervient au bail, on met*) :

Au présent bail est intervenu M... (*prénoms, profession ou demeure qualité et de la personne qui se porte caution*), lequel s'est rendu et constitué volontairement caution, garant et répondant du sieur... (*le nom du locataire*) envers M... (*le nom du bailleur*), ce acceptant, pour raison tant du payement des loyers que de l'exécution de toutes les autres charges, clauses et conditions stipulées au présent bail, et a signé avec les parties.

Fait triple à..., le... mil huit cent...

(*Signatures de la caution, du bailleur et du preneur*).

N° 5. *Autre modèle d'un cautionnement de bail.*

(Lorsque la caution n'intervient pas au bail, le cautionnement peut se mettre sur l'original appartenant au bailleur, et, dans ce cas, il n'a pas besoin d'être fait triple. *Voyez* pour quel motif. pag. 29 et 30.)

Je soussigné... (*prénoms, nom, profession ou qualité et demeure de la caution*), après avoir pris connaissance du bail fait le... (*indiquer la date*) par M..., au profit de M..., de *tels* lieux qu'il lui a loués, et dont la teneur est en l'acte ci-dessus, déclare me rendre volontairement caution et garant de M... (*le locataire*), et m'oblige, pour le cas où il ne payerait pas ses loyers ou n'accomplirait pas toutes les autres conditions portées audit bail, à payer lesdits loyers et accomplir moi-même au lieu et place dudit sieur... (*le locataire*) toutes lesdites conditions, et ce, sur la simple sommation à moi faite par M... (*le nom du propriétaire*), et sans qu'il soit besoin de le faire ordonner en justice.

Fait à..., le... mil huit cent ..

(*Signature de la caution.*)

N° 6. *Modèle d'un état des lieux.*

Nous soussignés,

Tel, propriétaire d'une maison sise à Paris, rue..., n°..., d'une part ;

Et *tel*, locataire de ladite maison, *ou* d'un appartement dépendant de ladite maison, *ou* d'une boutique dépendante de ladite maison, en vertu de *tel* bail, d'autre part ;

Après avoir pris une entière connaissance et examiné avec attention et détail toutes les parties et dépendances de ladite maison, *ou dudit appartement*, *ou de ladite boutique*, avons vérifié, reconnu, et constatons ce qui suit :

(*S'il s'agit de l'état des lieux d'une maison entière, on met*) :

Ladite maison consiste en *tant* de corps de logis, situés de *telle* manière.

Le premier corps de logis composé de *tant* d'étages ;

Le second corps de logis composé de *tant* d'étages, et ainsi de suite.

Premier corps de logis.

(On commence par indiquer le nombre de berceaux de caves que contient ce corps de logis ; on fait la description des portes, de leurs fermetures, des soupiraux et des différentes divisions qui s'y trouvent ; on passe ensuite au rez-de-chaussée, on en décrit successivement chaque pièce. Dans chaque pièce on énonce le nombre des croisées, en indiquant d'où elles tirent leur jour, quelle est leur forme, leur étendue.

On compte ensuite le nombre des portes, on décrit leur dimension, la nature de la matière qui les compose et leur ferrure.

Vient ensuite le pourtour de la pièce, tels que les lambris, soit de hauteur, soit d'appui, les dessus de portes et les tableaux, dont il faut indiquer les sujets et les bordures, les glaces, les endroits où elles sont placées, leurs dimensions, leur qualité, leurs parquets et leurs bordures.

Après quoi on s'occupe des autres objets qui peuvent se rencontrer, tels que buffets, armoires, tables et tablettes, dont on décrit le nombre, la forme et les dimensions.

Il est nécessaire aussi de décrire dans chaque pièce la cheminée, le parquet ou carreau, enfin le plancher haut. On dit si les solives sont apparentes ou recouvertes d'un plafond.

Après la description du rez-de-chaussée, on passe à celle du premier étage et des autres successivement jusqu'aux greniers).

(*Lorsqu'il s'agit de l'état des lieux d'un appartement, on dit*) :

Ledit appartement se compose, avec ses dépendances, de :

Au rez-de-chaussée, deux caves, une écurie, une remise, une petite pièce servant de sellerie.

Au premier étage, une antichambre, une salle à manger avec office, un salon, une chambre à coucher, un boudoir, une seconde chambre à coucher avec cabinet de toilette, plus, dans le corps de logis en aile, à gauche, une cuisine avec office.

Au cinquième étage, deux chambres de domestique.

Le tout, au surplus, détaillé plus amplement ci-après, savoir :

Rez-de-chaussée. — Caves.

On y descend sous le vestibule par des degrés conduisant à un couloir commun.

Lesdites caves se composent de deux berceaux aérés et voûtés par le haut.

On entre dans la première cave par une porte ferrée de deux pentures et de deux gonds, moraillon, pitons, cadenas et sa clef. Pour la séparation des vins sont *tant* de cases en maçonnerie en *tel* état.

On entre dans la seconde cave par une porte ferrée de *tant* de pentures en de *tant* de gonds, moraillon, pitons, cadenas et sa clef, en *tel* état.

Écurie.

Elle est la deuxième à gauche en entrant dans la cour. Elle est fermée par une porte en chêne à deux ventaux, ferrée de *tant* de pentures avec leurs gonds, à pointes *ou* à scellement, et d'un moraillon avec ses pitons et son cadenas.

Au long du mur de droite règne une mangeoire composée d'un fond et d'un devant en charpente scellés aux abouts et garnis de quatre anneaux d'attache avec leurs.

En contre haut, il y a un ratelier de même longueur, composé de deux lisses et de vingt roulons en bois, dont *tant* de roulons manquent.

Le plancher haut est à solives apparentes, et le bas est en pavage de grès, dont il manque tant de pavés.

Ladite écurie est éclairée sur la cour par une ouverture pratiquée dans le mur et sans fermeture aucune.

Les murs sont en assez bon état et non peints; la porte est peinte en dehors seulement.

Remise.

(On en fait la description en suivant le même ordre.)

Sellerie.

(Même moyen pour sa description.)

Appartement au premier étage.

On y entre par une porte à deux battants, à panneaux des deux faces, avec chambranles, contre-chambranles et embrâsement.

Cette porte est ferrée de *tant* de fiches à vases ou de *tant* de charnières, et fermée par une serrure de sûreté, avec deux clefs et bouton de pêne. A l'intérieur sont deux verroux montés sur platines avec poignées pour les faire mouvoir, et leurs gâches.

Antichambre.

La porte en a été désignée ci-contre.

(On mentionne le carrelage et sa nature, ainsi que la dimension des carreaux, le poéle, s'il en existe, les armoires.)

(On décrit la fenêtre, le nombre et la dimension des carreaux de vitres, la nature du bois, la forme, si elle est à deux ventaux, les ferrures.)

Salle à manger.

(Mêmes observations.)

Quant aux autres pièces, il faut faire un article séparé pour chacune d'elles, et donner sous chaque article la description de tous les objets qui s'y trouvent.

(S'il s'agit de l'état des lieux d'une boutique, il faut mettre) :

Laquelle boutique et dépendances se composent de :

1º Une grande pièce au rez-de-chaussée de tant de pieds

de longueur et tant de largeur, servant de boutique, ayant son entrée sur telle rue, par une porte... (décrire cette porte, la nature du bois, la ferrure).

La fermeture de la boutique se compose de tant de planches en bois de... (indiquer la nature du bois) peintes de *telle couleur*, s'adaptant les unes à côté des autres, assujetties par une barre de fer que l'on fixe intérieurement au moyen de boulons et de clavettes aussi en fer.

Ou bien, la fermeture de la boutique consiste en tant de volets de chêne (de *telle manière*), etc.

Le carrelage ou parquet de la boutique est en bon état *ou* vieux, usé; il y manque tant de carreaux, *ou* il y a *tant* de carreaux cassés.

La cloison qui sépare la boutique et l'arrière-boutique est en (indiquer la nature de cette cloison).

Ladite cloison, ainsi que l'intérieur des gros murs et le plafond, nous ont paru d'une surface égale et non dégradée, ou dégradée a l'exception de telle partie.

La porte intérieure qui communique de la boutique à l'arrière-boutique est de *tel bois*, peinte de telle couleur (si elle est vitrée, indiquer le nombre de vitres et leur dimension).

2° Une arrière-boutique (pour cette description on procède de la même manière et dans le même ordre).

3° Deux pièces à l'entre-sol. On y monte par un escalier en bois, éclairé par..., garni d'une rampe de fer (*ou en bois*).

La première pièce éclairée, etc. (pour décrire cette pièce on procédera de la même manière, indiquée ci-dessus, page 309).

La seconde pièce...

(Lorsque l'état des lieux est terminé, on met):

Fait double entre nous, et certifié véritable.

(Signatures.)

N° 7. *Modèle de continuation ou renouvellement de bail.*

Les soussignés... (*le bailleur ou propriétaire*) et (*le preneur ou locataire*), qualifiés et domiciliés au bail dont la teneur est ci-dessus, et des autres parts, sont convenus que ledit bail fait double entre eux par acte sous seing privé ; à..., le..., pour *tant* d'années qui finiront le... ; à raison de *tant* par année, d'une maison *ou* d'un appartement, *ou* d'une boutique, *ou* d'un magasin, est prorogé et continuera d'avoir cours pendant l'espace de... (*fixer le nombre d'années*), aux mêmes charges, clauses et conditions qui y sont exprimées et au même prix par chaque année, payable de la même manière et aux époques qui y sont portées.

(S'il y avait augmentation ou diminution dans le prix du loyer, on mettrait :)

Mais, toutefois, au prix de... par année, que M... (*le locataire*) s'oblige de payer à M... (*le propriétaire ou bailleur*), par quartier de trois en trois mois, *ou* par moitié de six en six mois, *ou* par année ; et dont le payement se fera le..., le second le.. , et ainsi de suite (de trois en trois mois, *ou* de six en six mois, *ou* d'année en année) jusqu'à la fin du bail.

Fait double entre les soussignés ; à..., le..., mil huit cent...   (*Signatures.*)

N° 8. *Modèle d'un renouvellement de cautionnement.*

Je soussigné... (*prénoms, nom, profession ou qualité et demeure*), après avoir pris connaissance des renouvellement et continuation de bail faits le... (*indiquer la date*) par M... (*le nom du bailleur ou propriétaire*) au profit de M... (*le nom du locataire*) de tels lieux et dont la teneur est en l'acte ci-dessus, déclare me rendre volontairement caution et garant de M... (*le nom du locataire*), et m'oblige, pour le cas où il ne remplirait pas les conditions portées auxdits renouvellement et continuation de bail, tant celles des payements aux époques déterminées, que toutes les autres, à les accomplir moi-même au lieu et place de M... (*le locataire*), et ce, sur la simple sommation à moi faite par M... (*le propriétaire*), et sans qu'il soit besoin de le faire ordonner en justice.

Fait à Paris, le... mil huit cent...
             (*Signature de la caution.*)

(Ce renouvellement de cautionnement peut se mettre au bas de celui des originaux du renouvellement de bail qui reste entre les mains du propriétaire.)

N° 9. *Modèle d'un transport ou cession de bail.*

Entre les soussignés ,

M... (*prénoms, nom, profession ou qualité et domicile du bailleur ou cédant*), d'une part ;

Et M... (*prénoms, nom, profession ou qualité et domicile du preneur ou cessionnaire*), d'autre part ;

Ont été faites les conventions suivantes :

M... (*le nom du cédant*) cède et transporte par le présent, à M... (*le nom du cessionnaire*), ce acceptant , son droit pour le temps qui en reste à expirer à compter du... (*indiquer le jour à partir duquel la cession est faite*) au bail qui lui a été fait par M... (*le nom du propriétaire*) suivant un acte reçu par M^e..., notaire à..., le *tel* jour dûment enregistré, *ou* par acte sous seing privé le... (*indiquer la date du bail*) pour *tant* d'années, à compter du..., d'une maison ou d'un appartement (*ou de tout autre lieu*) dépendant de la maison sise à..., rue..., n°..., moyennant la somme de... par chaque année, payable par quartier de trois en trois mois, *ou* de six en six mois, *ou* d'anné en année, et dont le premier payement se fera le..., le second, le..., et ainsi de suite de trois en trois mois *ou* six en six mois, *ou* d'année en année jusqu'à la fin du bail.

(*Énoncer en outre les charges, clauses et conditions portées au bail*), duquel dit bail, M... (*le cessionnaire*) déclare avoir pris connaissance.

La présente cession de bail est faite à la charge par M..., cessionnaire, qui s'y oblige, 1° d'exécuter toutes les charges , clauses et conditions portées au bail sus-mentionné ; 2° de payer en l'acquit du cédant à M... (*le propriétaire*) à compter dudit jour... (*indiquer le jour à partir duquel la cession est faite*) jusqu'à la fin dudit bail aux époques et de la même manière que le cédant s'y est obligé, les... francs (*indiquer la somme*) de loyer annuel, dus à M... (*le nom du propriétaire*) pour la location de la maison (*ou de l'appartement*) ci-dessus désignée , en sorte que le premier payement à la charge de M..., cessionnaire, écherra et sera fait le.. , et ainsi de suite de trois en trois mois *ou* de six en six mois , *ou* d'année en année jusqu'à la fin du présent bail ; le tout de telle sorte que le sieur ....., cédant , ne soit aucunement inquiété , poursuivi , ni recherché à ce sujet.

Et M... (*le nom du cessionnaire*) accepte la présente cession de bail sous les conditions ci-dessus exprimées qu'il s'oblige à accomplir.

Fait double à..., le... mil huit cent...

(*Signatures.*)

Nº 10. *Modèle d'un désistement ou résiliation de bail.*

Les soussignés ,

M... (*prénoms, nom, profession ou qualité , et demeure du propriétaire*), d'une part ;

Et M... (*prénoms, nom, profession ou qualité, et demeure du locataire*), d'autre part ;

Ont fait entre eux les conventions suivantes :

M..., propriétaire d'une maison sise à... rue..., nº.. et M.., locataire de ladite maison *ou* d'un appartement, *ou* d'une boutique, *ou* d'un magasin et dépendances dans ladite maison, se sont, par ces présentes, volontairement désistés et départis de l'effet de l'exécution du bail à loyer fait par M... (*le nom du propriétaire*) à M... (*le nom du locataire*) pour *tant* d'années qui ont commencé le... (*indiquer le jour, mois et an*) à raison de *tant* par année, de la maison *ou* de l'appartement, *ou* de la boutique, *ou* du magasin sus-désignés, suivant un acte passé devant *tel* notaire à..., le *tel jour*, dûment enregistré, *ou* par acte sous seing privé en date du *tel jour*; et ont consenti respectivement que ledit bail fût et demeurât nul et résolu, sans aucuns dépens, dommages et intérêts de part ni d'autre pour le temps qui en reste à courir à compter du... (*fixer l'époque*) prochain, jour auquel M... (*le nom du locataire*) promet et s'engage de vider adite maison *ou* ledit appartement, *ou* ladite boutique, *ou* ledit magasin et dépendances le..., *ou* la rendre en bon état de réparations dont les locataires sont tenus à M..,

(*le nom du propriétaire*) pour en disposer par lui comme bon lui semblera., sans préjudice des loyers qui seront dus audit jour, et que M... (*le locataire*) s'oblige de payer, conformément audit bail, qui à cet égard conservera son entière force et vertu.

Fait double à..., le... mil huit cent...

(*Signatures.*)

N° 11. *Modèle d'un sous-bail fait par un principal locataire à un sous-locataire.*

Entre les soussignés;

M... (*prénoms et nom*), principal locataire d'une maison sise à..., rue..., n°..., appartenant à M... (*le nom du propriétaire*), en vertu d'un bail sous seing privé en date du..., d'une part;

Et M... (*prénoms, nom, profession ou qualité, et demeure du sous-locataire*), d'autre part;

Ont été faites les conventions suivantes :

M.. sous-loue en sadite qualité à M... pour le temps qui en reste à courir à compter du... (*indiquer l'époque à laquelle le sous-locataire entrera en jouissance*) de son propre bail, qui finira le... (*indiquer l'époque de la fin du bail*), la maison ci-après désignée consistant... (*énumérer le corps de logis de cette maison*), *ou* son appartement à *tel* étage sur la rue *ou* sur la cour de la maison ci-dessus désignée , consistant en *tant* de pièces, savoir (*énumérer toutes les pièces et en faire la désignation*);

Et ce moyennant la somme de... par année, payable par quartier de trois en trois mois, *ou* par moitié de six en six mois, *ou* par année, et dont le premier payement se fera le..., le second le...; et ainsi de suite de trois en trois mois, *ou* de six en six mois; *ou* d'année en année jusqu'à la fin dudit sous-bail.

La présente sous-location est faite en outre aux charges, clauses et conditions ci-après :

(Pour les clauses et conditions que l'on peut insérer dans les baux et sous-baux, *voyez* ci-dessus, modèle n° 2, page 302.)

Et M... (*le sous-locataire*) promet et s'oblige d'acquitter le prix de la présente sous-location à compter du..., jour de son entrée en jouissance, et accomplir en outre toutes les conditions sus mentionnées.

Fait double à..., le... mil huit cent...

(*Signatures.*)

Nº 12. *Modèle d'une quittance de loyer.*

Je soussigné propriétaire (*ou principal locataire*) d'une maison sise à..., rue..., nº..., reconnais avoir reçu de M..., locataire de ladite maison, *ou* d'une boutique, *ou* d'un appartement, *ou* d'une chambre à *tel* étage de ladite maison, la somme de... pour payement de trois mois, *ou* de six mois, *ou* d'une année de loyer échus le... (*désigner le jour, mois et année de l'échéance du loyer*), et la somme de... pour sa contribution des portes et fenêtres. Dont quittance à..., le... mil huit cent...

(*Signature du propriétaire.*)

(*Si celui qui donne la quittance est un fondé de pouvoir, il met.*) :

Je soussigné fondé de procuration de M..., propriétaire d'une maison sise à..., rue..., nº..., ladite procuration, en date du..., dûment enregistrée... (*le reste comme au modèle ci-dessus*).

Nº 13. *Modèle d'un congé sous seing privé.*

Entre les soussignés,

M... (*prénoms et nom*), propriétaire d'une maison sise à..., rue..., nº..., d'une part ;

Et M.. (*prénoms et nom*), locataire d'un appartement à *tel* étage, *ou* d'une boutique, *ou* d'un magasin et dépendances situés dans la maison sus-désignée, d'autre part ;

A été convenu de ce qui suit :

M... (*nom du propriétaire*) déclare par ce présent donner congé à M... (*le nom du locataire*) de l'appartement, *ou* de la boutique , *ou* du magasin qu'il occupe dans ladite maison pour sortir des lieux loués le..., heure de midi.

De son côté, M... (*le nom du locataire*) accepte ledit congé, promet et s'oblige de sortir à ladite époque des lieux loués, d'acquitter les loyers qui seraient dus, de faire les réparations locatives, de justifier de l'acquit de ses contributions, et de remettre les clefs.

Fait double à..., le... mil huit cent...

(Signatures.)

Nº 14. *Modèle d'une décharge de remise de clefs.*

Je soussigné, propriétaire *ou* principal locataire d'une maison sise à....., rue....., n°....., reconnais que M., locataire d'un appartement de tant de pièces, *ou* d'une boutique, *ou* d'un magasin et dépendances, m'en a remis les clefs et qu'il a, en outre, satisfait à toutes les obligations des locataires ; en conséquence, je le tiens quitte et déchargé de toutes choses relatives à sa location.

Paris, le...

(Signature du propriétaire.)

FIN.

TABLE ALPHABÉTIQUE
DES MATIÈRES.

A

B

C

D

E

N

O

P

Q

R

Ramonage des cheminées est-il à la charge des locataires? p. 146 et 161. — Ordonnance de police qui le prescrit, p. 295.

Ratelier, voyez *Écurie.*

Reconduction, voyez *Tacite reconduction.*

Récrépiment du bas des murailles des lieux loués est-il à la charge des locataires? p. 149.

Référé, p. 235, 252.

Refus du propriétaire de faire les réparations à sa charge, p. 49 et suiv.

Relocation, p. 200 et 201.

Remise des lieux, voyez *Sortie des lieux.*

Réparations. Quand le locataire est-il tenu de les souffrir? p. 51 et suiv. — Celles à la charge du propriétaire, p. 141, voyez *Bailleur.* — Celles à la charge des locataires, voyez *Réparations locatives.*

Réparations locatives. Définition, p. 143. — Leur nature, *ibid.* — Leur nomenclature, p. 145 et suiv. — Ne sont point à la charge des locataires lorsqu'elles ne sont occasionnées que par vétusté ou force majeure, p. 146 et 169. — A quelle époque le locataire est-il tenu de les faire? p. 170 et 171.—Par qui doivent être faites les réparations des escaliers, passages et autres lieux, quand la maison est occupée par plusieurs locataires? p. 165. — Lorsque le locataire a fait des constructions qui doivent rester au propriétaire à la fin du bail, lequel des deux est tenu des réparations à faire à ces constructions pendant la durée du bail? p. 171. — Quel tribunal est compétent pour statuer sur les contestations relatives aux réparations locatives? p. 248, voyez *Preneur.*

Résiliation de bail. Dans quel cas le propriétaire ou le locataire peuvent-ils la demander? p. 202, 203 et suiv. — Celle du bail principal entraîne-t-elle celle des sous-baux? p. 182 et 183. — Lorsqu'elle a lieu par la faute du locataire, pendant combien de temps celui-ci est-il tenu de payer le loyer? p. 200 et 201. — Le propriétaire peut-il demander la résiliation du bail contre le locataire, lorsque celui-ci dissimule sa profession? p. 91 et 92. — Modèle de résiliation de bail, p. 313.

Résolution du contrat de louage, p. 191.

Responsabilité du locataire. Elle s'étend aux dégradations et aux pertes qui arrivent par le fait des personnes de sa maison ou de ses sous-locataires, p. 100.

Revendication des meubles déplacés sans le consentement du propriétaire, comment elle a lieu, p. 127. — Dans quel délai? *ibid.*

S

Saillies. Dimensions de celles permises dans la ville de Paris, p. 255 et suiv. — Est-il permis d'établir des bancs, marches, pas, perrons et bornes au-devant des maisons? p. 259. — *Idem*, des grands balcons? p. 261. — Comment doit-on construire les échoppes? *ibid.* — Les auvents et corniches des boutiques? p. 262. — Etablissement d'enseignes, p. 263. — De tuyaux de poêle et de cheminée, *ibid.* — De bannes, p. 264. — De perches, p. 265. — D'éviers, *ibid.* — Cuvettes pour l'écoulement des eaux ménagères, *ibid.* — Corniches, entablement, gouttières saillantes, devantures de boutiques, p. 267 et 269.

Saisie des meubles du locataire, p. 118 et suiv. — Quel tribunal est compétent pour en prononcer la validité? p. 246.

Saisie-arrêt des loyers entre les mains du locataire, p. 115.

Scellés. Ceux qui sont apposés sur les lieux loués sont-ils un trouble à la jouissance paisible du locataire? p. 59.

Sciage du bois de chauffage (ordonnance relative au), p. 297.

Serment déféré à celui qui nie le bail, p. 11 et 13.

Serrures, voyez *Portes.*

Sonnettes, p. 162.

Sortie des lieux. Obligations des locataires y relatives, p. 230. — Le locataire peut-il enlever les objets qu'il a fait placer dans les lieux loués, lorsque le propriétaire offre de lui en payer la valeur? p. 231. — Le locataire qui a fait faire à ses frais des peintures ou coller du papier de tenture dans les lieux loués peut-il les dégrader ou arracher? *ibid.* — Contestations relatives à la sortie des lieux, p. 234.

Sou pour livre. Fait-il partie du loyer? p. 220.

Sous-bail (modèle de), p. 314.

Sous-locataire. Ses droits et ses obligations, p. 184. —Il n'est tenu envers le principal locataire que jusqu'à concurrence du prix de sous-location, p. 182. — Lorsqu'il a payé par anticipation, peut-il être tenu de payer une seconde fois? *ibid.* — Ses meubles peuvent-ils être saisis pour payement des loyers dus par le principal locataire? *ibid.*

Sous-location, voyez *Cession de bail.*

Spectres. Leur apparition était jadis une cause de résiliation de bail, p. 204.

Syndics d'une faillite, voyez *Bail à loyer.*

T

Tableaux, voyez *Enseignes.*

Tablettes de cheminées, voyez *Atre.*

Tacite reconduction. Ce que c'est, p. 186. — Le locataire peut-il l'invoquer lorsqu'il y a un congé signifié ou accepté, *ibid.* — Inconvénients auxquels elle peut donner lieu, p. 187. — Moyens de les éviter, p. 189, note 1.

Targettes, voyez *Portes.*

Termes. A quelle époque ils commencent, p. 31, voyez *Emménagement.*

Tribunaux. Leur compétence en matière de location, p. 245.

Trouble. Quand le propriétaire en doit-il garantie, p. 54, 60, 61 et 62. — Les scellés apposés par un commissaire de police sur les lieux loués sont-ils un trouble apporté à la jouissance du locataire? p. 59. — Dans quel délai le locataire doit-il le dénoncer au propriétaire? p. 62. Voy. *Bailleur, profession bruyante, maison, filles publiques.*

FIN DE LA TABLE.